● ● ● 삶의 일상들이 만들어 내는 자잘한 이야기들, 그 속에서 하나님이 일하시는 모습을 발견하는 눈을 가진 사람은 흔치 않다. 수십 년을 살아도 무심하고 덤덤하게 지나가는 사람이 있는가 하면 하루를 살아도 유심하고 세밀하게 보는 사람이 있다. 이 책의 저자 양승훈 교수님은 후자에 속하는 분이다. 신앙과 삶의 틈을 메울 수 있는 영성은 무심하게 지나가는 일상 가운데서 하나님의 이야기를 발견하는 민감함일 것이다. 이 책은 신앙과 삶의 간격 때문에 버거움을 느끼는 많은 그리스도인들에게 보이지 않는 분의 섬세함을 경험하도록 이끌 것이다.

_김성경(VIEW 학생, 전 국립암센터 연구원)

● ● ● 이 책은 초자연과 자연, 신학과 과학, 열정과 지성의 완벽한 이중주를 보여 주고 있다.

_추은영(VIEW 졸업생, 전 동아제약 근무)

COMMITMENT AND MADNESS

-Reflections of a Creationist on Worldview and Spirituality-

Paul S. Yang, Ph.D. & professor

헌신과 광기

모든 인간은 하나님의 형상을 닮은 존엄한 존재입니다. 전 세계의 모든 사람들은 인종, 민족, 피부색, 문화, 언어에 관계없이 존귀합니다. 예영커뮤니케이션은 이러한 정신에 근거해 모든 인간이 존귀한 삶을 사는 데 필요한 지식과 문화를 예수 그리스도의 사랑으로 보급함으로써 우리가 속한 사회에 기여하고자 합니다.

헌신과 광기

펴낸 날 · 2012년 7월 25일 | **초판 1쇄 찍은 날** · 2012년 7월 27일
지은이 · 양승훈 | **펴낸이** · 김승태
등록번호 · 제2-1349호(1992. 3. 31) | **펴낸 곳** · 예영커뮤니케이션
주소 · (136-825) 서울시 성북구 성북1동 179-56 | **홈페이지** www.jeyoung.com
출판사업부 · T. (02)766-8931 F. (02)766-8934 e-mail: edit1@jeyoung.com
출판유통사업부 · T. (02)766-7912 F. (02)766-8934 e-mail: sales@jeyoung.com

copyright ⓒ 2012, 양승훈
ISBN 978-89-8350-806-5 (03230)

값 12,000원

헌신과 광기

COMMITMENT AND MADNESS

Reflections of a Creationist on Worldview and Spirituality

양승훈 지음

예영커뮤니케이션

고향처럼 그리운 큰 누님,

고 양희숙 권사님(1940-1990)을 추모하며….

든든한 버팀목으로 늘 그곳에 계시는 둘째 누님,

양유선 권사님께 드립니다.

들면서

세월이 흘러가는 속도가 눈에 띄게 빨라진 듯한 느낌이 드는 걸 보니 저도 이제 나이가 들었나 봅니다. 주변에서 "여전히 동안입니다."라는 빈말의 인사도 가히 듣기 싫지 않습니다. 이제 밴쿠버기독교세계관대학원(VIEW) 사역을 위해 한국을 떠난 지도 벌써 14년이 지났습니다. 제가 한국을 떠날 때는 흰머리가 없었던 40대 초반이었는데, 지금은 곳곳에 흰머리가 보이는 50대 후반을 지나고 있습니다.

저와 저의 가족들은 14년 전이었던 1997년 말, 막 IMF 외환위기가 시작될 무렵 한국을 떠났는데, 그때의 어둡고 참담했던 기억이 이제는 추억의 한 귀퉁이를 장식하고 있을 뿐입니다. 아니, 이제는 한국에서 살았던 일 전체가 꿈속에서의 일인 듯이 까마득하게 느껴집니다. 한국을 떠난 후에도 저는 학교 일로 해마다 두 차례씩 한국을 방문해서 몇 주간씩 머무르고 있지만 그래도 이제는 캐나다가 더 편하게 느껴지는 걸 보니 사람의 마음이 참 간사하다는 생각이 듭니다. 또한 학위를 마친 후 첫 직장이었던 경북대에 조교수부터 정교수까지 재직했던 일도 정말 그런 때가 있었나 싶을 정도로 희미한 과거로 남아 있습니다. 실제로 이제는 제가 경북대보다 VIEW가 있는 Trinity Western 대학 교정에서 보낸 세월이 더 오래되었습니다. 점점 은퇴가 남의 얘기가 아닌 저의 얘기가 되고 있고, VIEW도 후임 원장을 생각해야 하는 때가 되었습니다.

저의 가족들도 세월의 흐름을 비켜 가지 못하고 있습니다. 이제는 캐나다에 와서 태어난 늦둥이 막내를 제외하고 제가 오래전에 저의 부모님을 떠났던 것처럼 세 아이들은 모두 자라 자신들의 삶을 위해 집을 떠났습니다. 자식들이 자라서 때가 되면 부모를 떠나는 것이 정해진 이치지만 그래도 비어 가는 둥지를 바라보는 마음 한구석에는 섭섭함이 있습니다. 그러면서도 태어난 손자를 보는 것이 기쁜 것을 보니 할아버지라는 또 다른 정서가 저의 삶의 한구석을 만들어 가고 있기도 합니다. 아이를 기른다고 잠 못 자는 아들 부부를 보면서 저들도 우리 부부가 만들었던 수많은 인생의 추억들을 하나씩 만들어 갈 것이라 생각해 봅니다.

이 책은 제 마음과는 무관한 듯이 무정하게 흘러가는 세월의 강물 속에서 삶과 생각의 자취를 잊지 않기 위해 남긴 글들입니다. 지난 몇 년간은 학자로서 저의 인생에 가장 심한 격랑의 시기였습니다. 『창조와 격변』으로 인해 젊은 시절의 꿈을 불살랐던 창조과학회로부터 쫓겨났고, 『하나 되는 기쁨』으로 인해 고통을 당하기도 했습니다. 이런 일들을 겪으면서 저는 거룩한 일을 위한 '헌신'이 무엇이고 헌신을 빙자한 '광기'가 무엇인지를 깊이 생각하게 되었습니다. 그리고 문득 주변을 둘러보니 생각보다 헌신을 빙자한 광기가 많음을 알게 되었습니다.

자연스럽게 책의 곳곳에는 위 두 책과 관련하여 일어난 사건들에 대한 묵상이 많습니다. 1, 2장은 헌신과 광기의 혼란 속에서 기독교 세계관에 대한 생각을 좀 더 분명하게 정립하기 위해 발버둥 쳤던 흔적들입니다. 기독교 세계관이 무엇이고 기독교 신앙을 세계관적으로 이해하는 것의 유익과 한계를 살펴보았습니다. 그리고 3, 4장에서는 기독교 세계관적으로 살아간다는 것이 무엇을 의미하는지, 예수 그리스도를 위한 헌신이 무엇이며, 광기가 무엇인지 근본부터 다시 생각해 보았습니다. 이러한 반성을 통해 자연스럽게 저의 신학적인 입장도 좀 더 분명하게 다질 수 있었습니다. 마지막 5, 6장은 창조론에 대한 입장을 정리한 것입니다. 20세기 후반, 미국 남부 근본주의자들이 시작한 창조과학운동을 중심으로 헌신과 광기의 의미를 생각하면서 성경이 가르치는 바른 창조론적 영성이 무엇인지를 반성해 보았습니다.

이 책의 많은 글들은 매 달 동역자들에게 보낸 동역서신의 일부입니다. 지난 수년 동안 서신을 읽고 피드백을 주시고 격려해 주신 분들께 감사드립니다. 또한 일부는 《복음과 상황》, 《뉴스앤죠이》, 《신앙계》, 《시조》, 《월간 고신》, 《날마다 주님과》, 《한국 크리스채너티 투데이》 등 몇몇 잡지나 신문에 실렸던 글이기도 합니다. 여러 사람들과 글을 나눌 수 있도록 지면을 허락해 주신 여러 관계자께 감사드립니다.

아울러 원고를 꼼꼼하게 읽어 주시고 교정에 참여해 주신 여러분께 감사의 마음을 전합니다. VIEW의 원우이자, 동문으로 교정에 참여해 주신 이삼

열, 김범석, 김성민 목사님, 정신과 의사인 이경숙 자매님과 영상의학과 의사인 김호석 형제님, 추은영, 김성경, 문성혜, 이영진 자매님 등 여러 제자들에게 감사드립니다. 저들은 "절대 저자를 믿지 마라."는 저의 부탁대로 날카롭게 비판을 제기하면서 충실하게 본문을 교정해 주었습니다. 특히 이 책의 천문학과 관련된 몇 가지 주장에 대해 날카로운 비판과 조언을 해 주신 현대물리학개혁연구원의 정선호 박사님께도 감사드립니다. 여러분들이 교정에 참여하셨지만 말할 필요도 없이 책의 미비한 점은 저자의 책임입니다.

끝으로 제목이 암시하는 바와 같이 본서에 포함된 글들 중에는 단순한 묵상도 있지만 비판적인 글들도 있습니다. 어떤 경우라도 부담 없이 쓸 수 있는 글은 없지만 특히 비판적인 글은 읽는 사람보다도 쓰는 사람이 훨씬 더 많은 부담을 느끼게 됩니다. 하지만 그 어떤 글이라도 제 자신이 그 비판의 대상에서 제외된 글은 없습니다. 이 책을 읽으면서 사랑이 느껴지지 않거나 부족한 부분들이 있거든 주저하지 마시고 알려 주시기 바랍니다. 부족한 글이지만 독자들의 질책을 통해 함께 진리의 토대 위에 굳건히 세워져 가기를 기대합니다.

밴쿠버 기독교세계관대학원 연구실에서
양승훈

차례

01. 세계관 운동

1. 세계관 운동

근래 우리 교계에는 기독교 세계관이라는 말이 유행처럼 사용되고 있습니다. 가르치는 사람들은 강의실에서, 설교자들은 강단에서 세계관이라는 말을 사용해야 뭔가 그럴 듯하게 보인다고 생각하는 것 같습니다. 세계관이라는 말이 널리 사용되다 보니 어떤 사람은 자기 나름대로 인류 역사를 선교적 혹은 구속사적 관점에서 풀어서 설명하면서 이를 세계관 강좌라고 부르기도 하고, 어떤 사람은 현대 사조를 강의하면서 세계관 강의라고 하는 경우도 보았습니다. 때로는 일관된 철학이 없이 단순히 여러 분야의 전문가들을 초청해서 진행하는 일련의 강연 시리즈를 세계관 학교라고 부르기도 합니다.

어떤 말의 의미는 '사회적 합의'라는 측면이 강합니다. 그러므로 처음에 여러 가지 문맥에서 다양한 의미로 사용되던 용어라도 시간이 지나면서 자연스럽게 어떤 특정한 의미로 수렴되는 경우가 많습니다. 즉 말이라는 것은 이를 사용하는 사람들에 의해, 혹은 다양한 문맥에서 많은 사람들이 사용하다 보면 자연스럽게 그 의미가 결정되는 것이지요. 하지만 '기독교 세계관'이란 말이 등장하게 된 데는 분명한 역사적 배경이 있고 처음부터 그 의미도 애매모호하지 않았습니다. 근래에 교계에서 기독교 세계관이란 말을 "자기 소견에 좋은 대로" 사용하게 된 배경에는 이 말이 등장한 역사적 배경을 고려하지 않았기 때문이 아닌가 생각됩니다.

역사적으로 지금 우리가 이해하는 기독교 세계관이라는 말은 19세기에 등장했다고 할 수 있습니다. 당시 서구 교회는 계몽주의의 거센 도전으로 인해 청년들과 지성인들이 교회 밖으로 썰물처럼 빠져나가는 절박한 위기에 직면하고 있었습니다. 이는 계몽주의에 기초한 자유주의 신학과 세속주의가 그리스도인들의 삶의 전 영역으로 확산되고 있었기 때문이었습니다. 이를 통해 전통적으로 기독교 사회였던 서구는 루이스(C. S. Lewis)가 말한바 '유럽의 비기독교화'(the un-christening of Europe)라는 대지각 변동을 경험하게 되었고, 이로 인해 '이전 유럽 문화'(Old European Culture) 혹은 '이전 서구 문화'(Old Western Culture)는 사라지고 소위 '후기 기독교'(post-Christian) 시대가 도래하게 되었습니다. 이 시기를 지나면서 기독교는 더 이상 서구인들의 삶의 중심이 아니라 변방으로 밀려나기 시작했습니다. 이처럼 계몽주의의 거센 도전이 서구 교회를 '초토화'하는 것을 목격하던 몇몇 서구 교회 지도자들은 계몽주의를 대적하고 기독교 신앙을 총체적으로 변증할 수 있는 성경적 체계, 즉 기독교 세계관의 필요성을 절감했습니다.

기독교를 하나의 세계관(Weltanschauung)으로 이해하게 된 것은 근대 교회사에서 가장 중요한 현상 중의 하나라고 할 수 있습니다. 신학적으로 '창조-타락-구속'의 유신론적 내러티브로 표현되는 기독교 세계관은 특히 지난 150여 년간 교회 내에서 많은 사람들에 의해 받아들여졌습니다. 이것은 사람들이 믿음의 본질을 개인적 경건의 문제로 축소시키려는 거센 세속화의 압력에 대항하여 하나님의 말씀에 근거한 기독교적 세계관이 실재(Reality)에 대한 포괄적인 설명을 제공한다고 믿었기 때문이었습니다. 기독교 세계관은 기독교 신앙을 우주적으로 적용하는 것은 물론, 이의 설명력, 지적인 일관성, 실용주의적 유용성은 그리스도인들의 문화적, 학문적 참여를 위한 굳건한 기초를 제공하였습니다.

'기독교 세계관'이란 용어는 비교적 최근에 등장하였지만 기독교 신앙에 대한 세계관적 비전은 이미 오래전부터 교회 내에 존재하였습니다. 천지의 창조주와 구속주이시며 천지만물을 다스리시는 삼위일체 하나님에 대한 교리를 내포하고 있는 성경 그 자체로부터 시작하여 어거스틴 같은 초대교회 교부, 아퀴나스 같은 중세의 철학-신학자 등으로 이어져 왔습니다. 이는 그 후 루터나 칼빈과 같은 종교개혁자들과 영국과 미국의 청교도들에 의해 계승되었고, 결국 이런 개혁주의적 전통은 서구 복음주의 진영까지 흘러왔으며, 19세기 후반에는 이들에 의해 소위 기독교 세계관이 수면 위로 그 모습을 드러내게 되었습니다. 그러면 구체적으로 기독교를 하나의 세계관으로 인식하게 했던 대표적인 인물들은 누구일까요?

개신교인들 중에 기독교 세계관 전통의 원조라고 한다면 제네바의 종교개혁자 칼빈(John Calvin, 1509-1564)의 영향을 받았던 스코틀랜드 장로교 신학자이자 변증가, 목사, 교육자였던 오르(James Orr, 1844-1913)와 네덜란드의 신칼빈주의 신학자이자 정치가, 언론인, 교육자였던 카이퍼(Abraham Kuyper, 1837-1920) 등을 들 수 있습니다. 이들의 노력으로 인해 개혁주의 사상에 세계관이라는 단어가 도입되었습니다. 이들은 기독교가 직면하고 있는 모든 도전들의 기초에 실재에 대한 의문이 있음을 간파하고, 기독교 세계관이 확고하고 조직적인 실재에 대한 비전을 제시할 수 있다는 확신을 그리스도인들에게 제시하였습니다. 또한 이들의 뒤를 이어 일어난 네덜란드의 도예베르트(Hermann Dooyeweerd), 미국의 클락

(Gordon Clark), 헨리(Carl Henry), 쉐퍼(Francis Schaeffer) 등은 삶에 대한 완전한 성경적 비전의 중요성을 대중들에게 잘 드러나게 했습니다.

이들은 카이퍼가 말한바 기독교를 변증할 수 있는 '원리를 대적하기 위한 원리'의 필요성을 절감하면서 오늘 우리가 기독교 세계관 운동이라고 부르는 것을 시작하였습니다. 비록 카이퍼는 세계관이라는 말보다 '삶의 체계'(Life System)라는 말을 사용했고 오르는 '하나님과 세계에 대한 기독교적 견해'(The Christian View of God and the World)라고 표현했지만 이들이 추구하는 바는 같았습니다.

그러면 우리의 삶 전반을 아우를 수 있으면서도 '원리를 대적하기 위한 원리'는 무엇일까요? 그동안 우리의 삶 전반을 아우르는 원리로서 가장 널리 알려진 것은 앞에서 언급한 '창조-타락-구속'이라는 틀이었습니다. 그러므로 좁은 의미의 세계관 운동이라고 한다면 '창조-타락-구속'의 원리로 우리의 삶의 이슈들을 조망하려는 운동이라고 할 수 있습니다. 하지만 세계관 운동의 역사를 생각한다면 이보다 더 중요한 세계관 운동의 정의는 복음에 대한 총체적인 변증이라고 할 수 있습니다.

'창조-타락-구속'의 원리는 기독교 세계관의 유일한 원리는 아니지만, 그동안 가장 널리 알려진 원리이자, 가장 널리 적용된 원리였습니다. 이런 기독교 세계관의 원리를 하나의 신학 사조에서 국제적 운동으로 확산시킨 핵심적인 인물은 1955년부터 1984년 세상을 떠날 때까지 라브리(L'Abri) 공동체를 창설하여 세계관 저술과 강연에 매진한 프란시스 쉐퍼였다고 할 수 있습니다. 쉐퍼는 국내에 번역, 소개된 세계관 관련 서적들의 저자들에게 직접적인 영향을 미쳤습니다.

'창조-타락-구속'이라는 세계관적 원리를 체계적으로 적용하려는 노력이 가장 두드러지게 나타난 영역은 바로 교육 영역이라고 할 수 있습니다. 일찍이 카이퍼가 설립한 암스테르담 자유대학(Vrije Universiteit,

Amsterdam)을 비롯하여, 토론토 기독교학문연구소(Institute for Christian Studies), 미시간 주의 칼빈대학(Calvin College)이나 아이오와 주의 도르트대학(Dordt College) 등 개혁주의 계열의 기관들이나, 필자가 일하고 있는 밴쿠버 트리니티웨스턴대학(Trinity Western University) 등 복음주의 계열의 대학 등이 대표적인 예라고 할 수 있습니다. 기독교 세계관에 기초한 교육의 비전은 대학 교육에만 국한되지 않았고 초·중등교육에까지 확산되었습니다. 우리에게 익숙하게 알려진 반 브루멜른(Harro van Brumellen)이나 그린 (Albert Greene) 등이 제시하고 있는 초·중등교육기관에서의 교육 커리큘럼은 대표적인 예라고 할 수 있습니다.

　요약하자면 좁은 의미의 기독교 세계관 운동은 '창조-타락-구속'이라는 성경의 원리를 삶의 모든 영역에 적용하려는 운동이라고 할 수 있지만 넓은 의미의 기독교 세계관 운동은 기독교 신앙을 우리의 삶 전반을 아우르는 하나의 틀로 보려는 운동을 말합니다. 그동안 기독교 세계관 운동의 공식처럼 사용되어 온 '창조-타락-구속'이라는 원리는 성경의 원리를 가장 잘 표현한 체계 중의 하나라고 할 수 있습니다. 비록 특정한 틀을 너무 강조하게 되면 자칫 그 틀 자체가 이데올로기적 경직성을 가질 위험이 있지만 아직까지 우리의 삶 전반을 아우르는 원리로서 이보다 더 나은 것도 없는 것 같습니다. 하지만 이론적으로는 우리의 삶의 모든 영역에 적용할 수 있는 또 다른 성경의 원리나 구조가 있다면, 그것 역시 세계관 운동의 원리가 될 수 있을 것입니다. 즉 세속주의 원리를 대적하기 위한 성경적 원리의 중요성을 이해하고 실제로 삶을 관통하는 성경의 원리를 찾아 이를 삶의 모든 영역이나 이슈들에 적용하려는 노력이 있다면, 우리는 이를 세계관 운동이라고 할 수 있을 것입니다. 아래에서 살펴보려는 신유도 당연히 세계관적 조망이 필요한 이야기라고 할 수 있습니다.

2. 신유 이야기

사람들은 흔히 더러운 세상, 별로 살고 싶지 않은 세상을 표현할 때 '냄새나는 세상'이라고 하지요. 그런데 저는 오랜 세월 동안 냄새가 없는 무취(無臭)의 세계에 살다가 지난달부터 냄새나는 세상에 살게 되었습니다. 이 글을 쓰는 지금도 인근 한인 수퍼에서 사온 오곡 강정을 즐기면서 글을 씁니다. 고소한 강정 냄새와 더불어 그 냄새에 서린 어린 시절의 추억을 함께 씹으면서 지난 몇 주간 저의 삶에 일어난 놀라운 사실을 나누고자 합니다.

축농증 수술

대학 4학년이던 1976년 가을, 저는 교내 체육대회 축구 시합을 하다가 뇌(코)를 다친 이래 후각을 잃어버렸습니다. 그래서 다시는 냄새를 맡을 수 없을 거라 지레짐작하고 처음 몇 차례 병원에 간 후로는 아예 냄새를 포기하고 지냈습니다. 그로부터 몇 해 지난 뒤부터는 알레르기성 비염과 축농증이 이어져 코로 숨을 제대로 쉬지 못하는 불편함 속에서 32년을 살았습니다. 지난 10여 년 동안에는 증상이 악화되어 알레르기 계절이 되면 입으로만 숨을 쉬면서 살았습니다.

알레르기성 비염으로 인해 왼쪽 콧구멍에는 아예 큼직한 물혹이 호흡을 막고 있었고, 다른 콧구멍도 축농증으로 인해 숨 쉬기가 어려웠습니다. (수술 후에 알게 된 것이지만) 왼쪽 콧구멍에 있는 큰 물혹이 누르는 통에 코뼈가 오른쪽으로 굽어 오른쪽 콧구멍의 통기가 더 어려웠습니다. 그러니 코맹맹이 소리를 내는 것은 말할 것도 없고 제대로 숨을 쉴 수가 없으니 잠을 잘 때도 자다 깨다를 반복하여 숙면을 취할 수가 없었습니다. 입으로 숨을 쉬어야 하니 노래할 때도 헐떡거릴 수밖에 없었고, 공명에 필요한 비강이 고름으로 가득 차 있으니 노래를 제대로 할 수도 없었습니다. 게다가 툭하면 편도선이 부어 고통을 겪었습니다.

하지만 저는 아예 날 때부터 후각을 잃어버린 것이 아니라 20년 이상 냄새나는 세상에 살았기 때문에 냄새의 추억은 오랜 세월의 강물 속에서도 쉬 사라지지 않았습니다. 세월이 갈수록 은은한 솔잎 향기, 고소하고도 산뜻한 커피향은 차라리 사치라고 해도 찝찔한 바다 내음, 음식 상한 냄새, 화장실 냄새라도 좋으니 한 번만이라도 냄새를 맡을 수 있다면 얼마나 좋을까…. 저는 냄새나는 세상이 시리고 아플 정도로 그리웠습니다. 언젠가 시각, 청각 중복 장애인이었던 헬렌 켈러가 쓴 "내가 사흘 동안만 볼 수 있다면"이라는 글을 보면서 내가 사흘 동안만 냄새를 맡을 수 있다면 무슨 냄새부터 맡을까 생각해 보기도 했습니다.

그러다가 지난 1월, 정기 방한 중에 이틀간 안양샘병원에서 직원들을 위한 집회를 인도할 기회가 있었습니다. 그런데 마침 그 자리에 참석하신 이비인후과 손 과장님이 제 음성을 듣고 코에 심각한 문제가 있다고 하시며, 정밀 검사를 받아보는 것이 좋겠다는 제안을 했습니다. 집회 후에 이미 문을 닫은 이비인후과 외래 진료실에 가서 불을 켜고 기계를 작동시켜 검사를 받았습니다. 손 과장님은 코 상태가 심각해서 '큰 공사'를 해야겠다고 하셨습니다.

그 다음날 CT를 찍어 보니 예상대로 심각한 알레르기성 비염과 축농증이라는 진단이 내려졌고, 가능하면 빨리 수술을 받는 것이 좋겠다는 결론을 내렸습니다. 하지만 이미 스케줄로 꽉 차 있었기 때문에 별도리 없이 일정이 없던 구정 연휴 기간에 수술 날짜를 잡았습니다. 미리 수술을 위한 신체검사를 받고 2월 4일 오전에 입원했습니다. 점심때를 좀 지나서 수술실로 실려 가 마취과 의사의 기도를 받았습니다. 그리고 의사의 지시에 따라 플라스틱 마스크를 통해 마취 가스를 5-6회 흡입하는 동안 저는 정신을 잃었고 이어 수술에 들어갔습니다.

내시경 수술이긴 해도 근 네 시간이나 걸리는 큰 수술이었습니다. 하지만 전신마취를 한 상태라 저로서는 '눈 깜빡할 사이'에 끝난 것 같았습니다. 마취에서 깨어나 어슴푸레 의식이 돌아오는데, 옆에서 누군가 "정신이 드세요?"라는 말이 들렸습니다. 의식을 찾고 보니 양쪽 코는 완전히 막혀 있었고 혈관주사 줄이 어지럽게 보이기 시작했습니다. 시간이 지나면서 정신이 돌아왔지만 병실로 이동하여 침대를 바꾸려 할 때는 힘이 없어서 부축을 받을 수밖에 없었습니다. 그리고 계속 출혈이 있었기 때문에 침대를 절반쯤 세워서 비스듬히 누운 채 자는 둥 마는 둥 하면서 첫 날 밤을 보냈습니다. 그 후 나흘간은 완전히 코를 막은 채 계속 진통제와 항생제를 맞으면서 지냈습니다.

수술한 지 나흘 후인 목요일 오전에 처음으로 외래 진료를 받으러 가니 수술을 집도했던 김 과장님이 코 속에 넣어둔 가제를 내시경과 긴 핀셋을 사용하여 꺼냈습니다. 수북하게 쌓인 거즈를 보고 저는 이렇게 많은 거즈가 들어갈 정도로 코 속에 공간이 넓다는 데 놀랐습니다. 코에서 거즈를 끄집어내자 두 콧구멍으로 공기가 자유롭게 드나드는 것이 너무나 기쁘고 신기했습니다. 수십 년 동안 꽉 막혀 있던 코가 마치 중부고속도로에 터널이 뚫리듯 뻥 뚫린 것입니다. 저는 코가 막혀 있는 것에 너무 익숙해 있었기 때문에 처음에는 아무런 어려움 없이 호흡이 들락거리는 것이 도리어 약간 불안하기조차 했습니다. 이러다가 뭔가 문제가 생기는 것은 아닐까….

김 과장님은 혹시 후각이 돌아오지 않았는지 물었지만 아쉽게도 냄새는 맡을 수가 없었습니다. 일주일의 입원기간에도, 그 후 두 차례의 외래 진료를 받으러 갈 때도 냄새를 맡을 수 없었습니다.

'그래, 막혔던 코가 대통한 것만으로도 감지덕지지 뭘 더 바라겠나! 후신경이 망가졌으니 방법이 없겠지….'

기대하지 않으면서도 저는 혹시나 하는 마음으로 주변 분들에게 저를 위해 기도할 때 "냄새도….'란 말을 끼워 넣어 달라고 부탁했습니다. 그리고 시원한 코에 감사하면서 알찬 방한 일정을 마쳤습니다.

병원에서의 신유

그런데 지난 2월 23일, 귀가하는 길에 밴쿠버 공항 세관 앞을 지나면서 심호흡을 하는데, 갑자기 퀴퀴한 냄새가 나는 게 아닙니까! 아니, 이럴 수가! 어떤 냄새인가는 아랑곳없이 그저 냄새를 맡을 수 있다는 사실 때문에 저는 감격했습니다. 도무지 믿을 수가 없어서 사냥개처럼 코를 벌렁거리면서 한동안 짐을 수레에 실은 채 돌아다녔습니다. 이 땅에서 다시는 냄새를 못 맡으리라 생각했는데, 하나님께서 이비인후과 의사의 손을 통해 기적을 일으키신 것입니다. 아직 어릴 때처럼 예민하지는 않지만 저는 요즘 날마다 점점 더 많은 냄새를 분간해 가고 있습니다. 제게 일어난 '신유의 역사'는 앉은뱅이가 벌떡 일어난 것처럼 충격적인 일이었습니다.

사실 저는 6년 전에도 잠깐 코가 트여서 숨을 좀 편하게 쉰 적이 있었습니다. 물론 그때는 후각은 살아나지 않았습니다. 그때는 약을 먹은 것도, 수술을 한 것도 아니고 어떤 분의 기도를 받아서 코가 트였습니다. 코가 막혀서 오랫동안 고통을 당하고 있었기 때문에 저는 그것도 너무나 감사했습니다. 그런데 아쉽게도 불과 한두 주 후에 다시 막혀 버렸습니다. '내가 너무 방정맞게 떠들고 다녀서 하나님께서 거둬 가신 걸까?' 후회막심이었지만 도리가 없었습니다.

이제 수술한 지 50여 일, 후각이 돌아온 지 30여 일이 지났습니다. 그러면서 축농증 수술과 이어 후각이 재생되는 경험을 통해 저는 신유(神癒)에 대해 다시 생각해 보았습니다. 과연 우리가 알지 못하는 신비한 방법으로 병이 나으면 신유이지만 병원에서 병을 고친 것은 하나님과 무관한, 다만 의사의 재주일까요? 흔히 사람들은 '순전히' 기도나 안수만으로 병이 나을 때는 하나님이 고치셨노라고 간증하면서 의사의 손을 통해, 혹은 약을 통해 병이 나은 것은 대단한 것으로 생각하지 않습니다. 특히 치료할 수 있는 병을 고쳤을 때는 당연한 것으로 생각합니다. 과연 우리가 의술로 병을 고치는 것은 하나님의 역사가 아닐까요? 과연 신유는 교회나 기도원에서만 일어나고 병원에서는 일어나지 않는 걸까요?

저는 이번 수술을 통해 현대 의술로 병을 고치는 것도 하나님의 역사요, 신유라는 생각을 하게 되었습니다. 기도나 안수만으로 병을 고치는 것을 신유라고 한다면, 이는 신유를 너무 좁게 정의한 것입니다. 첨단 수술 장비를 가지고 오랫동안 훈련 받은 의사가 수술을 해서 축농증을 낫게 하는 것도 결국 하나님이 고치신 것입니다.

그 이유는 먼저 아무리 의사가 탁월하고 치료를 잘해도 또 약의 효능이 좋아도 결국 병을 낫게 하시는 분은 하나님이시기 때문입니다. 동일한 병에 걸린 사람이 동일한 의사에게 동일한 치료를 받아도 사람마다 차도가 같지 않습니다. 표준적인 치료 방법이 개발되어 있는 흔한 병이라 할지라도 치료 결과는 사람마다 천차만별입니다. 뻔한 질병인데도 합병증이나 마취사고로 생명을 잃는 경우가 있는가 하면 말기암 환자라도 낫는 경우가 있습니다. 사람이 아무리 정성을 다해 나무를 심고 물을 주어도 자라게 하시는 분은 하나님이신 것처럼(고전 3:6) 의사가 최선을 다해도 인간의 생명은 하나님의 손에 달려 있습니다. 인간의 생사화복을 주관하시는 분이 하나님이시기 때문에 병을 고치는 것도 의사를 통한 하나님의 주권적인 역사라고 할 수 있습니다.

의사가 훈련을 통해 질병을 고칠 수 있는 지식과 기능을 가진 것은 하나님의 형상의 반영이라고 할 수 있습니다. 물론 신약을 개발하는 과학자나 수술 장비를 개발하는 공학자의 재능도 하나님의 형상의 반영입니다. 동물은 아무리 훈련하고 가르쳐도 사람처럼 학습이 안 됩니다.

후에 병실에서 손 과장님이 찍어서 넘겨 주신 40여 장의 수술 사진들을 보면서 저는 의사들의 기술에 놀랐습니다. 자기 손도 아닌, 내시경 끝에 달린 작은 칼로, 그것도 직접 눈으로 보는 것이 아니라 화면을 보면서 그 정교한 수술을 한다는 데 놀랐습니다. 시신경, 뇌신경이 거미줄처럼 얽혀서 내려가는 사이사이로 작고 날카로운 내시경 칼을 집어넣어 뇌의 뒷부분에 있는 공동(空洞)의 병변까지 깨끗하게 제거한다는 것은 하나님의 형상을 지닌 인간이 아니면 상상할 수 없는 일입니다. 물론 사람이 아무리 하나님의 형상을 갖고 있어도 오랜 기간 동안 집중 훈련을 받아야겠지만요….

게다가 비뚤어진 코뼈를 바로잡으려고 수술한 얘기를 듣고 저는 더 놀랐습니다. 그 비좁은 코 안에서 내시경을 통해 코뼈 좌우에 붙어 있는 물렁뼈를 분리하고(손상되면 재생이 안 되는 물렁뼈), 코뼈를 바르게 한 후 다시 물렁뼈를 샌드위치처럼 코뼈 좌우에 붙이고 빼내지 않아도 되는 수술용 실로 꿰맸다고 합니다. 이 정교한 손의 감각은 엄청난 훈련의 결과지만 그렇다고 단순한 학습의 결과로만 해석할 수가 없습니다. 다른 동물들도 진화하면 그렇게 될 수 있다고요? 정신병자의 논리지요!

하나님의 역사

결론적으로 오늘날 신유가 가장 많이 일어나는 곳은 교회나 기도원이 아니라 병원이라고 할 수 있습니다. 우리가 병을 치료하는 과정이나 병을 낫게 하는 약의 작용 원리를 잘 알고 있다고 해도 병이 낫는 것은 하나님의 역사입니다. 그러니 병원에서 치료를 통해 병이 낫는 것도 신유라 할 수 있습니다. 신비롭고 인간의 두뇌로 설명할 수 없는 것만이 하나님의 역사라고 해서는 안 됩니다. 이는 마치 화산이나 지진, 쓰나미 등의 원인을 안다고 해서 그것이 발생하는 것을 하나님과 무관하다고 말하는 것과 같습니다.

고대인들은 천둥이나 번개, 일식이나 월식 따위를 과학적으로 설명할 수 없었습니다. 노아 홍수 후에 무지개가 생기는 것도, 베데스다 연못의 물이 동하는 것도 신비로운 현상이었고 이를 하나님의 역사로 보았습니다. 하지만 지금은 이에 대한 과학적 설명이 잘 알려져 있습니다. 그렇다고 이런 것들을 하나님의 역사가 아니라고 말할 수 있을까요? 아닙니다. 우리가 과학적으로 설명할 수 없는 것만을 하나님의 역사라고 한다면 그것은 하나님의 능력과 역사를 제한하는 것입니다.

과학적으로 설명할 수 없는 일은 있을 수 없다고 주장하는 것이나, 하나님은 항상 우리가 알지 못하는 방법으로만 역사한다고 주장하는 것은 둘 다 극단적인 일종의 이데올로기라고 할 수 있습니다. 인간의 이성을 기준으로 사건을 해석, 재단한다는 점에서 두 입장 모두 인본주의적이라고 할 수 있습니다. 이 세상에는 과학적으로 설명할 수 있는 일만 일어난다고 주장하는 것만 교만이 아니라 하나님은 과학적으로 설명할 수 없는 방법으로만 역사한다고 보는 것도 결국 인간의 교만 때문이라고 할 수 있습니다. 인간의 유한한 이성의 한계에 개의치 않으시고 역사하시는 하나님! 그런 하나님을 섬기는 것이 얼마나 큰 축복인지…. 때로는 우리가 알 수 없는 방법으로, 때로는 우리가 알 수 있는 방법으로 역사하시는 하나님을 찬양합니다. 그 하나님은 당연히 성(性)과 같은 중요하면서도 내밀한 문제들에까지 역사하시는 분입니다.

3. 거룩한 성(性)

근래 WHO는 한 보고서에서 '이 지구상에서 하루에 일억 번 이상 일어나는 사건이 남녀 간의 성행위다.'라고 발표한 적이 있습니다. 아마 성행위는 식사를 제외하고는 인간의 가장 잦은 행위라고 할 수 있을 것입니다. 그렇다면 하루에 2억 명 이상이 참여하면서 남녀 간에 2천 드럼 이상의 체액을 교환하는 성행위란 무엇일까요?

성행위는 이 세상에서 가장 많은 사람들이 참여하면서도 동시에 가장 은밀한 행위라고 할 수 있습니다. 그래서 우리 몸에서도 성과 관련된 기관들은 가장 깊은 곳에 숨겨져 있습니다. 어떤 문화권이라도, 아무리 더운 나라에 가도 반드시 성과 관련된 신체 부위는 가립니다. 남자들처럼 여자들도 상반신을 드러내는 문화는 있지만, 극소수의 나체촌을 제외하고는 대부분 성기 자체를 드러내는 종족은 거의 없습니다. 사람들은 성기를 가리는 것뿐만 아니라 성과 관련된 직접적인 표현도 조심합니다. 분위기에 따라 다르지만 대부분 직접적인 성적 표현보다는 상징과 은유를 사용하는 경우가 많습니다. 성경의 아가서는 성과 관련한 가장 탁월한 상징과 은유라고 할 수 있습니다.

성기를 가리고 성과 관련된 직설적인 표현을 조심하는 것은 성행위가 부끄러워서일까요? 아닙니다. 성이 너무나 거룩하기 때문입니다 그러면 성은 왜 거룩할까요? 이는 성이 생명의 탄생과 직결되어 있기 때문입니다. 성상담가 구성애 씨의 말처럼 생명의 탄생과 결부될 때 성은 성희롱이나 음담패설(淫談悖說)의 주제가 아니라 밝은 곳에서 진지하게 회자(膾炙)될 수 있습니다. 남녀의 성적 결합을 통해 하나님의 형상을 가진, 영원히 불멸하는 한 개체가 탄생한다고 보면 성이란 정말 엄숙하고도 거룩한 것입니다. 집은 샀다가 팔 수 있고 철밥통 직장도 바꿀 수 있지만, 한 번 잉태된 생명은 살인을 하지 않는 한 마음대로 없앨 수 없습니다.

성을 생명의 잉태가 아니라 육체적 쾌락에만 관련하여 보게 되면 진지하고 당당하게 논의할 수 없습니다. 때로는 한없이 천박해질 수도 있습니다. 어느 문화에서나 가장 지독한 욕이나 저주는 성, 혹은 성 기관과 관련된 경우가 많은 것도 이런 이유 때문이 아닐까 생각합니다. 이런 점에서 "생명은 성 개념의 기본이어야 한다."는 어느 성 교육가의 지적은 적절하다고 할 수 있습니다.

성경은 성을 축복이자 명령으로 가르칩니다. 하나님은 사람들에게 "생육하고 번성하여 땅에 충만하라."(창 1:28)고 말씀합니다. 이것은 부부 간의 성행위에 대한 명령이자 문화명령의 핵심입니다. 그리고 사람들이 이 명령을 억지로가 아니라 기쁨으로 수행할 수 있도록 하나님은 본능적인 욕구와 더불어 성행위 속에 큰 기쁨을 넣어 두셨습니다. 생명의 탄생과 성장을 보는 것은 인생이 누릴 수 있는 가장 큰 기쁨입니다. 나아가 성과 관련된 육체적 즐거움은 말씀에 순종하는 모든 사람들에게 주시는 하나님의 보너스라고 할 수 있습니다.

물론 생육하고 번성하라는 하나님의 명령은 제한적이지만 동물들에게도 적용됩니다(창 1:22). 하지만 하나님의 형상이 없는 동물들은 DNA에 각인된 본능적 충동에 충실할 뿐입니다. 그래서 동물들에게는 성범죄를 생각할 수 없습니다. 잉꼬나 앵무새, 비둘기 등 일부 동물들은 평생 짝을 바꾸지 않는다고 하지만 대부분의 동물들은 출산 후 일정 기간이 지나면 부모 자녀의 관계가 곧 암컷과 수컷의 관계가 됩니다. 그래서 이들에겐 '모자', '부녀', 혹은 '남매' 간의 '근친상간'도 문제가 되지 않습니다. 오히려 여기저기 팔려 다니는 가축들이 '정조'를 지키겠다고 고집하면, 더 복잡한 문제가 생길 수 있겠지요!

하지만 동물들과는 달리 하나님은 자신의 형상을 가진 인간의 성적 무질서에 대해서는 가혹할 정도로 처벌하십니다. 인간의 성은 너무나 거룩하기 때문이지요. 인간의 성은 천하를 주고도 바꿀 수 없는 바로 그 생명을 만드는 행위이기 때문입니다. 성경이 매춘과 매음을 정죄하고 있는 것도 이 때문입니다. 생명을 잉태시키는 거룩한 인생의 대사를 돈을 위해 그리고 육체적 쾌락만을 위해 남용하는 것은 정죄 받아 마땅합니다. 하나님의 영이 거하는 육체를 죄의 도구로 사용하는 것을 하나님은 묵과하시지 않으십니다. 성이 거룩한 것인 만큼 오용에 대한 하나님의 진노도 그만큼 큰 것입니다.

하나님은 성을 만드신 분이기 때문에 가장 강렬한 정서와 쾌감이 수반되는 성에 강력한 제동장치를 달아 두지 않으면 타락한 인간이 쉽게 방종으로 갈 수밖에 없음을 너무나 잘 알고 계십니다. 그리고 하나님은 성적 타락을 용서하지 않습니다. 소돔과 고모라, 폼페이, 심지어 로마제국까지 역사적으로 수많은 도시와 나라들이 성적 타락으로 인해 멸망한 것은 이의 증거라고 볼 수 있습니다. 레위기 18장이나 20장은 하나님이 성적 무질서를 얼마나 싫어하시는지를 말해 주는 대표적인 예라고 할 수 있습니다. 하나님은 강간, 근친상간, 동성애, 수간 등을 행하는 자들을 죽이라고 단호하게 명령합니다.

우리는 온갖 성범죄와 성적 일탈이 봇물을 이루고 있고, 포르노가 안방까지 깊숙이 침투한 시대에 살고 있습니다. 정조나 순결보다도 돈이 모든 가치들을 압도하는 시대에 살고 있지요. 하지만 우리는 여전히 성은 거룩한 하나님의 명령이자 축복임을 선포해야 합니다. 아예 결혼을 하지 않거나, 하더라도 자녀를 낳지 않는 부부들이 증가하는 시대에 살면서도 여전히 우리는 건강한 가정을 통한 생육과 번성의 축복은 약속 있는 하나님의 명령임을 기억해야 합니다. 생육과 번성은 성의 거룩함이라는 전제 위에 세워질 때 진정한 축복이 될 수 있습니다. 하지만 하나님의 축복은 다만 성과 같이 내밀하면서도 개인적인 문제들에게만 국한되지 않고 문화와 같은 좀 더 광범위한 문제들과도 연관되어 있습니다.

4. 인간의 문화명령

흔히 마태복음 28장 18-20절을 지상명령이라고 한다면 창세기 1장 28절이나 2장 15절의 말씀은 문화명령, 혹은 창조명령이라고 합니다. 지상명령이나 문화명령은 사람에게만 주어졌고 동물들에게는 주어지지 않았습니다. 동물들에게는 생육하고 번성하라는 명령(축복)은 주셨지만 피조세계를 관리하고 다스리라는 명령은 오직 사람들에게만 주어진 명령입니다.

인간에게는 생육하고 번성하라는 명령에 더하여 "땅을 정복하라 바다의 물고기와 하늘의 새와 땅에 움직이는 모든 생물을 다스리라."(창 1:28)고 하신 명령도 주어졌습니다. 창조주의 형상을 닮은 유일한 존재로서 인간에게는 전체 피조세계를 창조주의 뜻을 따라 책임 있게 다스리고 가꾸는 과업이 추가된 것입니다. 이러한 과업은 본능을 따라 자동적으로 이루어지는 것이 아니라 창조주에게 순종하기 위한 인격적 결단을 통해 이루어집니다.

타락으로 인해 인간에게 있는 하나님의 형상이 훼손되면서 인간이 문화명령에 순종하는 것이 점점 더 어려워지게 되었습니다. 하지만 그런 만큼 인간의 순종은 동물들의 본능적 행동에 비해 더 귀합니다. 이는 타락 이후에도 인간은 자유의지가 있어서 자신의 의지적 결단을 따라 행동하기 때문입니다. 물론 타락 이전에도 인간에게 불순종할 수 있는 가능성이 있었지만 타락 이후에는 이 불순종의 가능성이 훨씬 더 커지게 되었습니다. 어떤 의미에서 타락 이후 인간은 창조주의 뜻에 순종하는 것보다 불순종하는 것이 더 자연스럽게 되었습니다. 심지어 예수님을 믿는 사람들조차 하나님의 뜻에 순종하려면 성령의 도우심을 통해 순간순간 의지적 결단을 해야 합니다.

가치 있고 의미 있는 순종은 인격적 순종, 즉 인간의 의지적 결단이 포함된 순종입니다. 로봇이 아무리 말을 잘 들어도 칭찬받지 못하듯이 본능에 따른 동물들의 순종은 인간과 같은 상급을 받지 못합니다. 동물들에게 있어서 하나님의 뜻을 따른다는 것은 의지적 선택이나 결단에 의한 순종이 아니라 창조주가 그들의 DNA에 새겨 넣은 본능에 충실하게 살아간다는 것입니다. 본능에 따라 하나님이 정하신 먹이사슬 속에서 다른 짐승들을 잡아먹으면서 생육하고 번성하는 것이 곧 창조주의 명령을 수행하는 것이라고 할 수 있습니다.[1]

타락은 인간의 의지에만 영향을 미친 것이 아니라 전 피조세계에 영향을 끼쳤습니다. 인간의 타락이 피조세계에 영향을 끼쳤음은 성경에서 찾아볼 수 있는데, 로마서 8장 20-22절은 이의 대표적인 구절입니다. "피조물이 허무한 데 굴복하는 것은 자기 뜻이 아니요 오직 굴복하게 하시는 이로 말미암음이라…피조물이 다 이제까지 함께 탄식하며 함께 고통을 겪고 있는 것을 우리가 아느니라."

작금에 이르러 국제적인 관심사가 되고 있는 지구온난화는 인간에게 주어진 문화명령과 관련하여 큰 의미가 있습니다. 어쩌면 지금 인류는 노아 홍수 이후 가장 심각한 위기를 맞고 있다고 할 수 있습니다. 어떤 의미에서 지구온난화로 인한 재앙은 이미 인간의 힘으로 돌이킬 수 없는 지경에 이른 것으로 보입니다. 온실가스의 70%가 자동차 매연으

---

1) 하지만 먹이사슬이 과연 창조질서에 속하는 것일까에 대한 신학적 반론을 제기할 수도 있다. 그러나 그 사람은 우리가 먹는 모든 채식, 육식도 결국 먹이사슬의 한 부분이라는 것을 설명할 수 있어야 한다.

로 인한 것이라고 하지만 어느 누구도 자동차를 포기하려고 하지 않기 때문입니다. 지구온난화의 재앙 속도를 늦추기 위해서는 적어도 휘발유 가격을 1리터 당 4,000원 이상으로 올리고, 배기량 1,000cc 이상 되는 개인 승용차는 법으로 만들지 못하도록 강제하는 수밖에 없을까 하는 생각을 해 봅니다.

시대에 따라 지구 종말에 관한 성경해석은 다양했지만 지금으로 봐서는 사도 베드로가 말한바 불심판은(벧후 3:7) 지구온난화로 인한 환경 재앙이 될 가능성이 있습니다. 어쩌면 사도 요한이 요한계시록에서 기록하고 있는바 "피 섞인 우박과 불이 나와서 땅에 쏟아지매 땅의 삼분의 일이 타 버리고 수목의 삼분의 일도 타 버리고 각종 푸른 풀도 타 버렸더라."(계 8:7)가 지구온난화의 재앙을 말함은 아닌지…. 지난 세기부터 여러 학자들이 제기해 온 핵전쟁이나 소행성 충돌로 인한 불심판 가능성에다 한 가지 가능성이 더 추가되었다고도 할 수 있을 겁니다. 이런 저의 우려가 단순히 자라 보고 놀란 가슴, 솥뚜껑 보고 놀라는 마음이기를 바랄 뿐입니다.

사람들이 자발적으로 피조세계를 돌보라는 문화명령에 순종하지 않자 하나님은 강제적 방법을 동원하고 계시는 것으로 보입니다. 작금의 환경재앙 전조들을 보면서 저는 창조주 하나님의 안타까운 심정과 진노를 생각해 봅니다. 이제는 그리스도인들만이라도 인류 생존의 위협으로 인한 어쩔 수 없는 복종이나 동물과 같은 본능적 복종이 아닌, 창조주의 문화명령을 기억하여 인격적이고도 의지적으로 순종을 회복해야 할 때가 아닌지 생각해 봅니다.

5. 기독교와 이데올로기

하나님은 문화명령과 같은 큰 주제뿐 아니라 우리 개개인의 삶의 사소한 부분까지 순종하시기를 원하십니다. 언젠가 저는 제가 섬기고 있는 쥬빌리채플 주일설교를 준비하면서 예화로 사용하기 위해 『벤허』 (*Ben-Hur: A Tale of the Christ*)의 작가 루이스 윌레스(Lewis Wallace, 1827-1905)에 대해 자세히 살펴볼 기회가 있었습니

〈루 윌레스 장군_ⓒ위키백과〉

다. "벤허"는 1959년 윌리엄 와일러(William Wyler, 1902-1981) 감독이 만든 영화로, 윌레스가 1880년에 발표한 『벤허』라는 소설을 영화화한 것입니다. 윌레스를 소개하는 문헌을 보면, 그는 변호사, 주지사, 정치인, 남북전쟁 때는 남부군 장군이자 역사소설가라고 적혀 있습니다.

사실 이전에도 저는 윌레스 장군에 대해 다른 목사님들의 설교로부터 여러 차례 들은 적이 있었습니다. 그런데 마침 요한복음 강해를 준비하다 보니 그분의 얘기가 적절한 예화가 될 것 같아서 자세히 찾아본 것입니다. 윌레스 장군의 얘기는 여러 버전이 있지만 목사님들이 설교 시간에 예화로 즐겨 사용하는 내용은 대체로 다음과 같습니다.

> 미국 남부에 윌레스라는 장군이 있었는데, 그는 철저한 무신론자였다. 언젠가
> 그는 유명한 무신론자 잉거솔(Robert G. Ingersoll)을 만났는데, 그는 윌레스에게
> 기독교의 가르침은 다 거짓말이고 쓸데없는 것이며, 기독교가 믿을 수 없는 거짓
> 종교임을 증명하는 책을 쓰면 대단한 베스트셀러가 될 것이라고 하였다. 이에
> 윌레스는 성경의 허구성을 철저하게 파헤쳐서 성경의 이야기가 허무맹랑한

거짓임을 밝히고 인류를 신에게서 해방시키기로 작정했다. 이를 위해 그는 먼저 기독교의 기초가 되는 성경을 자세히 읽어서 거짓된 내용을 찾아내기로 했다. 하지만 그는 읽어 가는 가운데 성경 속에서 거짓을 발견하기는커녕 도리어 성경에서 놀라운 진리를 발견했다. 성경을 반복해서 읽으면서 그는 마음속에서 놀라운 변화가 일어나는 것을 경험했으며, 마침내 인격적으로 예수님을 만났다. 그가 예수를 부정하려고 하면 할수록 그의 양심은 "아니야, 그렇지 않아. 예수는 하나님의 아들이고, 성경은 진리야!"라고 부르짖는 것 같았다. 결국 월레스는 부인할 수 없는 하나님 말씀 앞에서 무릎을 꿇고 "당신은 나의 주, 나의 하나님"이라고 부르짖었다. 기독교를 파괴할 목적으로 2년 동안 열심히 자료를 찾으며 연구하던 그는 끝내 하나님께 회개하고 돌아온 것이다. 기독교를 비판하려고 들었던 펜을 꺾고 그는 만인의 심금을 울리며 많은 사람을 예수께로 인도한 불후의 명작 『벤허』를 썼다.

　　정말 설교에 사용하기는 너무나 좋은 예화지요! 특히 성경이 믿을 만한지를 의심하는 사람들, 성경을 비난하는 사람들에게 들려줄 수 있는 감동적인 예화입니다. 하지만 저는 월레스에 대해 조사하면서 그동안 설교에 많이 인용되던 위의 예화가 사실과 다르다는 것을 알게 되었습니다. 월레스는 『벤허』의 원저자일 뿐 아니라 남북전쟁 당시 남부군의 장군이었기 때문에 지금도 그에 관한 많은 자료들이 남아 있습니다.

　　문헌에 의하면 그는 처음부터 무신론자도, 반기독교적 성향의 인사도 아니었습니다. 열정적인 신앙을 가지지는 않았지만 그는 일평생 감리교회에 출석하는 사람이었습니다. 그는 어릴 때부터 어머니로부터 성경을 들으면서 자랐고, 『벤허』를 쓰기 전에도 동방박사들이 베들레헴까지 가는 이야기를 소설로 쓰기도 했습니다. 자서전 『나는 어떻게 벤허를 썼는가』와 1899년에 발표한 『첫 성탄』(The First Christmas) 서문에서 그는 자신의 말로 『벤허』를 통해 예수님이 '탄생하셨던 당시 세계의 종교적, 정치적 상황들'(religious and political conditions of the world at the time of the coming)을 그렸다고 말했습니다. 그는 글을 쓰면서 '하나님과 예수님의 신성에 대한 절대적인 확신'(a conviction amounting to absolute belief in God and the divinity of Christ)을 갖게 되었지만 원래 기독교를 파괴하기 위하여, 혹은 성경을 부정하기 위하여 노력하다가 회개하고 『벤허』를 썼다는 것은 전혀 사실이 아닙니다!

그렇다면 도대체 누가 월레스 얘기를 이렇게 터무니없이 왜곡했을까요? 월레스는 미국인이고 영어 자료들 중에는 어디에도 그런 얘기가 없는 것으로 미루어 아마 한국에 있는 어떤 분이 왜곡한 것이 아닌가 생각됩니다. 하지만 왜곡한 '범인'을 찾는다는 것은 '자수'하지 않는 한 불가능할 뿐 아니라 의미도 없는 일입니다. 다만 사실이 아닌 그런 얘기가 어떤 검증도 없이 그렇게 오랫동안 수많은 설교자들에 의해 한국 강단에서 인용되었는가 하는 점이 이상할 뿐입니다. 혹 많은 설교자들이 감동적이기만 하다면 과장이면 어떻고, 거짓이면 어떠냐고 생각했기 때문은 아닐까요?

이런 예는 이것이 처음은 아닙니다. 월레스의 이야기는 왜곡된 줄도 모르고 많은 사람들이 인용해서 생긴 해프닝이지만 때로는 의도적으로 거짓말을 하는 사람들도 있습니다. 한때 냉동권사라는 분이 전국을 다니면서 많은 간증집회들을 한 적이 있었습니다. 그는 죽어서 병원 냉동실에 사흘간 있다가 다시 살아났는데, 그동안 천당과 지옥에 가서 많은 것을 보았다고 간증했습니다. 하지만 얼마 후 뭔가 미심쩍은 것이 있다고 생각한 사람들이 병원기록을 조사하는 과정에서 이분의 말이 완전히 날조된 거짓임이 밝혀졌습니다. 그런데 거짓말이 들통 난 후에 냉동권사라는 분이 한 말이 가관입니다.

"거짓말이건 참말이건 무슨 관계가 있습니까? 교인들이 은혜 받고 헌금 많이 바치면 되는 것이지…."

세부내용은 달라도 이와 비슷한 경우를 지금도 가끔 접하곤 합니다. 몇 년 전, 미국이 이라크를 침공했을 때 서울의 어느 보수교단 목회자는 회교권에 선교의 문이 열릴 것이기 때문에 부시의 정책을 지지한다고 말했습니다. 도대체 이게 말이 되는 이야기일까요? 아무리 성경책을 읽고 싶어도 남의 성경책을 훔쳐서는 안 되는 것처럼, 아무리 예배당 건축을 위해서라도 건축법을 어기면서 건축해서는 안 되는 것처럼, 아무리 선교를 위해서라도 남의 나라를 침략해서는 안 됩니다. 만일 우리가 그런 주장을 한다면, 불신자들에게 하나님을 악하고 불의한 분으로 소개하는 격이 됩니다.

은혜만 된다면 사실을 왜곡, 과장하여 거짓말을 할 수도 있고, 선교를 위해서라면 남의 나라를 침략할 수도 있다? 이것은 기독교의 본질과는 거리가 먼 주장입니다. 아무리 선한 목적이라도 그 목적을 이루기 위한 수단까지 선하지 않으면 안 됩니다. '목적이 수단을 정당화한다.' 는 것은 '진리는 총구에서 나온다.'고 주장하는 공산주의자들이나 하는 얘기입니다. 목적만 선하면 어떤 방법을 사용해도 된다고 생각하는 것은 기독교의 탈을 쓴 이데올로기일 뿐입니다. 네덜란드 학자 하우츠바르트(Bob Goudzwaard)의 말처럼 이데올로기는 우상숭배이고 그것은 하나님이 가장 가증하게 여기시는 죄입니다! 개인의 도덕성과 관련된 이런 오류나 거짓말들은 헌신을 빙자한 일종의 광기라고 할 수 있습니다.

6. 풍수 이야기

하지만 개인의 무지나 정직성과 관련된 얘기보다 더 기가 막힌 일은 특정 지역의 특정인들이 집단적으로 허황된 일에 의해 미혹되는 것입니다. 밴쿠버 시내에서 미국 국경 쪽으로 해안을 따라 99번 고속도로를 타고 내려가다 보면, 리치먼드(Richmond)라는 도시가 있습니다. 리치먼드는 프레이저 강이 태평양으로 흘러 들어가는 강 하구의 삼각주에 건설된 도시입니다. 프레이저 강은 세계에서 가장 아름답다는 록키 산맥에서 발원하여 장장 약 1,400km를 굽이굽이 흘러 태평양으로 흘러 들어가는 서부 캐나다의 젖줄과도 같은 강입니다.

흥미롭게도 리치먼드에는 중국인들이 집단으로 거주하고 있습니다. 왜 유독 리치먼드에 중국인들이 이렇게 모여 살까? 처음에 저는 리치먼드라는 이름이 부유한 곳이란 의미도 있고, 게다가 미국도 가깝고, 공항도 가까워서 장사에 밝은 중국인들이 그곳에 모여들었나 보다 생각했습니다. 또 리치먼드는 바다에 인접해서 싱싱한 해산물을 대량으로 파는 수산시장이 발달한 것도 음식에 밝은 중국인들이 좋아하게 된 이유가 아닐까 생각했습니다. 하지만 저의 추측은 틀렸습니다.

중국인들이 그곳에 몰려들게 된 가장 큰 이유는 풍수였습니다. 프레이저 강은 길이만 긴 것이 아니라 넓이가 남북한을 합친 것과 비슷한 23만 ㎢에 이르는 거대한 강입니다. 이 강이 태평양으로 흘러 들어가기 전에 거대한 삼각주를 형성했는데, 이것이 고공에서 보면 마치 꿈틀거리는 용의 입에 물려 있는 여의주 모양과 같다고 합니다. 그 말을 듣고 실제로 밴쿠버 공항에서 비행기를 타고 내릴 때 공중에서 보니 리치먼드는 영락없이 용의 입에 물린 여의주였습니다. 용을 닮은 강 옆에 살기만 해도 재수가 좋다고 생각하는 중국인들인데, 용의 입에 물린 여의주라고 하니 정신을 못 차리고 몰려든 것입니다. 이곳에 살면 무조건 부자가 될 거라고 생각한 중국인들은 한때 리치먼드 부동산에 '묻지마' 투자를 했다고 합니다.

실제로 그동안 리치먼드는 부동산 가격이 엄청나게 올랐습니다.

1990년대를 지나면서 홍콩 반환과 대만-중국 양안의 군사적 긴장으로 인해 돈 많은 홍콩과 대만 부자들이 대거 캐나다로 몰리면서 리치먼드의 땅값은 천정부지로 올랐습니다. 정말 용의 입에 물린 여의주 같았기 때문에 풍수가 뭔지 감이 없었던 캐나다 사람들조차 중국인들의 풍수에 뭔가 일리가 있지 않을까 놀라기도 했습니다.

그러나 작년 12월 16일, 캐나다 BC 주 정부가 해수면 전망 보고서라는 것을 발표하면서 분위기가 급변하고 있습니다. 주 정부가 해수면 상승으로 침수 취약 지역을 청색으로 표시한 지도를 발표한 것입니다. 공상과학영화 같은 기후변화와 해수면 상승이 현실로 다가오고 있는 것입니다. 주 정부는 해안선 변화 전망 보고서를 통해 "지구온난화로 인해 대륙크기의 빙산과 산 위의 만년설이 녹고 BC 주 특유의 태평양 북동부 기후와 단층의 수직이동이 겹치면 BC 주 해안과 바다 수심은 매우 급격한 변화를 보일 수 있다."고 경고했습니다. 그러면서 광역 밴쿠버에서 해수면 상승에 가장 취약한 지역으로 리치먼드를 비롯한 몇몇 지역을 지적했습니다.

그동안 일부 환경단체가 밴쿠버 인근 해안선이 침수될 수 있다는 보고서를 내놓은 적은 있지만 주 정부가 공식적으로 급격한 해안선 변화 가능성을 인정한 것은 처음이었습니다. 캐나다 연방정부의 조사 결과를 요약한 이 보고서는 2100년까지 프레이저 강 삼각주 강물 수위가 50cm 높아질 수도 있다고 합니다. 그러나 여러 불확실한 요소가 있기 때문에 프레이저 강 삼각주 수면은 최대 120cm까지 높아질 수 있다고 합니다. 게다가 "만약에 폭풍우 같은 극단적인 기상변화와 수면 상승세가 겹치면, 지역과 상관없이 수면 높이는 현재보다 최대 1m 높아질 전망"이라고 합니다. 삼각주에 건설된 리치먼드는 전 지역이 해발 1-2m에 불과하기 때문에 작은 해일만 일어도 물속에 잠길 수 있습니다. 게다가 지진대가 인근을 지나기 때문에 작은 쓰나미가 일어나더라도 리치먼드는 물에 잠길 수밖에 없습니다.

조사에 의하면 1880년부터 2000년까지 지난 120년간 BC 주 해수면은 매년 1.8mm씩 상승해 왔지만 1992년부터 2006년 사이 측정치에 따르면 해수면이 매년 3.2mm씩 상승한 것으로 나타났습니다. 상승폭이 줄어든 해도 있지만 대체적으로 매년 상승폭이 증가하는 추세라고 합니다. 실제로 BC 주에서는 이미 그래함 아일랜드 동쪽, 하이다 구와이 등이 수면 상승으로 가라앉기 시작했으며, 퀸샬롯 아일랜드도 해수면 상승의 위협을 받고 있습니다. 이런 가운데 주 정부 보고서는 이제 인구 밀집지역도 침수될 가능성이 있다고 말합니다.

지구온난화로 인한 해수면 상승은 비단 밴쿠버 앞바다만의 문제가 아닙니다. 전 세계적으로 저지대에 위치한 모든 도시들의 문제이기도 합니다. "…기후변화로 인한 해수면 상승으로 남태평양의 섬들이 사라지고 있습니다. 3면이 바다인 우리나라의 연안 저지대도 위협받고 있습니다. 세계 온실가스의 80%를 배출하고 있는 대도시들이 기후변화 대응에 앞장섭니다." 이것은 2009년 5월 18-21일까지 서울에서 개최된 '제3차 서울 C40 세계도시기후정상회의'를 알리는 서울 지하철 광고문입니다.

지질학자들은 과거에 일어났던 급격한 해수면 변화가 재현될 가능성이 있다고 경고합니다. 이번 BC 주 정부 보고서는 "현재보다 해수면이 120cm가 낮았던 21,000년 전 빙하기가 끝난 이후 서서히 해수면이 높아지기 시작해 15,000년 전부터 7,000년 전 사이에는 연간 14mm의 해수면 상승현상이 일어났다."고 했습니다. 그러면 해수면이 상승하면 어떤 문제가 생길까요?

해수면이 상승하면 인근 지역의 침식도 더 빠르게 일어납니다. 예를 들어 10평방미터 원형 또는 타원형 호수의 수면을 10cm 높일 분량의 물이 유입되면 호수가 차지하는 면적도 넓어질뿐더러 물의 무게로 인해 주변의 땅이 호수 안쪽을 향해 기울어지면서 인근 지반이 가라앉게 됩니다. 그러므로 호수 주변 건물들은 지반이 기울어지면서 불안정해지거나 붕괴될 수 있습니다. 또한 바닷물의 증가로 인해 늘어난 엄청난 압력이 BC 주 앞에 놓인 지진대를 자극할 수도 있습니다.

요약한다면 리치먼드는 더 이상 용의 입에 물린 행운의 여의주가 아니라 자칫 용의 입속으로 사라질 수 있는 재앙의 땅이 될 수 있습니다. 풍수가 좋은 땅이 아니라 바람과 물(風水)에 휩쓸릴 수 있는 땅이 된 것입니다. 그리고 그것은 지금부터 100년 후에 다가올 재앙이 아니라 지금이라도 일어날 수 있습니다. 그렇게 오랫동안 많은 사람들의 마음을 사로잡아 왔지만 풍수는 결국 땅 모양에 근거한 일종의 점술일 뿐입니다. 별 근거도 없이 땅의 기운을 운운하면서 혹세무민(惑世誣民)하는 풍수라면 절대로 속지 말아야 합니다. 그것은 "허탄한 묵시"요, "거짓된 점괘"에 불과하기 때문입니다(겔13:7).

7. 버지니아공대 사건

2007년 4월 16일, 미국 버지니아 주 블랙스버그(Blacksburg)에 위치한 버지니아공과대학(Virginia Polytechnic Institute and State University, 약칭 Virginia Tech) 교정에서는 33명이 희생된, 미국 역사상 최악의 대학 캠퍼스 총격 사건이 발생했습니다. 그리고 이 사건의 범인이 바로 한인 1.5세 교포라는 사실 때문에 미주 한인 사회는 물론 우리나라도 엄청난 소용돌이에 휘말렸습니다. 불과 수십 년 전, LA에서 일어난 흑인 폭동의 직격탄을 맞은 바 있는 미주 한인들로서는 이 문제가 인종 간의 갈등으로 번지지 않을까 전전긍긍했습니다. 그 당시 보도를 접하면서 저는 버지니아공대 총기 난사 사건(Virginia Tech Massacre)을 저지른 조승희라는 인물의 배경과 이 사건의 책임에 대한 생각을 떨쳐 버릴 수가 없었습니다. 도대체 누구에게 이 사건에 대한 궁극적인 책임이 있을까요?

인종 갈등을 우려하는 미국 정부는 조 씨가 한국에서 태어났고 한국에서 8년을 살았지만 미국에서는 15년이나, 그것도 영주권자 신분으로 살았기 때문에 한국과는 무관하다고 말합니다. 그러면 조 씨가 미국에서 더 오래 살았고 미국 사회 속에서 현재의 조 씨가 만들어졌다면, 그의 범행에 대해 미국이 책임이 있다고 할 수 있을까요? 그리고 미국이 책임이 있다면 도대체 미국의 누구에게 책임을 물을 수 있을까요? 미국인 전체일까요, 아니면 미국 교육계일까요, 미국 정치인들일까요? 사실 미국의 책임이라는 말은 아무도 책임질 사람이 없다는 말과 같습니다.

그러면 조 씨의 가정에 책임이 있을까요? 조 씨는 한국에서 태어나서 미국으로 이민을 갔지만 그동안 변함없이 그의 성장과 인격 형성에 영향을 미친 것은 가정이라고 할 수 있습니다. 특히 그 부모가 유전적이든, 후천적 성장 환경을 통해서든 현재의 조 씨를 만드는 데 큰 영향을 미쳤음은 부인할 수 없습니다. 하지만 조 씨 부모에게 이 사건의 책임을 묻는 것도 쉽지 않습니다. 비슷한 가정환경에서 자란 사람들이 모두 조 씨와 같은 범행을 저지르는 것도 아니고, 혹 조 씨의 정신병이 유전적이라고 해도 모든 정신병자들이 조 씨와 같은 범행을 저지르는 것은 아니기 때문입니다.

그러면 조 씨를 이 땅에 태어나게 한 하나님을 이 학살극의 주범이라고 할 수 있을까? 그럴 수는 없습니다. 성경은 명백하게 하나님은 우리를 위해 독생자를 십자가에 죽이시기까지 사랑하셨다고 말합니다.

하나님은 모든 사람들이 서로 사랑하며 살기를 원하십니다. 하나님은 본성적으로 선하시고 죄가 없으신 분입니다. 혹 조 씨의 정신병이 사탄에 의한 것이고 그가 사탄에 사로잡혀 범행을 저질렀다면, 그 범행의 책임을 사탄에게 뒤집어씌울 수 있을까요? 만일 조 씨의 범행에 대한 책임을 정신병이나 사탄에게 돌린다면 결국 조 씨도 가해자가 아니라 희생자의 반열에 들게 되지요. 우스운 논리적 귀결입니다! 그러면 미국의 잘못도, 부모의 잘못도, 하나님의 잘못도 아니라면 누가 책임을 져야 할까요? 남는 선택은 조 씨 자신입니다.

이런 딜레마에 부딪치면 결국 우리는 성경이 말하는 '인간이 무엇인가?'라는 질문으로 돌아갈 수밖에 없습니다. 성경은 인간이 하나님의 형상대로 지음 받은 존재, 즉 인격적 존재로 지음을 받았다고 말합니다. 그래서 인간은 자신의 행동을 선택할 수 있고 이에 대한 책임을 져야 하는 주권적 존재입니다. 조 씨가 어떻게 정신병에 걸렸고 그가 어떻게 사탄에게 사로잡혔는지의 과정에 대해서 우리는 알 수 없습니다. 하지만 분명한 것은 그의 행동은 자신의 선택이었고 그는 이에 대한 책임을 져야 한다는 점입니다. 그런 사람이 탄생할 수 있는 가정적, 사회적, 시대적, 심지어 유전적 배경이 있을 수도 있겠고 그가 그렇게 되기까지 여러 징조들을 파악하고 이를 예방하지 못한 주변 사람들에게도 어느 정도 책임은 있겠지만, 개인의 행동의 궁극적 책임은 행동자 자신의 몫입니다.

우리가 살아가면서 부딪히게 되는 선택과 책임에 대한 끝없는 순환 논리의 고리를 끊어 버릴 수 있는 유일한 근거는 바로 인간이 하나님의 형상대로 지음 받았다는 사실입니다. 이것은 하나님께서 선악과를 따 먹은 책임을 어느 누구도 아닌, 바로 아담과 하와에게 물으신 것으로부터 알 수 있습니다. 하나님은 아담과 하와가 선악과를 따 먹은 것이 에

덴에 선악과를 둔 자신의 책임이라고 하지 않습니다. 또한 벌을 받았지만, 선악과를 따 먹으라고 유혹했던 사탄이나 사탄의 통로가 되었던 뱀도 아담과 하와가 변명할 수 있는 근거가 되지 못했습니다. 마찬가지로 조 씨의 범행에 직간접적으로 영향을 미친 요소들을 분석할 수 있고 그런 사람이 다시 생기지 않도록 모두가 노력해야 하겠지만, 결국 자신의 행위에 대한 책임은 자신이 질 수밖에 없습니다. 이는 조 씨 역시 하나님의 형상대로 지음 받은 인격적이고 주권적인 존재이기 때문입니다.

8. 선교회 중독

근래 저는 다른 젊은 여자 간사님들과 함께 30여 년 가까이를 어느 선교회에 몸담고 있는 한 여자 간사님으로부터 자신의 지나온 삶에 대한 많은 얘기를 들었습니다. 간사님은 20대 초반부터 지금까지 선교회에 헌신하여 살아온 자신의 삶을 돌아보니 너무 혼란스럽다고 했습니다. 또래들이 결혼할 때 간사님은 복음을 위해 결혼까지 포기하고 오직 주님만을 위해 달려왔습니다. 친구들이 아이를 낳아서 기르고 남편 뒷바라지를 하는 동안 자신은 네덜란드, 볼리비아, 네팔 등지에 있는 선교회의 베이스를 순회하면서 '선교사'로 살았고 지금도 선교사로서 캐나다에 살고 있습니다. 이것이야말로 헌신된 제자의 삶이라고 생각하면서….

하지만 이렇게 '뜨내기 간사', 혹은 '뜨내기 선교사'로 오랜 세월을 보내다 보니, 자신이 과연 바르게 살았는지, 이대로 남은 인생을 계속 살아가야 하는지 심각한 회의가 든다고 했습니다. 선교사님은 그 선교회의 트레이드 마크인 '하나님의 음성'을 듣고 지금까지 살아왔는데, 왜 이렇게 불안과 초조함이 엄습하는지 이해할 수가 없다고 했습니다. 도

대체 그 긴 세월 동안 자신은 무엇을 했는지, 과연 결혼해서 '정상적으로' 살아가는 또래 친구들보다 자신이 더 하나님의 뜻대로 살았다고 할 수 있는지….

자매님과 많은 이야기를 나누었지만 아쉽게도 저는 아무런 위로도 할 수 없었습니다. 아마 그가 20대 중반이었다면 할 말이 있었을지 모르지요. 하지만 하나님의 음성을 듣고 이 길을 택했고 하나님의 음성을 듣고 지금까지 살아왔다는 자매님에게 제가 무슨 말을 하겠습니까? 오랜 시간 동안 이야기한 후 자매님은 아마 자신이 이 선교회에 중독된 것 같다고 씁쓸하게 말했습니다. 선교회 중독이라…. 일리가 있다는 생각이 듭니다. 그렇다면 도대체 무엇이 선교회 멤버들을 중독시킬까요?

중독의 요소들

처음으로 선교회를 접하는 사람들을 중독시키는 것은 열정적이고 감성적인 찬양입니다. 선교회 찬양집회에 가보면 예외 없이 귀가 찢어질 듯이 앰프의 볼륨을 높인 상태에서 펄쩍펄쩍 뛰면서 열정적으로 찬양하는 청년들이 많습니다. 곳곳에서 아멘과 방언이 터져 나옵니다. 조용하고 맹숭맹숭한 기성 교회 예배에 비한다면, 찬양집회야말로 성령께서 살아 움직이며, 성령의 역사가 눈에 보이는 듯합니다. 처음 찬양집회에 참가하는 대학생들에게 신들린 듯한 찬양 인도자들은 학교 시험, 성적, 학비, 졸업, 취직 걱정과 무관한 사람들인 듯이 보입니다. 현실의 모든 문제를 초월하여 천상에 있는 것 같지요. 학교 공부에 찌든 청소년, 대학생들에게 찬양집회는 잠깐 천국을 다녀오는 것 같습니다. 그래서 청년들은 이런 경험들을 통해서 선교회에 중독되어 갑니다.

둘째, 전 세계로 돌아다니는 멤버들의 해외여행입니다. 다른 사람들은 공부하거나 직장 초년병으로 정신이 없을 때, 선교회 멤버들은 비

행기를 타고 이 나라 저 나라로 유유히 돌아다닙니다. 그것도 '선교'라
는 영광스러운 명분으로…. 게다가 전 세계 150여 개국에 있는 800여
개의 선교회 베이스들을 방문하면, 인종과 언어가 다른 사람들이 형제
자매로 반겨 줍니다. 그래서 이제 자기도 국제적인 네트워크의 당당한
일원이라는 뿌듯함을 느끼게 되지요. 그동안 직장생활에 찌들린 자신
의 모습이 단기간에 몇 단계 업그레이드된 듯 합니다. 그러면서 청년들
은 힘든 학교 공부나 긴장된 직장생활보다는 헌신된 '영적 유랑의 삶'에
점점 중독되어 갑니다. 또래 친구들이 결혼하여 아이를 낳거나 직장에
들어가서 스트레스를 받고 있을 때 선교회 멤버들은 전 세계를 누비면
서 소위 '선교'에 중독이 됩니다.

　일반적으로 그 선교회 멤버들이 이 중독으로부터 깨어나는 데는 여
러 해가 걸립니다. 사람마다 차이는 있지만 대체로 30대 중반을 지나게
되면 서서히 자신이 중독되어 있음을 느끼게 됩니다. 이전에는 남들이
직장에 매여 쳇바퀴 도는 듯한 따분한 생활을 하는 것이 우습게 보였는
데, 이제 자신은 그 우스운 직장으로 돌아갈 수 있는 나이가 지났음을
깨닫게 됩니다. 여자 간사들은 이전에는 아이들 키우며 정신없이 살아
가는 친구들의 모습을 한심스럽게 보았지만 어느새 이젠 자기 주변에
서 결혼하지 않고 있는 또래 그리스도인 총각들을 거의 찾아볼 수 없게
됩니다. 그렇다고 재혼남과 결혼하려니 성경의 교훈도 걸리고 자존심
이 허락하질 않습니다. 선교회 중독에서 깨어날 때쯤 되면 남자들은 취
직 적령기가 지났고, 여자들은 결혼 적령기를 훌쩍 넘기게 됩니다.

　셋째, '하나님의 음성'이 선교회 멤버들을 중독시킵니다. 선교회의
기본 정신 중에는 개개인들이 '하나님의 음성을 듣는다.'는 조항이 있
습니다. 그래서 '하나님의 음성을 듣는 법'은 그 선교회 제자훈련학교
(Discipleship Training School: DTS)의 가장 중요한 훈련이기도 합니다. 이전에

는 하나님의 음성이 뭔지 긴가민가했는데, DTS를 받고 나면 그것이 분명해집니다. 어떤 사람들은 하나님의 존재마저도 헷갈리는 판에 그 선교회 멤버들은 날마다 하나님의 음성을 듣고 있다는 것이 너무나 뿌듯합니다. 그래서 하나님의 뜻대로 살아가고 싶은 믿음 좋은 청년들이 이 선교회에 중독됩니다.

일단 중독이 되면 사람들은 정상적인 판단을 할 수 없게 됩니다. 지도자들이 선교를 위해 직장과 결혼을 내려놓을 각오를 하라고 해도 당연한 것으로 받아들입니다. 그러면서 직장이나 결혼은 나를 위한 것이고 선교는 하나님을 위한 것이라는 잘못된 이분법적 도식에 빠지게 됩니다. 청년들은 골치 아픈 취직이나 머리 아픈 결혼보다는 아무런 책임도 지지 않고 국제 베이스들을 훨훨 날아다니는 쪽을 선호하게 됩니다. 그러면서 자칫 '고등 놈팡이'가 됩니다.

물론 그렇게 살더라도 젊을 때나 미혼일 때는 큰 문제가 없습니다. 자기 한 몸 건사하면 되는 나이에는 후원금을 모으는 것이 별로 어렵지 않기 때문이지요. 하지만 나이가 들면서 결혼을 하게 되면, 후원금 모금에 심각한 문제가 생깁니다. 혼자 살 때야 한 달에 100만 원 미만을 모금해도 살아갈 수 있지만, 결혼한 후 아이들이 생기게 되면 가족 생활비를 모금하는 것이 쉽지 않습니다. 아니 극소수의 지도자들을 제외한 나머지 대부분의 선교회 간사들은 자신의 생활비를 충분히 모금할 수가 없습니다. 그러므로 대부분의 간사들은 어느 시점이 되면 독신으로 살기로 작정하든지, 아니면 선교회를 떠나야 합니다.

그 선교회 멤버들은 자신이 돌아올 수 없는 다리를 건넜음을 깨달아도 이를 남들에게 쉽게 이야기하지 못합니다. 일단 자기가 결정한 일에 대해서는 정당화하려는 인간의 본능 때문이기도 하지만 무엇보다도 '하나님의 음성'을 듣고 달려온 길이라는 확신이 있기 때문입니다. 문제는 이 엄연한 현실의 문제를 깨닫게 되었을 때는 형제 간사들은 이미 정상적인 직장에 취직하는 시기가 지났으며, 자매 간사들은 결혼 적령기가 한참 지났기 때문에 앞으로 갈 수도, 돌아갈 수도 없는 처지가 되는 것이지요.

안타까운 것은 일단 그 선교회에 중독된 사람들, 즉 한 번 '영적 유랑의 삶'의 경험한 사람은 직장에 들어가도 견디지 못하고 다시 뛰쳐나오는 경우가 많다는 점입니다. 아무런 보수도 주지 않는, 아니 도리어 돈을 내면서 일하는 선교회에 비해 임금을 주는 직장은 훨씬 더 강한 헌신과 책임감을 요구합니다. 모든 것이 은혜로 통하는 선교회 분위기와는 전혀 다르지요. 직장에서는 월급을 주는 만큼 이에 따르는 엄격한 규율과 생산성을 요구합니다. 선교회에 비해 출퇴근 시간을 칼같이 잘 지켜야 하는 것은 물론, 동료나 상사와의 인간관계도 쉽지 않습니다. 일을 잘못하게 되면 상사에게 선교회에서는 상상할 수 없는 비난과 꾸지람을 듣기도 하고 때로는 사표 쓸 각오도 해야 합니다.

DTS와 이원론

선교회의 근본적인 문제는 DTS에서부터 시작됩니다. DTS는 참가자들이 가정과 직장을 떠나 선교훈련을 받고 나중에는 전도여행으로 전체를 마치게 됩니다. 이 과정은 일반적으로 5개월간 지속되기 때문에 학생들이라면 적어도 학교를 한 학기 쉬어야 하고, 직장인들이라면 안식년을 사용할 수 있는 목회자나 신학교 교수 등 극소수 사람들을 제외하고는 대부분 사직해야 합니다. 어느 직장도 5개월 동안 DTS에 참가하라고 휴가나 안식년을 주지 않기 때문입니다. 그리고 서구 사회와는 달리 직업 시장이 닫혀 있는 한국 사회에서는 한 번 직장을 떠나게 되면 같은 직장으로 다시 돌아가기가 매우 어렵습니다.

DTS의 외적인 틀의 문제와 더불어 내용의 문제도 깊이 생각해 봐야 합니다. DTS 내용의 가장 큰 문제는 이원론적 사고입니다. DTS에 들어올 때 버려야 할 것으로 '자기 자신을 위해서 하고 있는 모든 일은 내려놓아야 한다.'는 등의 항목은 직장조차 내려놓을 것을 종용하는 것으로 보일 수 있습니다. 그리스도의 제자가 되기 위해서는 자신의 모든 것을 버려야 한다는 것은 전적으로 맞지만 그것이 자신의 학업이나 직장을 떠나야 한다는 뜻일까요? 베드로나 마태가 예수님을 만난 후 자신의 생업을 떠났던 것처럼 모든 그리스도인들도 그래야 할까요? 부모나 가족보다 예수님을 더 사랑해야 한다는 말이 결혼하지 말아야 한다는 의미일까요? 아닙니다.

물론 소수의 사람들은 이전의 직장을 바꾸어 예수님을 섬기는 일로 생업을 삼는 사람들이 있습니다. 목회자나 전임 선교사들이 그런 사람들입니다. 당연히 복음을 전하는 일에 있어서 전업으로 일하는 사람들이 필요하지요. 그렇다면 DTS에 참여하는 사람들을 전임 선교사라고 말할 수 있을까요? 또 DTS가 목회자를 양성하는 신학교 프로그램을 대체할 수 있을까요? 그렇지 않습니다.

저는 진정한 DTS는 일터에서 이루어진다고 봅니다. 곳곳에서 열리는 DTS는 다만 그리스도의 제자로서 살아가기 위한 원리를 배우는 곳일 뿐 진정한 제자로서의 삶은 직장이나 가정 그리고 사회에서 이루어집니다. 직장은 인간의 타락한 본성이 가장 적나라하게 드러나는 곳이기도 하지만, 반대로 타락한 본성이 정화되고 다듬어지는 곳이기도 합니다. 가정은 따뜻한 사랑을 경험하는 곳이기도 하지만, 가장 많은 헌신과 희생을 요구하는 곳이기도 합니다. 게으르고 싶은 본성도, 자기만을 위하는 이기적 본성도, 권위에 저항적인 독불장군식 태도도 직장생활이나 가정생활을 통해 다듬어집니다. 먼 나라로 단기선교여행을 가는 것만을 DTS 실습이라고 생각하는 것은 이원론적 사고라고 할 수 있습니다.

선교에 대한 이원론적 사고는 이뿐이 아닙니다. 간사들은 선교를 위해 결혼까지 포기할 것을 종용하는 듯이 보일 수 있습니다. 하지만 성경적인 세계관으로 보자면, 결혼은 선교를 위해 희생해야 하는 대상이 아닙니다. 결혼과 이어지는 가정은 선교보다 훨씬 더 중요한 하나님의 명령이요, 인생의 본분입니다. 그래서 하나님은 우리가 흔히 문화명령으로 알고 있는 창세기 1장 28절에서 "땅을 정복하라, 바다의 물고기와 하늘의 새와 땅에 움직이는 모든 생물을 다스리라 하시니라."는 명령 이전에 "생육하고 번성하여 땅에 충만하라."는 명령을 주셨습니다. 이 땅을 정복하고 창조세계를 다스리라는 명령에 순종할 사람이 없다면, 이 명령은 성취될 수 없기 때문입니다.

직장은 어떻습니까? 직장은 단지 세상에서 자기를 위해 잘 먹고 잘살기 위해 돈을 버는 곳일 뿐입니까? 천만의 말씀입니다. 직장은 사탄의 올무가 될 수도 있지만 다른 한편으로는 그리스도인이 복음의 영향력을 드러낼 수 있는 가장 좋은 곳이기도 합니다. 어떤 의미에서 직장을 통해 그리스도인 됨을 드러내는 것이야말로 가장 훌륭한 선교라 할 수도 있습니다. 근대 로산위원회에서 발표한 '신교도시의 비즈니스' (Business as Mission, BaM)는 비즈니스가 선교의 도구나 통로로서만 가치를 갖는 것이 아니라, 그 자체로서 내재적, 영적 가치를 갖고 있음을 여러 각도에서 지적하고 있습니다.

말할 필요도 없이 직장은 선교를 위한 물질을 얻는 곳이기도 합니다. 선교회 간사들도 결국 자기가 벌었든지, 남이 벌었든지 직장에서 '삥삥이' 돌면서 번 돈으로 '선교'를 다니는 것이 아닙니까! 그러므로 직장을 떠나는 것을 그렇지 않은 것보다 더 큰 헌신으로 보는 것은 모순

되는 일입니다. 모두 그런 것은 아닐지라도 선교회 간사들은 내가 혹시 선교라는 명분을 내세우면서 남들이 개미처럼 부지런히 일할 때에 베짱이처럼 다니고 있지는 않은지 심각하게 생각해 봐야 합니다.

저는 이 글이 그 선교회 멤버들의 마음을 불편하게 만드는 글이 되지 않기를 바랍니다. 저는 선교회에 대한 애정을 가지고 글을 쓰고 있습니다. 가까운 곳에서 속으로 피눈물을 흘리는 나이 든 선교회 간사님을 보고, 저 또한 그 선교회를 경험하면서 세계에서 가장 큰 선교단체인 그 선교회 지도자들이 많은 청년들을 성경적으로 올바르게 인도해 주시기를 간절히 바랍니다. 대부분의 청년들이 선교를 위해 학업과 결혼, 직장을 포기하지 않도록 격려해 주시기를 부탁드립니다. 성실한 학업, 준비된 결혼, 건강한 가정, 바른 직장생활 등은 그 자체가 하나님의 명령이자 선교이며, 선교의 가장 중요한 기초임을 가르쳐주시기 바랍니다. 그래야 그 선교회가 명실공히 '미션을 가진 청년들' 선교단체가 될 수 있을 것입니다.

9. 보수와 진보 그리고 동성애

2008년 11월 4일, 미국 대통령 선거와 더불어 미국 캘리포니아 주에서 실시된 '캘리포니아 주민발의안 8'(Proposition 8, 이하 발의안)은 투표 후에도 계속 논쟁이 되고 있습니다. 이 발의안의 정식 명칭은 '동성커플들의 결혼권리 삭제'(Eliminates Right of Same Sex Couples to Marry)이며, 이 발의안은 몇 년 전 캘리포니아 주 대법원에서 확정된 동성결혼 합법화 판결을 뒤집고 전통적인 남녀 간의 결혼만을 인정하는 것을 골자로 하고 있습니다. 보수 교단들을 중심으로 이 발의안을 찬성하는 쪽은 남녀 간의 결합에 대해서만 결혼으로 인정하여 결혼의 의미를 보존하자고 주장합니다. 반면 인권단체나 동성애자단체는 동성애자들의 인권을 주장하면서 동성커플 차별이 커뮤니티를 갈라놓고, 일부 사회구성원들의 기본권을 침해한다고 주장합니다.[2]

발의안을 두고 날카롭게 대립한 것은 다만 교회와 인권단체들만이 아닙니다. 같은 성경을 믿는 교회 내에서도 진보적 성향을 가진 사람들은 약자에 대한 관심과 인권을 내세우면서 발의안을 반대하고 보수적 성향을 가진 교단이나 개인들은 하나님의 말씀에 배치된다는 점을 들어 찬성하고 있습니다. 이 발의안을 두고 근래 교회 내에서 일어나고 있는 대립과 갈등을 보면서 (편의상 이 두 진영을 진보와 보수라고 칭하면서) 저는 보수 교회와 진보 교회의 장단점을 다시 한 번 생각해 봅니다.

일반적으로 보수진영은 성경말씀에 대한 관심, 나아가 진리에 대한 관심이 많습니다. 이들은 말씀에 순종하기 위해 노력하고 희생하는 것을 주저하지 않습니다. 어쩌면 이런 열정과 헌신 때문에 2,000년 교회 역사에서 수많은 위기가 있었음에도 불구하고 지금까지 바른 복음이 전해질 수 있었던 것이지요.

하지만 이런 좋은 점이 있는 반면에 이들의 약점 또한 무시할 수 없습니다. 아마 가장 큰 약점이라고 한다면 약자에 대한 관심의 부족이라고 할 수 있을 것입니다. 진리에 대한 관심이 과도하여 경식되면, 약자와 상황에 대한 이해나 관용이 부족하게 됩니다. 예수님은 약자에 대한 관심이 많으셨지만 그분의 말씀에 순종한다는 보수주의자들이 약자에 대한 관심이 상대적으로 적다는 것은 아이러니한 일입니다.

보수진영의 또 다른 약점은 분열과 다툼입니다. 무엇이 진리이며, 무엇이 성경말씀의 가르침인가를 두고 보수주의자들 간에도 날카로운

---

2) 이 투표에는 캘리포니아 주의 총유권자 17,304,428명 중 무려 79.42%가 참여했다. 투표 결과 동성 결혼 권리를 없애야 한다는 쪽이 52.24%(7,001,084명), 그대로 유지해야 한다는 쪽이 47.76%(6,401,482명)로서 동성 결혼 권리는 삭제되었다.

대립이 일어납니다. 말씀과 진리에 대한 관심이 경직되고, 여기에 인간의 교만이 조금이라도 개입되면, 심각한 다툼이 일어나게 됩니다. 서로가 진리와 말씀을 내세우면서 자기만이 옳다고 우기는 싸움에서는 양측이 모두 죽기를 각오하고 싸우기 때문에 말릴 방법이 없습니다. 보수를 표방하는 사람들일수록 다툼과 분열이 많은 것은 이 때문입니다. 이것은 멀리 갈 것도 없이 한국 교회를 보면 잘 나타납니다. 스스로 정통보수라고 주장하는 교단일수록 분열과 다툼이 많은 것을 쉽게 볼 수 있습니다!

그러면 진보진영은 어떨까요? 그들은 약자에 대한 관심이 많습니다. 예수님이 그러셨던 것처럼 저들은 죄인들을 정죄하기에 앞서 어려운 처지에 있는 사람들의 상황과 처지를 이해하고 받아들여야 한다고 믿습니다. 그래서 진보적인 교단일수록 이민자, 소수민족, 다른 종교인에 대해 관대하며, 약자, 핍박받는 자를 위한 배려가 많습니다. 이들은 모든 증오와 악에 대항하여 사랑과 공의를 추구하고 사람들 사이에 존재하는 모든 담을 허물고 화해하게 하는 것이야말로 예수님의 가르침을 따르는 것이라고 믿습니다.

하지만 이들에게도 약점이 있습니다. 가장 큰 약점은 약자에 대한 동정심은 많은데, 성경말씀이 가르치는 바에 대한 분명한 기준과 열정이 부족하다는 것입니다. 다른 종교들을 존중한 나머지 예수님께서 유언하신 선교는 심각하게 생각하지 않습니다. 종교 간의 대화에는 관심이 많지만 다른 종교에 속한 사람들을 전도하는 데는 관심이 없습니다. 한 예로 캐나다연합교단에서는 유대인들에 대한 전도를 공식적으로 거부한다고 선언하고 있습니다.[3] 나아가 동 교단의 홈페이지에는 캐나다 동부에 있는 한 연합교회에서 불교 성직자를 초대해서 불교 찬송과 기

---

3) http://www.united-church.ca/partners/interfaith/bfw/finalstatement

도를 인도하도록 했는데, 이를 통해 모인 사람들이 불교의 명상 정신 (meditative spirit)을 경험했다는 것을 자랑스럽게 소개하고 있습니다.[4]

당연히 이들은 동성애자들에 대해서도 관대합니다. 신구약을 막론하고 성경은 곳곳에서 동성애가 죄라는 사실을 명백하게 가르치고 있지만, 이들은 동성애자들의 교회를 인정하고 동성애자를 목사로 안수하며, 동성결혼을 찬성합니다. 심지어 제37차 캐나다연합교회 총회에서는 "모든 성적 취향—게이, 레즈비언, 양성애, 이성애—은 하나님의 선물(gift)이자 놀라운 창조의 다양성의 일부임"을 공식 문서를 통해 확인하고 있습니다.[5]

하지만 이 문서에서 이야기하고 있는 바와는 정반대로 동성애자들은 에이즈를 포함한 여러 질병으로 많은 고통을 당하고 있습니다. 언젠가 밴쿠버 시내에 있는 동성애자 교회에서 주일예배 설교 초청을 받은 적이 있었습니다. 설교 후에 담임목사님이(물론 동성애자) 광고를 하시는데, 놀랍게도 에이즈를 비롯하여 각종 질병으로 고통 받는 교인들이 절반을 넘었습니다. 물론 대부분의 질병은 동성애와 직간접적으로 관련된 병이었습니다. 도대체 교인들의 절반 이상이 질병으로 고통당하고 죽어가고 있다면, 동성애를 두고 '하나님의 선물'이니 '놀라운 창조의 다양성'이라는 따위의 말을 할 수 있을까요?

발의안에 대한 양측의 상반되는 반응을 보면서 저는 우리의 연약함과 치우침을 다시 한 번 생각해 봅니다. 저는 성경의 영감과 권위를 믿는 그리스도인으로서 비록 캘리포니아 주민은 아니지만, 위 발의안을 지지하며, 동성커플들의 결혼 권리 조항이 삭제되기를 열망합니다. 하지만 그 전에 동성애자들에 대한 관심이 제게 얼마나 있는지 그리고 발

---

4) http://www.united-church.ca/partners/interfaith/mtw/partnerships
5) http://www.united-church.ca/files/exploring/marriage/understanding.pdf

의안과 저들에 대한 사랑이 함께 갈 수는 없는지를 생각해 봅니다. 연구 결과들을 보면, 대부분의 동성애자들은 특별한 성장과정이나 어려운 가정 배경이 있습니다.

실제로 게이들은 90% 이상 아버지와 관계가 나쁘다는 연구 결과가 있습니다. 그들은 성장과정에서 아버지의 기대에 못 미치면서 아버지로부터 조롱당하거나 거부당한 경험이 있습니다. 레즈비언들도 부모 사이의 관계가 나쁜 경우가 많다고 합니다. 아버지가 어머니를 거부하거나 멸시하는 가정, 어머니가 아버지를 증오하는 가정에서 자란 아이들은 아버지와 어머니 모두가 미운 것입니다. 여러 해 전에 동성애자였다가 전향한 이요나 목사도 동성애자들은 70%가 스님이 있는 가정, 이복동생이 있는 가정, 점쟁이 가정 등 '비정상적인 가정'에서 자란 사람들이라고 지적한 바 있습니다.

성폭행도 동성애의 원인이 됩니다. 워든(Anita Worthen)과 데이비스(Bob Davis)는 『내가 사랑하는 사람이 동성애자라니…』(Someone I Love is Gay)에서 여자들의 경우 성폭행(sexual abuse)이 레즈비언이 되는 가장 중요한 요인 중의 하나라고 말합니다. 실제로 데이비스가 사역하고 있는 국제엑소더스선교회(Exodus International)에 의하면 레즈비언들의 80-90%, 게이들의 50%가 성폭행을 당했다고 합니다. 게이들은 드물게 연상의 여자로부터 성폭행을 당하기도 하나, 대부분은 다른 남자들로부터 당한 경험이 있으며, 레즈비언들은 대부분 외진 곳에서 만난 낯선 사람보다는 가족이나 믿을 만한 사람들로부터 성폭행을 당했다고 합니다. 많은 여성들이 자신의 의붓아버지나 이복형제들로부터 성폭행을 당한 후에 레즈비언이 되기 때문에 깨어진 가정이 증가하면서 동성애자들도 많아지고 있습니다.[6]

6) Anita Worthen and Bob Davis, Someone I Love is Gay, 『내가 사랑하는 사람이

이혼도 동성애와 깊은 관련이 있습니다. 1960년대부터 본격적으로 시작된 여성해방운동과 프리섹스 물결은 이혼율의 수직상승으로 이어지게 되었고 현재 대부분의 서방 국가들의 이혼율은 50%를 육박하고 있습니다. 그리고 바로 그 뒤를 한국 사회가 바짝 따르고 있습니다. 이혼으로 인해 사랑하는 사람으로부터 버림을 받게 되면, 이성에 대한 혐오감이 생겨 다른 이성을 가까이 하는 것이 어렵게 되면서 동성에게 끌리게 됩니다.

이처럼 동성애는 삶의 방식(life style)이 다른 것이 아니라 사회적 병리현상임이 분명합니다. 그렇다고 동성애자들을 단지 정죄만 할 수 없는 것은 그들 역시 그것으로부터 벗어나고 싶지만 마음대로 벗어날 수가 없기 때문입니다. 정상적인 가정에서 부모의 따뜻한 보살핌과 사랑을 받으면서 정상적인 남자와 여자의 롤모델을 보고 자란 사람들은 동성애자가 될 확률이 지극히 낮습니다. 그러므로 동성애를 치료하는 가장 근원적인 방법은 성경이 말하는 건강한 가정을 회복하는 것입니다.

요약하면 보수주의자들은 동성애가 죄라는 점을 강조하지만 동성애자들에 대한 사랑과 관심이 부족합니다. 흔히 "죄는 미워하되 죄인은 사랑하라."는 말은 입버릇처럼 하지만, 정작 죄와 죄인을 구분하지 못히는 우를 범할 때가 많습니다. 반면 진보주의자들은 동성애자나 그 외 약자들에 대한 관심은 많은데, 약자들의 죄까지도 하나님의 선물, 창조의 다양성을 운운하며 수용합니다. 죄를 미워하면서 죄인들까지 멀리하는 것을 보수주의자들의 문제라고 한다면, 죄인들을 사랑한다고 하

동성애자라니…」(미국 IVP, 1996). 워튼은 캘리포니아 산라파엘에서 새소망선교회(New Hope Ministries)에서 일하고 있다. 그녀는 자신이 미혼모로 낳은 아들이 어느 날 동성애자라는 사실을 알고 엄청난 충격에 휩싸이게 된다. 그리고 얼마 후 아들이 에이즈 환자라는 사실을 알고 더 큰 충격을 받는다. 데이비스는 미국 워싱턴 주 시애틀에서 국제엑소더스선교회(Exodus International)에서 사역하고 있으며, 동성애로부터 돌이킨 사람이다.

면서 죄까지 허용하는 것이 진보주의자들의 문제라고 할 수 있습니다. 성경의 근본정신은 죄는 단호하게 미워하되 죄인은 일흔 번씩 일곱 번이라도 관용하고 사랑하라는 것입니다.

10. 소명과 행복

지난 주말, 이웃 채원이네 학교는 공휴일이 아닌데도 이틀을 쉬었습니다. 이유인즉 학교에서 부스터 캠프(Booster Camp)라는 것을 하기 때문이었습니다. 부스터 캠프란 학습지진아들이 뒤처진 공부를 따라갈 수 있도록 특별과외를 하는 캠프입니다. 학교에서는 평소에도 학습지진아들을 위한 특별지도를 하지만 그래도 뒤떨어진 부분은 부스터 캠프 때 보충합니다. 흥미로운 것은 캐나다에서는 부스터 캠프에 가거나 학습지진아들을 위한 특별반에 가는 것을 학생들은 물론 그 부모들도 그렇게 부끄러워하지 않는다는 점입니다.

자녀가 공부를 잘하면 부모들이 가슴을 펴고, 그렇지 못하면 부모들의 기가 죽는 것은 어느 사회에서나 볼 수 있는 보편적인 현상입니다. 하지만 유난히 경쟁적이고 단선형 가치가 지배하는 우리 사회에서는 특히 자녀들의 성적이 부모의 행복을 좌우하는 경우가 많습니다. 그래서 한국 학교에서는 우열반을 편성하기가 어렵습니다. 열등반에 속하게 되면, 아이들은 물론 그 부모들까지 말할 수 없는 스트레스를 받기 때문입니다. 만일 다른 아이들은 집에서 노는데, 자기만 공부를 못해서 특별캠프에 간다면, 열등감과 수치심 때문에 학습보충이라는 원래의 목적보다 훨씬 더 큰 손해를 볼 수도 있습니다.

전문가들은 효과적인 학습을 위해서는 동질 학력집단을 만드는 것이 좋다고 말합니다. 비슷한 학력의 아이들끼리 모여 있어야 가르치는 선생님이 진도를 맞추기가 쉽기 때문입니다. 하지만 성적이 나쁜 아이들이나 부모들의 생각은 그렇지 않습니다. 우선 자기 자녀가 열등한 집단에 속해 있다는 사실 자체가 너무 창피하고, 또 자기 자녀가 그렇지 않은데 그런 대접을 받는 것을 참을 수 없습니다. 자녀들의 있는 그대로를 받아들이지 못하는 것이지요.

저는 오랫동안 학교에서 가르치다 보니 학생마다 재능이 다르고 지능도 천차만별인 것을 봅니다. 초등학교 5학년인데도 제대로 글을 읽지 못하는 아이가 있는가 하면, 미적분을 척척 해내는 천재도 있습니다. 농구를 잘하는 아이가 있는가 하면, 독서를 좋아하는 아이가 있고, 늘 외톨이로 지내는 아이가 있는가 하면, 주변에 친구들이 들끓는 아이도 있습니다. 다양한 학생들을 접하면서 저는 늘 인간의 가치와 행복에 대해 생각합니다. 인간의 진정한 가치, 진정한 행복은 무엇일까요?

성경에서 인생을 옆에서 영화구경 하듯이 관조한 사람의 대표를 뽑는다면 솔로몬을 들 수 있습니다. 그는 인간이 누릴 수 있는 최고의 부귀영화를 누린 왕이었지만 인생 그 자체만으로는 말할 수 없이 허무하다는 것을 철저하게 깨달은 사람입니다. 바로 그런 솔로몬이 인생의 행복을 말할 때 "나는 사람이 자기 일에 즐거워하는 것보다 더 나은 것이 없음을 보았나니 이는 그것이 그의 몫이기 때문이라."(전 3:25)고 말했습니다. 솔로몬이 말한 것처럼 인생의 행복은 하나님이 주신 은사를 발견하고 개발하여 그에 따른 일을 즐겁게 하는 것입니다. 우리는 흔히 그런 일을 소명이라고 부르며, 행복은 바로 소명에 충실한 데서 오는 것이라 할 수 있습니다.

혹 우리의 과도한 경쟁과 과외 문화로 인해 자녀들의 은사나 재능을 잘못 판단해서 그들로 소명과 무관한 인생을 살게 만들지는 않는지 돌아보아야 합니다. 자녀가 일평생 감사하면서 기쁘게 살 수 있는 길이 무엇인지를 생각하고 진로를 지도하기보다 자녀를 다만 부모의 욕심의 투사체로만 생각하는 것은 아닌지 생각해 봐야 합니다. 우리의 자녀들은 하나님 앞에서 자신의 소명을 발견하고 그 나름대로 행복을 추구하면서 살 권리가 있는 존재들입니다. 교사로서의 자질이 있는 사람이 목회를 하거나, 음악에 재능이 있는 사람이 법과대학이나 의과대학을 가서 일평생 방황하면서 살게 해서는 안 될 것입니다.

흔히 사람들은 크고 드러나는 직종, 돈벌이가 잘되는 기술을 그렇지 않은 것들보다 더 우월하다고 생각합니다. 그러다 보니 때로는 자기 은사만 제일이라고 생각하면서 다른 사람들을 무시하기도 합니다. 그나마 어떤 사람들은 일 자체에 대한 보람이나 만족보다 다른 사람들이 부러워하는 것을 위안 삼아 살아갑니다. 자신의 소명보다 사람들이 부러워하는 일에만 매달리다 보면, 인생이 무엇인지를 생각할 겨를도 없이 다른 사람들의 눈치만 보면서 살다가 허망하게 죽습니다. 안타까운 일이지요.

때로는 적극적 사고방식이라는 것이 우리의 눈을 흐립니다. 할 수 있다고 생각하면 무엇이나 할 수 있다는 생각은 지극히 인본주의적인 사고일 수 있습니다. 이는 환경에 적응하려는 몸부림을 통해 자신의 능력을 극대화할 수 있다고 믿는 진화론적 사고와 다르지 않습니다. 진화론에서는 더 나은 기능과 재주를 가진 사람들의 가치가 더 높습니다. 그런 자들이야말로 생존경쟁에서 이길 수 있는 적자(The Fittest)이기 때문입니다. 자신의 잠재적 능력을 극대화시켜 다른 사람들을 이길 수 있는 환경의 적자가 되려는 야망과 탐욕이 때로는 비전이란 미명으로, 때로는 믿음이라는 탈을 뒤집어쓰고 나타나 신자들을 미혹합니다.

인간은 결심만 하면 무엇이든 다 할 수 있는 존재가 아닙니다. 인생의 연수가 칠십이요, 강건해도 팔십이기 때문입니다. 그나마 사람들이 그 칠팔십 년을 모두 다 쓸 수 있는 것도 아닙니다. 공부나 그 외 준비하 느라 이삼십 년을 보내고 또 황혼의 일이십 년은 건강이 뒷받침해 주지 못해 자신의 재능을 다 발휘할 수 없습니다. 그러다 보면 인생에서 자 신의 모든 능력을 발휘하면서 일할 수 있는 시간은 절반 정도에 불과합 니다. 이 짧은 인생을 살 동안 자신의 소명을 따라 겸손히 하나님을 섬 기고 이웃을 사랑하며 사는 것이 진정한 인생의 가치요, 행복이라 할 수 있습니다. 그리고 그런 삶 속에서 바른 영성의 증거들을 찾을 수 있 습니다.

02. 영성의 증거

11. 영성의 증거

근래에 많이 회자되면서도 정확한 의미를 찾기 어려운 단어를 하나 든다면 영성(spirituality)이란 단어가 아닐까 생각합니다. 단어의 뜻만 본다면 '영혼의 품질', '영혼의 성향' 혹은 '영적 센스'를 말합니다. 인간은 하나님의 형상으로 지음 받았기 때문에 본질적으로 영적인 존재(Homo spiritualis)이며, 모든 사람들은 예외 없이 영성을 갖고 있다는 말도 틀리지 않습니다. 문제는 어떤 것이 영적인 성향이고 나아가 어떤 것이 성경이 말하는 바른 기독교적 영성인지를 분별하는 것이 쉽지 않다는 점입니다.

영성이란 용어는 오랫동안 사용되어 왔는데, 주로 수도원이나 성직자들 중심으로 사용되었습니다. 하지만 20세기 후반에 와서는 보통 사람들도 일상적인 대화에서 영성이란 말을 많이 사용하게 되었습니다. 근래에는 영성신학이라는 분야도 등장했고, CUP에서는 『영성에도 색깔이 있다』(Sacred pathways: discover your soul's path to God)라는 책을 번역하여 출간했는데, 여기에 보면 기독교 영성도 다양함을 알 수 있습니다. 그 외에도 공동체 영성, 기도 영성 등 때로는 영성이란 말이 아무 데나 붙어서 이현령비현령(耳懸鈴鼻懸鈴) 식으로 사용되는 듯이 보이기도 합니다. 어떻게 보면 영성이란 종래에 사용해 오던 신앙, 경건 혹은 믿음이란 말과 거의 동의어인 듯 보이지만 그래도 뭔가 다른 점이 있는 것 같습니다.[7]

무엇이 영성인지 정확하게 정의하는 것은 쉽지 않지만 우리 주님께서 가장 깊은 영성을 소유하신 분이라는 것은 분명합니다. 그러면 예수님의 어떤 면이 영성의 기준일까요? 혹자는 예수님의 인격 혹은 예수님의 삶이라고 말할 수 있겠지요. 그것이 정답이긴 해도 구체적으로 예수님의 인격이나 삶의 어떤 면 혹은 특성을 영성이라고 하는가에 대한 질문으로 다시 돌아오게 됩니다. 이 질문은 '영성이란 무엇인가?'라는 원래의 질문보다 더 어려운 질문일 수 있습니다.

이처럼 어떤 말의 정확한 의미를 정의하기 곤란할 때는 일련의 부정을 통해 정의할 수 있습니다. 예를 들어 뭐가 삼위일체에 대한 잘못된 설명인가를 장황하게 늘어놓다 보면, 결국 남은 것이 삼위일체에 대한 정답이 되는 것처럼 뭐가 진정한 영성이 아닌가를 찾다 보면, 남은 것이 진정한 영성이 됩니다. 그러면 무엇이 진정한 영성이 아닐까요? 사람들이 흔히 혼동하는 잘못된 영성에 대한 개념은 무엇일까요?

사람들이 가장 많이 오해하고 있는 것은 설교와 영성의 관계입니다. 많은 사람들이 설교를 잘하는 사람은 영성이 탁월할 것이라고 오해합니다. 하지만 설교는 영성과 큰 관련이 없습니다. 설교를 잘하는 사람들 중에도 일상적인 삶이 예수님과 전혀 다른 분들이 많으니까요. 일반적으로 설교를 잘하는 것은 타고난 은사인 경우가 많습니다. 수학을 잘하는 사람이 있는 것처럼 설교를 잘하는 것은 어느 정도 지적인 능

---

7) 기독교 영성에 대한 간단한 해설로는 이정석 교수의 "영성이란 무엇인가?"라는 글이 도움이 될 것이다. cf. www.jsrhee.com/WR/spirituality.htm

력, 타고난 은사와 관련이 있습니다. 성경 내용을 잘 파악하고 사람들에게 이를 감동적으로 전달하는 것은 정보처리능력과 관련이 있습니다. 말할 필요도 없이 청중들을 울고 웃기는 능력은 타고난 은사일 뿐 영성과는 무관합니다. 물론 타고난 재능이 있어도 개발하지 않으면 안 됩니다만, 설교를 잘하는 데는 영성과는 무관한 요소가 있습니다.

설교와 더불어 탁월한 글을 쓰는 것도 영성과 큰 관련이 없습니다. 예수님의 모습과 거리가 먼 사람들이라도 글은 얼마든지 잘 쓸 수 있으니까요. 때로는 자기 자신조차도 자기가 쓴 글에 감동을 받기도 하지만, 그렇다고 글 쓰는 사람의 영성이 그가 쓴 글의 감동에 비례하는 것은 아닙니다. 설교와 같이 글을 잘 쓰는 것도 어느 정도는 타고난 재능이 있어야 하고 또한 오랜 훈련을 통해 길러지는 것입니다. 그렇기 때문에 예수 안 믿는 사람도 예수 믿는 사람들을 감동시킬 수 있는 글을 쓸 수 있는 것입니다.

영성과 관련하여 감동적인 설교나 탁월한 필채보다 더 사람을 헷갈리게 만드는 것은 기적입니다. 흔히 사람들은 병자를 낫게 하고 능력을 행하는 이들이 대단한 영성을 가졌다고 생각합니다. 실제로 예수님도 많은 능력을 나타내시고 기적을 행하셨습니다. 하지만 저는 기적을 일으키는 능력, 흔히 영적 능력은 영성과 무관한 경우를 여러 자례 보았습니다. 병은 잘 고친다고 하는데, 인격은 예수님과 촌수가 먼 사람들이지요. 특히 예수님과는 달리 자신이 얼마나 많은 환자를 고쳤는지를 입에 달고 다니는 사람들의 영성은 거의 파산 상태라고 보시면 됩니다. 실제로 기적을 많이 일으킨 분들 중에는 교만해져서 결국 영성이 황폐해진 분들도 있습니다.

그러면 기도는 어떻습니까? 그나마 기도는 영성과 상당한 관련이 있는 듯이 보이며, 예수님도 기도를 많이 하셨습니다. 기도는 하나님과 교통하는 것이고, 하나님의 뜻을 분별하는 데 꼭 필요하기 때문에 기도를 많이 하는 분들은 영안 혹은 영적 센스가 탁월한 경우가 많습니다. 하지만 기도를 많이 하는 사람이라고 반드시 영성이 깊은 것은 아닙니다. 특히 자기가 기도를 얼마나 많이 하는지 자랑하는 사람들 중에는 제대로 된 영성을 가진 사람들이 별로 없습니다. 40일 금식기도를 했다고 동네방네 자랑하면서 다니는 사람들, 아무리 바빠도 하루에 적어도 몇 시간은 기도한다고 떠들고 다니는 사람들은 영성이 거의 없다고 보면 됩니다.

성경 읽는 것은 어떻습니까? 신약에 예수님께서 성경을 많이 읽으셨다는 기록은 나와 있지 않지만, 구약성경에 대한 예수님의 해박한 지식으로 미루어 볼 때, 성경을 많이 읽으셨음에 틀림없습니다. 하지만 성경을 많이 읽는 것도 영성과 관련은 깊지만 반드시 그런 것은 아닙니다. 영성이 깊은 분은 성경을 많이 읽지만 성경을 많이 읽는다고 반드시 영성이 깊다고 말하기는 어렵다는 것이지요. 특히 자기가 읽고 싶은 곳만 읽거나 자기가 해석하고 싶은 대로만 해석하는 사람들은 성경을 읽으면 읽을수록 더욱더 편견에 빠질 수도 있습니다. 한 예로 조지 부시 같은 사람은 날마다 성경을 읽는다고 하는데, 그의 정책이나 언행을 보면 그는 날마다 '내가복음'만 읽는 게 아닌가 하는 생각이 듭니다!

그러면 선행은 어떨까요? 예수님도 이 세상에 계시는 동안 선행을 많이 하셨으니 선행은 영성의 한 부분임이 분명합니다. 하지만 선한 일을 많이 하는 사람들이라고 반드시 영성이 탁월할까요? 앞에서 언급한 것처럼 선행은 설교나 글 쓰는 것보다는 영성과 관련이 깊기는 하지만 이것 역시 영성의 절대적인 잣대는 아닙니다. 영성이 있는 사람은 선행을 하지만 선행을 한다고 영성이 탁월한 것은 아닙니다. 이 세상에는 영성이라는 모티브가 아니더라도 선행을 할 수 있는 내적, 외적 때로는 사회적 인센티브들이 얼마든지 있기 때문입니다.

설교도, 글도, 이적과 기사도, 기도도, 성경읽기도, 선행도 영성의 궁극적인 잣대가 되지 못한다면, 진정한 영성의 기준은 무엇일까요? 저는 영성의 가장 중요한 증거는 하나님의 말씀에 따라 겸손하게 순종하면서 사는 삶 자체라고 할 수 있습니다. 그리고 그런 삶이 누적되어 예수님의 인격을 닮아 가는 것을 영성이라고 할 수 있을 것입니다. 그렇다면 하나님께 순종하여 십자가의 쓴 잔을 마신 예수님의 모습은 우주에서 일어난 모든 순종의 최고봉이라 할 수 있을 것입니다. 사도 바울은 이처럼 하나님께 순종하는 사람들에게 나타나는 열매를 갈라디아서 5장 22-23절에서 "오직 성령의 열매는 사랑과 희락과 화평과 오래 참음과 자비와 양선과 충성과 온유와 절제니 이 같은 것을 금지할 법이 없느니라."고 말합니다. 궁극적으로 영성은 하나님과 자신의 관계, 자신의 내적인 문제이기 때문에 중심을 살피는 하나님이 아니면 아무도 정확하게 말할 수 없습니다. 이후에 하나님 앞에 섰을 때 "착하고 충성된 종"이라고 칭찬 받는 사람이 진실한 영성을 가진 사람이겠지요. 그리고 그들이 이 세상을 사는 동안 드러나는 가장 중요한 내적, 외적 증거는 바로 예수님을 따라 순종하는 삶을 살므로 드러나는 성령의 열매일 것입니다. 그런 삶의 연륜이 성숙한 인격으로 드러날 때 우리는 감히 그런 사람을 영성이 깊은, 성숙한 인격의 사람이라 할 수 있을 것입니다.

12. 깨끗하고 흠이 없는 경건

산 밑에 자리 잡은 어느 작은 마을에 믿음 좋은 그리스도인들이 모여 살고 있었습니다. 그런데 이 마을 사람들이 이웃 마을까지 갈 수 있는 길은 단 하나밖에 없었습니다. 산을 넘어가야만 하는 그 길은 좁고, 가파르고, 미끄럽고 굴곡이 심했습니다. 그래서 산을 넘는 동안 많은 사고가 났고 다치거나 죽는 사람도 있었습니다. 어느 날 사고 난 차에서 피투성이가 된 사람을 끌어내면서 그 마을의 세 교회는 구체적인 행동을 취하기로 결정했습니다.

교회 대표들이 모여 오래 논의한 끝에 그들은 앰뷸런스 한 대를 구입하여 사고가 나면 즉시 부상자를 태워 이웃 마을에 있는 병원으로 이송하기로 결정했습니다. 그 후부터 그리스도인들이 힘을 합쳐 24시간 앰뷸런스 자원봉사에 동참했습니다. 이들의 희생적인 모습은 정말 아름다웠습니다. 때때로 밤잠까지 설치면서 자원봉사에 참여한 이들의 수고로 인해 예전 같았으면, 죽었을 사람들이 목숨을 건지기도 했습니다. 하지만 여전히 사고로 인해 평생을 불구로 지낼 수밖에 없는 사람들이 생겨나고 있었습니다.

어느 날 외지에서 토목 기술자 한 사람이 마을을 방문하게 되었습니다. 그는 마을에서 일어나고 있는 비극에 대해 듣고 깜짝 놀랐습니다. 그는 사고 다발 지역을 둘러본 후, 당장 사고가 많이 나는 산길을 폐쇄하고 터널을 뚫을 것을 제안하였습니다. 하지만 산 중턱에서 식당과 정비공장을 운영하고 있던 시장은 기술자의 제안을 강하게 반대했습니다. 그리스도인들도 터널을 뚫는 것이 기술적으로 볼 때 불가능한 것은 아니지만, 현실적인 대안이 될 수는 없다고 했습니다. 그래서 그 위험한 산길을 그대로 두었고 여전히 사람들은 부상을 입거나 죽었으며, 그리스도인들은 앰뷸런스로 부지런히 사람들을 병원으로 이송했습니다.

토목 기술자는 그리스도인들조차 많은 사람들의 생명보다 시장의 경제적 이권을 더 중요하게 생각하는 것을 보고 충격을 받았습니다. 그는 현 시장이 정말로 자기 이익에만 관심이 있다면 새로운 시장을 선출할 수도 있지 않느냐고 했습니다. 만약 개인이 시장에게 직접 말하기가 곤란하면, 교회들이라도 나서야 한다고 주장했습니다. 사실 시장도 그 동네에서 가장 오래된 교회의 장로였습니다.

하지만 젊은 기술자의 제안은 받아들여지지 않았습니다. 마을 그리스도인들은 확신을 가지고 그 젊고 과격한 청년 기술자에게 교회는 정치에 개입해서는 안

된다고 주장했습니다. 교회는 오직 복음을 전하면서 소자에게 냉수 한 그릇을 주라고 부름 받았다고 했습니다. 그리스도인들은 사회구조나 정치제도 따위와 같은 세상적인 일에 관심을 가져서는 안 된다고 주장했습니다.

결국 토목 기술자는 비통하고 참담한 마음으로 그 마을을 떠났습니다. 마을을 떠나면서 그의 마음속 한구석에 떠나지 않는 질문이 있었습니다. 그것은 바로 그리스도인들이 헌신적으로 앰뷸런스를 운행하면서 악한 사회구조의 피해로 피투성이가 된 사람을 병원으로 실어 나르는 것이 사회구조 자체를 바꾸는 것보다 더 경건한 행위인가 하는 질문이었습니다.

이 이야기는 사이더(Ronald J. Sider)가 쓴 『가난한 시대를 사는 부유한 그리스도인』(Rich Christians in an Age of Hunger)에 있는 이야기를 다소 다듬은 것입니다. 이것은 오늘날에도 좁은 의미의 복음만을 고집하며, 가난한 이웃을 돕는 그리스도인들이 가난을 원천적으로 유발하는 사회적, 경제적 구조를 고치기 위해서는 어떤 노력도 하지 않고 있음을 지적하는 이야기입니다.

근래 우리나라는 미국과의 자유무역협정(FTA) 체결로 온 나라가 떠들썩합니다. 이제 공식적인 회담은 끝났지만, 여전히 논란은 계속되고 있고 일부에서는 재협상을 요구하고 있기도 합니다. 이러한 시점에서 우리는 세계화가 무엇을 의미하는지를 분명히 알 필요가 있습니다. 많은 사람들이 세계화가 되면, 좋은 외국 물건들을 저렴한 가격에 사용할 수 있고 우리의 경쟁력 있는 상품들을 세계시장에 마음대로 팔 수 있으리라는 장밋빛 약속만 생각하고, 이로 인해 필연적으로 생기는 양극화의 문제에 대해서는 크게 신경을 쓰지 않는 것 같습니다.

국제적으로 무역 장벽을 없애면, 이미 세계적인 산업 경쟁력을 갖고 있는 나라들은 큰 문제가 없지만 그렇지 못한 나라들은 더 가난하게 될 수밖에 없습니다. 아무리 후진국 기업이라고 해도 이전에는 자기 나라 안에서만 경쟁력이 있으면 생존할 수 있고 국제 경쟁력을 키울 수 있었습니다. 하지만 선진국 기업들에게 문호를 개방하면, 후진국 기업들은 견딜 수가 없게 됩니다. 이는 마치 대학생과 유치원생이 권투 시합을 하는 것과 흡사합니다.

결국 세계를 상대로 경쟁력 있는 제품이나 서비스를 제공할 수 있는 기술과 능력이 있는 사람이나 기업, 국가는 더 부유하게 되고 그렇지 못한 나라들은 아예 국가 경쟁력을 키울 수 있는 시간과 기회도 갖지 못한 채 가난으로 떨어져야 합니다. 그리고 후진국 기업들은 선진 기술을 가진 기업들이 자국 시장까지 선점하고 있기 때문에 후에 일어설 수 있는 기회를 갖기도 어렵습니다. 대부분의 분야에서 경쟁력을 갖춘 미국이 세계를 압박하면서 자유무역협정 체결을 재촉하고 있는 것도 바로 그 때문입니다.

IMF 경제 위기 이후 우리나라에서는 양극화의 문제가 국민적 관심사가 되고 있습니다. 어떤 사람들은 양극화가 한국 정부의 실정(失政)으로 인한 것이라고 주장하지만 이는 우리나라만의 문제가 아닙니다. 정부의 실정에 더하여 세계화라는 새로운 경제 틀이 만들어 낸 결과라고 할 수 있습니다. 이제 세계화로 인해 가진 자는 더 가지게 되고, 갖지 못한 자들은 더욱더 가난하게 되는 양극화의 문제는 우리나라만의 문제가 아니라 전 세계적인 문제가 되고 있습니다.

자유무역협정이 빈익빈 부익부를 가속화시킨다면, 이것은 그리스도인들의 경건과 무관한 일일 수 없습니다. 우리는 복음을 전하는 것에만 관심을 갖고, 복음의 내용과 직결된 정치나 경제, 사회 문제에는 무관심하지 않습니까? 혹 소자에게 냉수 한 그릇 주는 것으로 만족하고 있지는 않습니까? 우리의 무관심 속에 헤아릴 수 없이 많은 '소자들'이 가난으로 떨어지고 실족한다면, 도대체 우리의 경건은 어디서 찾을 수 있을까요? 앞의 예화에서 사이더가 말하는 악한 시장이나 이원론적 사고를 가졌던 '헌신된' 그리스도인들의 경건…. 혹 그것이 우리의 경건은 아닌지 돌아볼 때입니다. "하나님 아버지께서 보시기에 깨끗하고 흠이 없는 경건은, 고난을 겪고 있는 고아들과 과부들을 돌보아 주며, 자기를 지켜서 세속에 물들지 않게 하는 것입니다."(약 1:27, 표준새번역)

13. 성탄의 참뜻

캐나다인 학교에서 한국인 프로그램을 하다 보니 가끔 생각지 못한 오해가 생길 때가 있습니다. 아무리 상대방의 입장에서 이해해 주려고 노력해도 어려울 때가 있습니다. 상대방이 저를 이해하지 못할 때도 있지만 저도 상대방을 이해할 수 없을 때가 있습니다. 예수님을 믿어도 사고방식과 일하는 관행이 달라서 생기는 오해는 피할 수 없습니다. 아무리 설명을 해도 외국 학생들의 사정을 이해하지 못하고 일방적으로 밀어붙일 때는 정말 어렵습니다.

하지만 이럴 때 힘이 되는 사람들은 선교학과 교수들입니다. 이들은 외국어를 사용하고 타문화권에서 나그네로 살아 본 경험이 있기 때문에 이해심이 많습니다. 이들은 외국인 학생들이 모국어가 아닌 언어를 구사하면서 남의 나라에서 공부하는 것이 얼마나 힘든지를 잘 압니다. 또 문화가 달라서 고통당한 경험이 있기 때문에 외국인 학생들이 힘들어 하면, 그럴 만한 이유가 있다고 생각합니다. 여러 해 동안 해외에서 살아 본 사람들만 그런 것이 아닙니다.

언젠가 교수회의에서 외국인 학생들의 영어 실력이 부족해서 의사소통에 문제가 많다는 불평이 나온 적이 있었습니다. 그런데 회의를 마친 후 채플린 프로그램을 담당하는 자넷이라는 교수는 제게 자신이 아르헨티나에 가서 불과 두 달을 지내고 왔는데, 그 후에는 학교 내 외국인 학생들을 보는 눈이 완전히 달라졌다고 말한 적이 있습니다. 밴쿠버 기독교세계관대학원(VIEW)이 캐나다연합신학대학원(ACTS)에서 비교적 쉽게 대학원 프로그램을 시작할 수 있었던 것도 당시 학장이었던 분이 한국과의 교류를 통해 한국인들을 이해하고 있었기 때문이었습니다.

안다는 것은 사람에게 사고의 지평을 넓혀 줍니다. 다른 사람을 안다는 것은 그 사람을 이해할 수 있는 그릇이 커짐을 의미합니다. 그래서 사람들은 폭넓은 사고를 하기 위해 공부도 하고, 책도 읽습니다. 우리는 책을 통해 오래전에 세상을 떠난 사람들의 세계를 알 수도 있고 한 번도 가보지 않은 나라에 대한 식견을 넓힐 수도 있습니다. 특히 어릴 때 읽은 좋은 책들은 일평생 살아가는 자양분이 되기도 합니다. 결국 좋은 책을 읽는 것은 자신의 그릇을 크게 만들어 다른 사람들을 이해하는 폭을 넓혀 줍니다.

하지만 아는 것보다 더 중요한 것은 직접 경험하는 것입니다. 직접 경험은 다만 사고의 지평만을 넓히는 것이 아니라 인간 존재의 깊이와 격을 다르게 만듭니다. 아무리 책을 통해 가난에 대해 배웠다고 해도 직접 가난을 경험해 본 사람의 지식과는 그 깊이가 다릅니다. 아무리 암 환자의 고통에 대한 책을 많이 읽었다고 해도 자신이 직접 암 투병을 해 본 사람의 경험과는 비교할 수 없습니다. 비록 책을 읽는 것처럼 단기간에 많은 지식을 얻을 수 없을지는 모르나 직접경험을 통해 얻은 지식은 간접경험을 통해 얻는 지식과는 차원이 다릅니다.

이것은 성탄의 정신과도 연결됩니다. 성탄은 예수님께서 하늘의 보좌를 버리시고 이 땅에 사는 인간의 곤경을 직접 경험하시기 위해 육체를 입고 오신 것을 축하하는 절기입니다. 예수님은 책을 읽지 않아도, 직접 경험하지 않아도 인간의 모든 형편을 아시는 분이지만 인간이 겪는 모든 질병과 연약함, 좌절과 절망, 죄의 멍에와 죽음의 공포를 친히 체휼하시기 위해 인간의 몸으로 세상에 오셨습니다. 죄가 없는 하나님께서 죄의 고통을 경험하시기 위해 죄를 지을 수 있는 인간의 연약한 몸을 입고 오신 것입니다.

그래서 히브리서 기자는 예수님이 친히 시험을 당하셨기 때문에 시험 받는 자들을 능히 도우실 수 있다고 말합니다(히 2:18). 또한 예수님도 육체에 계실 때 통곡과 눈물로 기도했다고 기록하고 있습니다(히 5:7). 또한 그분은 근본이 하나님과 동등하지만 자기를 비워 종의 형체를 가졌다고 했습니다(빌 2:7). 실제로 예수님은 육체를 가짐으로 인간이 겪을 수 있는 모든 고통을 다 겪으셨습니다. 예수님은 우리와 동일한 실망과 슬픔, 분노와 좌절, 고통과 공포를 경험하셨습니다.

나사로나 백부장의 딸이 죽었을 때 예수님은 마치 그 가족들이 슬퍼한 것처럼 눈물을 흘리셨습니다. 예수님은 말할 수 없는 갈증 속에서 사마리아 여인을 만나셨습니다. 하루 종일 쉴 새 없이 일하신 후에 풍랑 이는 호수에서 작은 배를 타고 가시면서 곤히 주무실 만큼 피곤했습니다. 성전에서 장사하는 자들을 보시고는 의분의 채찍을 휘두르셨고, 멸망에 직면해서도 자신의 죄를 깨닫지 못하는 예루살렘을 보시고는 안타까움의 눈물을 흘리셨습니다. 십자가를 앞에 두시고는 우리가 겪는 것과 동일한 죽음의 공포와 고통을 경험하셨습니다.

제게는 성경에서 예수님이 큰 기적을 행하셨다는 기록보다 그분의 연약함에 대한 기록이 더 큰 격려가 됩니다. 십자가 처형을 앞에 두고 하나님께 자신의 마음이 너무 힘들어 죽게 되었다고 기도하신 예수님. 저보다 먼저 이 고통을 경험하신 분이 계시다는 것이 얼마나 큰 위로가 되는지요…. 그래서 이사야는 그분이 찔림은 우리의 허물을 인함이요, 그분이 채찍에 맞음으로 우리가 나음을 입었다고 했습니다(사 53:5). 하나님이 육신을 입으심은 우리에게 한없는 위로와 기쁨이지만 반면 하나님 편에서는 한없는 낮아짐의 고통입니다. 저는 이것이 바로 성육신의 참뜻이요, 나아가 성탄의 참뜻이라 믿습니다.

14. 성육신, 성탄의 정신

우리가 사는 세상에는 항상 크고 작은 사건들이 많이 일어나지만 성탄과 연말연시가 되면 반드시 한 번쯤은 끄집어내야 할 일이 있습니다. 그것은 한국에 거주하는 외국인 중에서도 110만 명이 넘는 결혼 이주 여성과 이주 노동자들의 문제입니다. 그중에서도 특히 다문화 가정의 자녀들이 겪고 있는 사회적 차별은 근래 우리 사회의 주요한 이슈 중 하나가 되고 있습니다.

보도에 의하면 결혼 이주 여성과 이주 노동자 자녀 가운데 초중고에 다니고 있는 학생은 19,000여 명, 초등학교 입학 대상 아동은 46,000여 명입니다. 그런데 이 아이들은 여느 아이들처럼 행복하게 살지 못하고 친구들과 잘 어울리지 못한다고 합니다. 언어 지체, 따돌림, 사회적 차별, 부적응, 정체성 혼란 그리고 이로 인한 학력 부진 등의 여러 문제점들이 지적되고 있습니다. 전문가들은 다문화 가정 자녀들의 초등학교 입학생 비율이 50%에 가까운 시골의 경우 이 문제를 그대로 방치하면 농촌의 기반 자체가 무너질 수 있다고 지적합니다.

유난히 순혈주의와 유교 전통이 강한 우리나라는 지난 20여 년간 물밀듯 유입된 외국인 중에서도 우리보다 경제적으로 못한 동남아 국가에서 시집 온 외국인 엄마들과 이들의 자녀들에 대해 심한 거부감과 편견을 가지고 있습니다. 근래 경기도 가족여성개발원이 도내 초등학교 5학년부터 중학교 3학년까지 1,100명을 대상으로 실시한 다문화 이해 실태조사에 의하면, 다문화 가정 청소년과 친구가 되고 싶지 않다는 응답이 무려 28.8%, 왠지 거부감을 느껴 피한다는 응답이 17.9%에 이르렀다고 합니다. 특히 외국인과 접촉해 본 경험이 없는 청소년일수록 또래 다문화 가정 청소년에 대한 거부감과 배척이 심하다고 합니다.

다문화 가정 자녀에 대한 거부감과 편견에 대한 보도는 많은 생각을 하게 합니다. 특히 지난 십 수 년간 가족들과 더불어 캐나다에 나와서 살고 있는 저로서는 한국의 다문화 가정이 겪는 어려움이 남의 일 같지가 않습니다. 주요 이민 국가들 중에서 캐나다는 그나마 가장 인종차별이 적다고 자랑하는 나라입니다. 캐나다에서는 아예 헌법의 기본 정신에 복합문화정책을 삽입하여 어릴 때부터 아이들은 가정이나 학교에서 다른 인종들과 더불어 살아가며, 인종차별을 해서는 안 된다는 것을 귀가 아프도록 가르치는가 하면 실제로 인종 혐오적 범죄나 언행은 가차 없이 엄벌에 처합니다. 정치인들이 인종차별적 발언을 했다가는 그날로 정치 생명이 끝납니다. 수십 년 전의 일이지만 호주에서 폴린 헨슨이란 국회의원이 아시아 이민으로 인해 실업률이 오르고 지나친 복지 예산이 사용되며, 나라가 게토화되고 있다고 주장하여 일어난 소위 '헨슨 파문'과 같은 일을 캐나다에서는 상상도 할 수 없습니다.

하지만 그런 캐나다조차 드물게 미세한 인종차별을 느낀 때가 있습니다. 사람은 누구나 자신의 잘못된 행동이 아니라 가정적, 인종적 배경 등 선천적 이유 때문에 사회적 불이익이나 차별을 받는다고 생각하면 참기가 어렵습니다. 이미 인종차별로 인해 심한 사회적 갈등과 분열을 경험한 나라들의 전례를 생각하면서 우리도 이제 더불어 살아가기 위한 국가 차원의 노력이 필요한 시기가 된 것으로 생각됩니다. 다문화 가정과 그 가정에서 태어난 자녀들에 대한 차별이 더 이상 일어나지 않도록 국회는 법을 만들고, 정부는 이에 기초한 구체적인 정책을 개발,

시행해야 할 것입니다. 교육기관을 통한 국민교육과 더불어 매스컴 등을 통한 사회교육도 이루어져야 합니다. 인구밀도가 높고 집단주의적 특성이 강한 한국 사회는 매스컴에 의한 사회교육이 다른 어느 나라보다 효과적으로 이루어질 수 있습니다. 다문화 가정들을 소재로 하는 좋은 드라마나 문학작품들도 나와야 할 것입니다.

국내 다문화 가정의 어려움을 생각하면서 저는 성탄의 의미를 되새겨 봅니다. 성탄의 계절에 다문화 가정 문제는 그리스도인에게 특별한 영적 의미가 있기 때문입니다. 사실 예수님은 우리와 전혀 다른 '문화'에서 오신 분입니다. 우리는 죄 중에서 잉태되고 태어난 존재이지만 그분은 죄가 없는 분이었습니다. 우리는 우리의 이익에 눈멀어 이웃의 고통에 눈먼 자들이지만 예수님은 우리의 고통을 차마 눈뜨고 볼 수가 없어서 그 고통을 대신하고자 이 땅에 자원해서 오신 분입니다. 혹자의 말대로 성탄은 예수님이 '신의 자존심'을 버리고 낮아지신 사건입니다. 사도 바울은 예수님의 자원적 낮아짐, 즉 케노시스를 이렇게 표현합니다. "너희 안에 이 마음을 품으라 곧 그리스도 예수의 마음이니 그는 근본 하나님의 본체시나 하나님과 동등됨을 취할 것으로 여기지 아니하시고 오히려 자기를 비워 종의 형체를 가지사 사람들과 같이 되셨고 사람의 모양으로 나타나사 자기를 낮추시고 죽기까지 복종하셨으니 곧 십자가에 죽으심이라."(빌 2:5-8)

모든 사람들이 다문화 가정, 나아가 차별받는 모든 사람들의 친구가 되어야 하지만, 그중에서도 그리스도인들의 책임은 특히 더 크다고 할 수 있습니다. 하늘의 보좌를 버리시고 죄와 불법이 성행하는 인간의 문화 한가운데 성육신하신 예수님. 그분의 모범을 따라 우리도 우리와 다른 문화, 특히 우리보다 경제적으로 어려운 사람들, 피부색이 다르다고 천대받는 사람들에게 다가가는 것이 필요합니다. 예수님의 성육신을 통해 우리에게 사죄와 구속의 선물이 주어진 것처럼, 우리의 '성육신'을 통해 어려움을 겪는 다문화 가정과 그 자녀들에게 위로와 격려가 전달되는 것이 필요합니다. 새해에는 '성육신'이 하나님 자녀의 권세를 가진 모든 분들의 모토가 되었으면 합니다.

15. 하나님 자녀의 권세

그동안 저는 몇몇 교수님들로부터 밴쿠버기독교세계관대학원 (VIEW)에서 안식년을 보내면서 자신의 전공에 대한 기독교적 관점을 개발할 수 있도록 초청장을 보내 달라고 부탁받은 적이 있었습니다. 하지만 아쉽게도 그분들의 요청을 들어드릴 수가 없었습니다. VIEW는 이름은 대학원이지만 정식으로 학위를 주는 종합대학이 아니라 특수한 훈련을 하는 일종의 비영리 법인체에 불과하기 때문입니다. 현재 캐나다 기독교 종합대학인 트리니티웨스턴대학(Trinity Western University)의 ACTS 신대원에서 대학원 학위과정을 운영하고 있기는 하지만, 그것은 공식적으로 TWU의 학위이지 VIEW의 학위는 아닙니다. 그래서 저는 VIEW에서 초청장을 보내 드린다고 해도 그것 가지고는 캐나다 대사관에서 객원교수 비자를 주지 않을 것이라고 생각했습니다.

그렇다고 VIEW가 함께 일하고 있는 ACTS 신대원의 이름으로 신학이 아닌, 일반 학문을 하시는 분들에게 초청장을 보내 달라고 부탁하는 것도 어색했습니다. 그리고 TWU 학부에 부탁할 형편도 아니었습니다. 학부는 신대원과 전혀 별개로 운영되고 있을 뿐 아니라 TWU 역시 훌륭한 기독교 대학이긴 하지만 대부분의 기독교 대학들이 그렇듯이 학교 규모가 작기 때문에 전공이 제한되어 있어서 부탁하시는 교수님들의 전공과 일치하는 경우가 많지 않습니다. 몇 년 전 인천 어느 대학 경영학과에 근무하시는 김 교수님은 TWU 경영대학에서 1년간 안식년을 보내신 적이 있기는 하지만, 다행히 그분은 전공이 일치했고 또한 그곳에 한국인 교수님이 한 분 계시기 때문에 어렵사리 다리를 놔드렸을 뿐입니다.

그런데 언젠가 한국을 방문하고 있을 때 계명대 경영학과 이 교수님이 또 VIEW에서 안식년을 보내고 싶다며 초청장을 부탁하셨습니다. 저는 지금까지의 예를 들면서 공식적인 대학 초청은 쉽지 않으며, 제가 보내 드리는 VIEW 초청장으로는 캐나다 대사관에서 객원교수 비자를 받을 수 없을 거라고 말씀드렸습니다. 그랬더니 이 교수님은 어차피 6개월만 머물 것이기 때문에 비자를 받으면 좋고, 못 받으면 방문으로라도 6개월간 머물 수 있기 때문에 별 문제가 없다고 하셨습니다. 그래서 저는 VIEW 편지지로 초청장을 작성하여 보내 드렸습니다.

이 교수님은 초청장과 다른 필요한 서류를 갖추어 정식으로 캐나다 대사관에 객원교수 비자를 신청했습니다. 아, 그런데 놀랍게도 캐나다 대사관에서 아무런 문제도 제기하지 않고 덜컥 객원교수 비자를 내 주었습니다. 어떻게 VIEW 초청장으로 객원교수 비자를 받으셨는지 저도 궁금했습니다. 알고 보니 초청장 귀퉁이에 인쇄된, VIEW가 TWU와 연계되어 있다는(affiliated) 편지지의 표현 때문이었습니다. 이 교수님은 작년 8월부터 6개월간 가족들과 더불어 VIEW에서 안식년을 알차게 보내시고 무사히 귀국하셨습니다.

저는 이번 일을 보면서 제가 가지고 있는 파워를 너무 과소평가했다는 생각을 하게 되었습니다. 저의 파워가 아니라 실제로 VIEW가 TWU와 연계하여 대학원 프로그램을 운영하고 있고, 그로 인해 VIEW가 TWU와 'affiliated' 되어 있다는 말 한마디가 얼마나 큰 힘을 갖는지 몰랐던 것입니다. 그동안 안 될 거라고 저 혼자 지레짐작해서 부탁하는 분들에게 아예 초청장조차 보내 드리지 않은 것이 너무 한심하게 여겨지고 당사자들에게 죄송했습니다.

저는 하나님 자녀의 권세도 그런 게 아닌가 생각해 봅니다. 사실 우리는 기도할 때 우주의 창조자 되시는 하나님, 온 세상을 운행하시고 인간의 모든 생사화복을 주관하시는 하나님이라고 말을 하면서도 그런 하나님의 자녀가 갖는 권세가 얼마나 대단한지는 잘 모르는 것 같습니다. 권세가 없는 게 아니라 있지만 우리가 믿음으로 사용하지 않는 것입니다. 그냥 하나님께 'affiliated' 되어 있는 것도 대단할 텐데, 하물며 그분의 자녀가 갖는 권세는 얼마나 굉장할까요? 성경은 명백히 "영접하는 자 곧 그 이름을 믿는 자들에게는 하나님의 자녀가 되는 권세를 주셨으니."(요 1:12)라고 했습니다.

김세윤 교수님은『구원이란 무엇인가?』라는 책에서 구원이란 무한하게 큰 수원지와 같은 하나님의 자원에 수도관을 연결하는 것이라고 했습니다. 하나님의 자원은 무한하고 아무리 수도관이 수원지에 연결되어 있더라도 우리가 마지막 수도꼭지를 열지 않으면, 수돗물이 나오지 않는 것입니다. 하나님의 자원은 아무리 우리가 갖다 쓰더라도 부족함이 없지만, 그 자원을 얼마나 갖다 쓸 수 있는가는 순전히 우리의 믿음에 달린 것입니다. 말로는 예수님을 영접하여 하나님의 사녀가 되었다고 하지만 그동안 얼마나 저의 자원만 의지하고 살았는지…. 한 장의 초청장이 하나님 자녀로서의 권세를 다시 깨닫게 해 주었습니다.

16. 세계관적 격려

얼마 전 일본을 방문하면서 선교사로 파송된 지 20년 정도 되신 한국 목사님을 만났습니다. 선교사들의 무덤이라는 일본에서 선교한다는 것이 결코 쉬운 일이 아니었지만 그래도 목사님은 나름대로 열심히 선교에 힘썼습니다. 하지만 대부분의 다른 선교사들이 그러했던 것처럼 목사님 역시 IMF 사태로 인해 선교비가 절반으로 줄어든 것은 감내하기 어려운 시련이었습니다. 물가가 비싼 일본에서 가족이 살아간다는 자체가 너무 힘든 일이었습니다. 날마다 눈물의 기도를 했지만 금방 문제가 해결되지 않았습니다.

많은 고민을 하다가 목회하는 친구들에게 손을 내밀었지만 그들 역시 미안해 하면서도 교회 사정이 어려워 도와줄 형편이 아니라고 했습니다. 물론 목사님은 국내로 들어가서 일반 목회를 할까 하는 생각도 했습니다. 하지만 선교사가 선교비 부족으로 귀국한다는 것은 자존심이 허락하질 않았습니다. 그러다가 마지막으로 생각해 낸 것이 한인들이 일본에서 많이 아르바이트를 하는 우에끼(植木), 즉 정원사 일이었습니다.

처음에는 전문 정원사의 조수로 따라다니면서 경험을 쌓았습니다. 다행히 그 분야에 은사가 있어서 목사님은 불과 3개월 후에 독립할 수 있게 되었고 고정 고객도 생기기 시작했습니다. 경력이 쌓이면서 생활은 어느 정도 안정이 되었고 선교사 비자에서 영주권자로 신분도 안정되었습니다. 그래서 근래에는 오랜만에 자신의 집에서 다시 '개척교회'를 시작했고 지금은 세 명 정도가 모이고 있다고 했습니다.

목사님은 자신이 선교사로 일본에 왔지만 원래의 목적이었던 선교는 못하고 많은 시간을 정원사로 보낸 것이 하나님 앞에서 못내 죄스러운 듯 마치 고해성사를 하듯 지나간 20여 년의 삶을 차분히 말씀하셨습니다. 그러면서 지금은 어느 정도 생활이 안정되었기 때문에 선교사역을 다시 시작한다고 하셨습니다. 그리고 지금 정원사로 일하는 것은 다만 선교의 도구일 뿐임을 누차 강조하셨습니다.

사실 일본인들에게, 특히 자기 집과 정원을 갖고 있는 중산층 일본인들에게 복음을 전하는 것은 쉬운 일이 아니었습니다. 그들을 개인적으로 만나는 것도 쉽지 않았습니다. 언젠가 목사님은 예수님 이야기를 꺼냈다가 고객을 잃어버린 적도 있었습니다. 그러니 자신이 목사라는 사실을 밝히는 것 자체도 약간의 위험부담이 있었습니다. 그래서 일본인 집에서 하루 종일 시간을 보내면서도 정원사 일만 하고 예수님에 대해서는 한마디도 못하고 하루가 지나갈 때도 많았다고 했습니다.

목사님의 긴 이야기를 듣고 난 후 제가 그분에게 드릴 수 있는 소위 '세계관적 격려'는 두 가지였습니다. 첫째, 정원사로서의 일도 선교사역처럼 하나님이 받으실 만한 충분히 귀중하고 거룩한 일이 될 수 있다는 사실이었습니다. 비록 돈을 받고 정원사로 일을 하지만 다른 사람을 돕고 있다는 사실로 인해, 하나님의 피조세계의 한 부분을 돌보고 있다는 사실만으로 귀한 일일 수 있다는 점이었습니다.

둘째, 정원사를 하면서 다른 선교사들이 만날 수 없는 (집안에 있는) 일본인들을 만나고, 그들에게 복음을 전하는 것은 바울 사도의 뒤를 잇는 자비량 선교의 모범일 수 있다는 점이었습니다. 정원사로 보낸 지난 수년간의 세월이 결코 하나님 앞에서 잃어버린 세월이 아니라는 이야기에 얼굴이 환해지는 목사님을 보면서 저는 다시 한 번 세계관 사역의 중요성을 깨닫게 되었습니다.

지난 수년 동안 세계관 사역을 하면서 저는 자비량 선교를 하시는 분들만이 아니라 일터에 있는 많은 분들도 '세계관적 격려'가 필요함을 봅니다. 지난 수년 동안 밴쿠버 한인기독실업인회(CBMC)를 섬기면서도 저는 헌신된 기독실업인들이 선교 현지에 가지 못하고 자신의 직업에 종사하고 있는 것으로 인해 죄책감을 느끼거나 고민하는 것을 보았습니다. 헌신된 그리스도인들이 전업으로 교회나 선교와 관련된 일을 하지 못함으로 인해 일종의 영적 열등의식을 갖고 살아가는 것은 정말 안타까운 일입니다.

물론 어디서 어떤 일에 종사하든지 형편이 되는 대로 열심히 전도하고 교회와 이웃을 섬기는 것은 아름다운 일이고 성도로서 마땅한 태도라고 할 수 있습니다. 그러나 자신의 직업에서 하나님의 소명을 발견하지 못하고 '더 거룩한' 일을 하지 못한다는 열등감과 죄책감에 쌓인 삶을 산다면, 그것은 성경의 사상이 아니라 거룩을 가장한 플라톤 사상이요, 이방 사상이라고 할 수 있습니다. 그런 의미에서 "무엇을 하든지 다 하나님의 영광을 위하여 하라."(고전 10:31)는 바울 사도의 권면은 다만 선교나 목회에만 해당되는 말이 아니라 모든 직업적인 일에도 해당되는 말이라고 할 수 있습니다. 이러한 직업적 이원론의 문제는 근래 한국에서 논쟁이 되고 있는 목회자 납세 문제와도 연관되어 있습니다.

17. 목회자의 납세

캐나다는 4월 말까지 소득세(Income Tax)를 납부해야 하지만, 한국은 5월 말이 종합소득세 납부 마감입니다. 소득세 납부 계절이 돌아오면서 요즘 한국에서는 종교인 납세 논쟁이 뜨겁습니다. 특히 지난 3월 19일, 기획재정부 장관이 "종교인에게도 원칙적으로 과세가 돼야 한다."고 입장을 표명하고 "올해 세법개정안에 종교인 과세를 포함시키는 것을 검토 중"이라고 밝혀서 뜨거운 논쟁이 일고 있습니다. 그동안 세금을 부과하지 않았던 종교인들에게 세금을 부과하는 문제는 종교인, 비종교인을 막론하고 전 국민적 이슈가 되고 있습니다. 이 이슈는 겉으로는 종교인들에 대한 납세라고 하지만 가톨릭은 이미 1994년부터 납세에 동참하고 있고, 불교(조계종)도 찬성하는 입장이라 실제로는 개신교 목회자들의 납세가 논쟁의 초점이라고 할 수 있습니다.

근래의 논쟁을 살펴보면, 한기총 같은 극우 단체를 제외하고는 대부분 목회자의 납세에 긍정적입니다. 이것은 비단 비기독교인들만이 아니라 기독교인들도 대부분 목회자의 납세를 찬성하고 있으며, 찬성하는 논리도 다양합니다. 어차피 목회자의 80%는 면세점 이하의 소득이기 때문에 실제로 세금을 내는 사람은 소수에 불과하지 않는가? 소득을 신고하면 소득에 대한 증명이 이루어져 금융거래도 원활해지고, 4대 보험 가입 때도 소득증명이 용이하며, 소득에 따라 자녀교육비 등 사회복지혜택도 받을 수 있지 않는가? 교회가 소득신고도, 납세도 하지 않기 때문에 교회에서 일하는 사람은 일자리를 잃어도 법적으로 아무런 혜택이나 보호를 받을 수 없지 않는가? 이번 기회에 목회자들이 정직하게 소득을 신고하고 세금을 내서 국민으로부터 신뢰를 회복해야 하지 않겠는가? 세금도 내지 않는 목회자가 어떻게 성도들에게 정직하게 세금을 내라고 설교할 수 있는가? 기독교가 조세회피 등을 주장하는 파렴치한 곳이고 목회자가 세금 탈루자라는 오명에서 벗어나야 하지 않는가? 이러한 실용적인 이유 때문에 목회자들이 세금을 내야 할까요?

목회자들의 납세는 이보다 훨씬 더 근원적인 이유가 있습니다. 아래에서는 기독교 세계관적 관점에서 목회자들도 마땅히 세금을 내야 하는 몇 가지 이유를 살펴보고자 합니다.

첫째, 목회자들의 납세는 성경적인 직업관과 관련되어 있습니다. 과세를 반대하는 사람들이 "목회자는 성직자지 근로자가 아니다."라고 주장하는 배경에는 교회와 관련된 일은 거룩하고 교회 밖에서의 일은 세속적이라는 이원론적 직업관의 문제가 있습니다. 종교적인 냄새가 나는 일에는 소명이 필요하지만 세상에서의 근로에는 소명이 필요 없다는 전제가 깔려 있는 것이지요. 하지만 신약성경에서 부르심, 즉 소명을 받은 부류는 사도와(롬 1:1; 고전 1:1) 성도들뿐입니다. 그런데 사도시대는 요한을 마지막으로 종료되었다고 보면 오늘날 교회 내에서 부르심을 받은 사람들은 성도들뿐입니다. 그러므로 성경적 입장에서 보면 목회자나 그 외 교회 내에서의 여러 직분은 하나님 나라를 위해, 교회의 덕을 세우기 위해, 구체적인 사역을 위해 필요할 때 성도들 중에서 세우는 직분일 뿐입니다.

모든 성도들을 성직자라고 한다면 같은 차원에서 목회자도 성직자라고 할 수 있습니다만 목회자를 세우는 것은 집사나 장로, 주일학교 교사나 성가대원을 세우는 것과 본질적으로 다르지 않습니다. 다만 목회자는 설교를 하는 등 교회의 지도적 위치에서 다른 직분들보다 큰 영향을 미치기 때문에 적절한 신학적 훈련이 필요하고, 좀 더 신중히 세워야 하는 것뿐입니다. 목회만이 성직이라고 생각하면서 성도들과 다른 존재인 것처럼 생각하는 것은 청산해야 할 대표적인 중세적 잔재입니다. 교회와 관련된 종교적인 일만이 거룩하고 그 일을 하는 사람만이 성직자라고 한다면 우리는 다시 중세로, 가톨릭으로 돌아가는 것입니다. 하나님께서 모든 성도들을 부르셔서 하나님을 섬기는 성직자로, 왕 같은 제사장으로 삼으셨다는 이 가슴 벅찬 사실을 내팽개치고 다시 어둠의 족쇄를 차서는 안 될 것입니다!

또한 목회는 봉사직이고 목회자 소득은 사례이기 때문에 과세를 해서는 안 된다고 하는 사람들이 있지만 과연 목회만이 봉사이고 공무원으로, 청소부로, 간호사로, 기업체 직원으로 일하는 것은 봉사가 아닐까요? 기독교 세계관적으로 볼 때 모든 정상적인 직업은 '유급 봉사'라고 할 수 있으며, 당연히 목회도 여기에 해당합니다. 목회를 비롯해서 모든 성도들의 직업이 이웃을 섬기는 봉사직이자 성직이고, 성직이어야 한다면 다른 모든 '성직자들'은 세금을 납부하는데, 유독 교회에서 일하는 성직자들만 세금을 내지 않는다는 것은 이상한 일입니다.

목회자의 급여를 사례(謝禮)라고 부르는 것도 적절한 표현이 아닙니다. 사례라고 한다면 감사한 마음으로 자원하여 주는 돈을 말합니다. 'Honorarium'이라는 영어가 있는데 아마 우리말로 '사례'라고 번역할 수 있을 것입니다. 그렇다면 사례와 급여는 어떻게 다를까요? 급여는 일반적으로 고용계약에 의해 일정 기간마다 정해진 보수를 받는 것이지만 사례는 고용계약에 의해 지급되는 돈이 아니라 서비스를 받은 쪽에서 감사한 마음으로 임의로 얼마를 주는 것입니다. 당연히 안 줄 수도 있고 많이 줄 수도 있겠지요. 이런 점을 생각한다면 보수 체계가 정해져 있는 대부분의 목회자의 사례는 급여라고 볼 수 있습니다. 하지만 급여든, 사례든 모든 소득에 대해 세금을 내는 것은 마찬가지입니다. 일반적으로 급여는 세금을 원천징수하는 것이고 사례는 소득세를 신고할 때 세금을 내는 것이 다를 뿐입니다.

둘째, 목회자들의 납세는 피조세계에 대한 청지기적 소명의 일부입니다. 하나님은 우리에게 "…생육하고 번성하여 땅에 충만하라, 땅을 정복하라, 바다의 물고기와 하늘의 새와 땅에 움직이는 모든 생물을 다스리라."(창 1:28)고 명령하셨습니다. 말할 필요도 없이 이러한 문화명령의 일부는 성부에 의해 수행되고 있고, 이를 위해 징부는 세금의 형태로 재원을 마련하는 것입니다. 물론 악한 정부, 무능한 정부, 부패한 정부도 있지만 그 문제는 또 다른 차원에서 개선해 나가야 할 것입니다. 최악의 경우 납세 반대 운동을 해야 할 정도로 악하고 부패한 정부도 있겠지만 한국이나 제가 사는 캐나다 정부는 그 정도는 아니라고 생각됩니다. 이 세상에 완전한 정부는 존재하지 않으며, 악한 정부가 무정부보다는 낫다는 말은 그만큼 개인의 안녕과 복지를 위해 정부의 역할이 큼을 의미합니다.

정부는 세금을 받아서 국민이 안전하고 평안하게 살 수 있는 나라를 만들기 위해 사용합니다. 정부가 세금을 사용하는 것은 비단 눈에 보이는 환경을 개선하기 위해서만이 아니라 정부나 사회구조를 유지하기 위해 사용합니다. 경찰과 군대를 유지하면서 인간의 타락한 본성을 억제할 뿐 아니라 교육기관을 설립하여 인간에게 내재되어 있는 하나님의 형상을 발현시키고 각종 사회보장제도나 사회안전장치를 통해 약자들을 보호하는 것은 구태여 종교적인 용어로 표현하지 않더라도 하나님의 피조세계를 관리, 유지하는 거룩한 청지기적 소명의 일부라고 할 수 있습니다. 그러므로 세금을 내지 않는 것은 피조세계의 청지기적 소명을 이행하지 않은 일종의 '직무유기'라고 할 수 있습니다.

일부에서는 "대부분의 목회자가 세금 이상의 사회기부와 공헌을 한다."고 주장하지만 이것은 목회자 납세를 반대하는 이유가 될 수 없습니다. 다른 사람들이 보기에 세금 이상의 사회기부와 공헌을 한다는 말은 매우 주관적인 주장일 수 있습니다. 이는 다른 직종에 있는 사람들에게도 동일하게 적용될 수 있기 때문입니다. 그리고 세금 이상의 사회기부와 공헌을 한다는 것은 세금을 내는 것과 별개의 문제입니다. 사회기부와 공헌을 많이 한다고 해도 소득이 있으면 세금을 내는 것이 마땅한 것입니다. 군인들이나 경찰들, 교사들이나 공무원들도 자신들은 세금 이상의 사회기부와 공헌을 한다고 하면서 세금을 내지 않는다면 어떻게 될까요?

셋째, 목회자들의 납세는 이웃 사랑을 실천하는 것입니다. 세금을 내지 않는 것은 하나님의 청지기적 소명을 이행하지 않는 것에 그치지 않고 더불어 살아가는 이웃들에게 많은 민폐를 끼치는 것입니다. 정부가 세금을 받아서 도로와 상하수도를 만들고 발전소를 건설하면, 부자들만이 아니라 가난한 자들도 더불어 편리함을 누립니다. 정부가 세금을 받아서 군대와 경찰을 유지하고 학교를 세우면 모든 국민들이 도움을 받는 것입니다. 당연히 목회자들도 혜택을 받는 것이지요. 그러므로 바울은 세금을 내는 것에 대해 명확하게 말합니다. "너희가 조세를 바치는 것도 이로 말미암음이라 그들이 하나님의 일꾼이 되어 바로 이 일에 항상 힘쓰느니라 모든 자에게 줄 것을 주되 조세를 받을 자에게 조세를 바치고 관세를 받을 자에게 관세를 바치고 두려워할 자를 두려워하며 존경할 자를 존경하라."(롬 13:6-7)

세금은 이웃 사랑의 중요한 방법입니다. 그런데 남을 도와주지는 못할망정 다른 사람들에게 조세부담의 짐을 떠넘겨서는 안 될 것입니다. 세금은 수많은 사람들이 더불어 살아가는 사회를 유지하기 위하여 우리가 부담할 최소한의 의무이기 때문에 일부의 사람들이 이를 회피하면 다른 사람들이 더 많은 부담을 지게 되며, 피해를 입게 됩니다. 따라서 세금을 정상적으로 납부하는 것은 더불어 살아가는 이웃에 대한 최소한의 배려이며, 이웃 사랑의 시작입니다. 성경이 가르치고 있는 가장 중요한 가치를 이웃 사랑이라고 하고 목회자들도 동일하게 사회적 혜택을 누리고 있다면 목회자들이 지난 수십 년 동안 세금을 내지 않고 살아온 것은 이웃 사랑을 하지 않은 것이요, 국가라는 버스를 '무임승차한 것'이라고 할 수 있습니다.

결론적으로 목회자 납세 반대는 '소득이 있는 곳에 세금도 있다.'는 조세원리에 위배됨은 물론 성경적으로도 근거가 없습니다. 이는 이원론적인 직업관, 물질관에서 비롯된 것입니다. 정상적인 국가에서 세금은 이웃 사랑을 실천하는 가장 기본적인 행위임을 고려한다면 납세는 이웃 사랑을 가르치는 성경말씀에 순종하는 것이라고 할 수 있습니다. 세금은 사회질서를 유지하고 치안, 국방, 사법제도를 통해 약자들을 보호하고, 각종 사회보장제도를 통해 가난하고 소외된 이웃을 돕는 행위입니다. 불우 이웃들을 직접 돕는 것도 이웃 사랑의 표현이지만 세금은 간접적으로 이웃을 돕는 것입니다. 그러므로 세금을 내는 것은 하나님께 순종하는 것입니다.

납세는 현대 국가에서 모든 사람들에게 차별 없이 적용되는 국민의 기본 의무입니다. 그런데 기독교인들 중에서도 지도자라고 할 수 있는 목회자들이 이 원칙을 어겨서는 안 될 것입니다. 가톨릭과 불교 성직자들이 세금을 낸다고 하지만 그것은 생색일 뿐 그들 중에 과세 대상이 되는 사람이 거의 없지 않느냐고 불평할 필요가 없습니다. 개신교 목회자들 중에도 자진 납세하는 사람들이 있지 않느냐고 항변할 필요도 없습니다. 목회자들도 소득세를 제외한 다른 간접세는 내고 있지 않느냐고 억울해 할 필요도 없습니다. 남이야 어떻든 납세가 하나님의 뜻이라면 순종하는 것이 기독교인의 마땅한 태도이기 때문입니다.

18. 혈압약의 유익

어느 날 혈압을 체크하고 약을 받기 위해 늘 가는 동네 병원에 갔습니다. 저는 몇 년 전부터 약을 복용하는 것이 좋겠다는 의사의 소견에 따라 '노바스크 5mg' 알약을 복용하고 있습니다. 그리고 일 년에 두 차례 정도 약을 받으러 병원에 갑니다. 약을 받으러 병원에 가면 먼저 혈압을 재는데 늘 긴장이 됩니다. 혹 혈압이 높아져서 의사가 앞으로는 약을 바꾸라고 하거나 복용량을 늘리라고 하면 어쩌나 하는 부담이 있습니다. 물론 병원에 가기 전에 집에서 전자 혈압기로 혈압을 측정해 보지만 대체로 집에 있는 기계에 비해 병원에 있는 수동식 혈압계 수치가 10 이상 더 높게 나옵니다. 저의 전자 혈압계가 병원에 있는 수동식 혈압계보다 훨씬 더 정확한 게 분명하지만 의사는 병원에 있는 수동식

혈압계의 결과를 믿으니 도리가 없습니다.

병원에 갈 날이 가까워지면 지나온 6개월을 돌아보게 됩니다. 의사가 지시한 것을 잘 지켰는지…. 그동안 수면이 부족했던 날들, 짠 음식을 절제하지 않고 먹었던 기억들, 바쁘다고 운동하지 않았던 것들이 주마등처럼 지나갑니다. (노스 밴쿠버에 있는) 그라우스 산에는 언제 다녀왔고, 수영장에는 언제 갔던가? 혈압은 몸의 컨디션에 따라 예민하게 변합니다. 수면이 부족하거나 과로하게 되면 평소보다 높게 올라가곤 하기 때문에 늘 신경이 쓰입니다. 의사는 짠 음식을 피하고, 충분한 수면을 취하고, 꾸준히 운동을 하면 약을 먹지 않아도 어느 정도 고혈압이 조절된다고 하지만 그것이 말처럼 쉽지가 않습니다.

제가 처음 혈압약을 복용하기 시작했을 때가 생각납니다. 주위에서는 한번 약을 복용하기 시작하면 죽을 때까지 약을 먹어야 한다는 둥, 고혈압이 있으면 다른 장기도 손상을 입었을지 모른다는 둥 전혀 위로가 되지 않는 말들만 들려주어서 우울했습니다. 나도 이제 나이가 드는구나…. 게다가 약값도 무시할 수 없습니다. 하루에 한 알인데, 한 알에 1.5불 정도 하니까 한 달이면 45불, 1년이면 500불이 넘습니다. 여행이라도 갈라치면 그렇지 않아도 챙길 게 많은데 혈압약까지 챙겨야 하니 그것도 귀찮습니다. 비타민이나 다른 영양제는 다녀와서 또 먹으면 되지만 혈압약은 그럴 수가 없습니다. 귀찮고, 돈 들어가고, 일 년에 두 차례씩 병원에 가서 긴장해야 하고…. 그게 혈압약이었습니다.

하지만 시간이 지나면서 혈압약 먹는 것이 일상사가 되다 보니 약을 먹고사는 것이나 안 먹고사는 것이나 별 차이가 없다는 생각을 하게 되었습니다. 게다가 의사 제자가 "교수님, 노바스크는 심장이나 몸에 좋기 때문에 고혈압이 아닌 사람도 먹으면 좋습니다."라는 말이 그렇게 기분 좋을 수가 없었습니다. '그래, 아부를 하려면 그런 아부를 해야

지….' 그래서 근래에 들어 저는 어차피 혈압약을 먹을 바에야 혈압약을 먹는 것이 먹지 않는 것보다 훨씬 더 유익하다는 궤변을 만들어 내기로 했습니다!

첫째, 고혈압은 늘 하나님 앞에 설 때를 상기시켜 줍니다. 일 년에 두 차례씩 병원에 가서 의사에게 지난 6개월의 삶을 보고해야 하는 것처럼 늘 하나님 앞에서 이 세상의 삶을 보고해야 할 날이 있음을 생각해 보는 것입니다. 아무리 숨기려 해도 혈압은 지난 6개월의 삶을 있었던 그대로 보여 줍니다. 무리하지 않고, 스트레스 받지 않고, 충분한 수면을 취하고, 부지런히 운동을 하면 병원에 가는 것이 두렵지 않는 것처럼 우리가 인생을 바르게 살았다면 하나님 앞에 서는 것이 조금도 두려울 것이 없는 것입니다. 혈압약은 "우리 각 사람이 자기 일을 하나님께 직고"(롬 14:12)할 것을 상기시켜 줍니다.

둘째, 고혈압은 어차피 우리 인생은 유한하고 우리의 육체는 늙는다는 걸 깨닫게 합니다. 아무리 산삼 보약을 먹어도 우리 몸은 영원할 수 없습니다. 약간 저혈압이라고 자랑하는 저의 아내라고 해서 더 나은 것도 아니지요. 혈압이 낮아도, 당뇨가 없어도, 지방간이 없어도 우리의 육체는 영원하지 않습니다. 그러므로 낡아지는 우리의 겉사람을 가꾸는 것보다 속사람을 새롭게 하는 것이 훨씬 더 중요함을 다시 확인합니다. "우리의 겉사람은 낡아지나 우리의 속사람은 날로 새로워"(고후 4:16)질 수 있기 때문입니다.

셋째, 고혈압은 절제하는 삶을 실천할 수 있게 합니다. 저는 언제부터인가 고혈압으로 인해 할 일이 있으면 밤잠을 자지 않던 청년의 교만을 버리게 되었습니다. 고혈압 진단을 받기 전에도 음식과 생활습관을 절제해야겠다고 여러 차례 결심했지만 작심삼일이었습니다. 아내가 애원을 해도 소귀에 경 읽기였습니다. 하지만 고혈압 진단을 받으니 어금니를 깨물면서 결심할 필요가 없어졌습니다. 다음 번에 병원 가서 혈압을 측정할 것을 생각하면 저절로 절제할 수 있게 되는 것입니다. 언젠가 "나는 포니고, 양 교수님은 탱크"라고 했던 권 교수의 이야기도 지나간 추억 속의 아첨으로 생각하기로 했습니다. "이기기를 다투는 자마다 모든 일에 절제"(고전 9:25)해야 하기 때문입니다.

고혈압이 이렇게 유익하니 고혈압약은 비타민보다 훨씬 더 유익한 게 분명합니다. 비타민C 전도사라는 이왕재 교수의 말을 듣고 저는 지난 몇 년 동안 부지런히 비타민C를 먹었지만 솔직히 눈에 띄는 유익은 거의 없었습니다. 비타민 산다고 돈만 날린 셈이지요. 하지만 '노바스크 5mg'을 몇 년간 먹고는 저의 삶이 달라졌습니다. 겉으로 드러나는 생활만 달라진 것이 아니라 천국에 대한 소망도 훨씬 더 생생해졌습니다. 노바스크를 먹기 전까지만 해도 저는 쉽게 분기탱천하던 사람이었지만 이 약을 먹고부터는 좀 더 인생을 관조하게 되었습니다. 그러니 노바스크를 거의 효과가 없는 비타민C와는 비교할 수가 없는 것이지요.

그러면 수많은 약들 중에서 유독 노바스크만 유익할까요? 아닙니다. 저의 짧은 의학 지식으로 미루어 볼 때 당뇨약은 노바스크보다 더 유익하고, 항암제는 당뇨약보다 훨씬 더 유익할 게 분명합니다. 비타민C는 물론, 오메가나 달맞이유보다, 아니 로얄젤리 등 월마트 약국 앞에 쌓여 있는 건강보조식품들은 전혀 인간을 바꾸지 못하지만 혈압약은 사람을 바꿉니다. 바람둥이에게 산삼, 녹용, 보신탕은 바람기만 북돋우지만, 당뇨약이나 항암제는 삶의 태도를 바꾸게 하는 것과 같습니다. 그래서 저는 기왕 먹어야 하는 약이라면 이 약이 어떤 보약보다 더 유익하다는 확신을 가지고 먹기로 했습니다. 웃기는 이야기라고 할지 모르겠지만 저는 그렇게 생각하기로 했습니다. 캐나다에서는 언론의 자유만이 아니라 마음대로 생각할 자유도 있으니까요….

19. 마음을 꿰는 지혜

근래 저는 인근 가축 경매장에 가서 하얀 새끼 염소 여섯 마리와 (이
들의 엄마가 아닌) 어른 염소 한 마리를 샀습니다. 새끼 염소는 한꺼번에
120불에, 어른 염소는 145불에 낙찰을 받았습니다. 염소를 여러 마리
샀다고 제가 짐승을 좋아하는 것은 아닙니다. 저는 시골에서 소와 돼
지, 개나 고양이, 염소 등 가축을 기르면서 자랐지만 짐승을 키우는 데
별 관심이 없습니다. 아니 어쩌면 짐승들을 많이 키우는 집에서 자랐기
때문에 동물들을 키우는 데 관심이 없는지도 모릅니다. 그런데 지금 저
희 집에는 고양이 여섯 마리와 염소 일곱 마리, 개와 양이 각각 한 마리
그리고 닭도 몇 마리 있습니다(개와 닭은 우리 것이 아니긴 하지만).

웬 동물들이냐고요? 이유는 간단합니다. 고양이는 늦게 태어나서
혼자 자라는 저희 집 늦둥이가 키우자고 해서 넓은 VIEW 센터에 서식
하는 쥐도 잡을 겸 기르기 시작했는데, 새끼를 낳는 바람에 많아졌고,
염소는 우리가 사는 VIEW 센터가 농가로 인정받는 데 필요하기 때문
입니다. 농가로 인정받으면, 집 건물에 대한 세금만 내고 땅에 대한 재
산세를 내지 않는데, 그게 염소 값과는 비교가 되지 않습니다. 그래서
믿기 어려우시겠지만 저는 공식적으로 캐나다에서 농부이자 우리 동네
'수달 농협'(Otter Co-op) 조합원입니다. 저의 아내는 집에 있는 동물들은
자기가 주로 돌보기 때문에 다른 사람들에게 자기가 농부(農婦)고 저는
농부의 남편이라고 주장하지만….

여하튼 경매에서 염소들을 사서 미니밴 트렁크에 싣고 올 때까지만
해도 저는 어릴 때 시골에서 기르던 먹성 좋은 한국 염소만 생각하고
있었습니다. VIEW 센터에 풀은 얼마든지 있으니 널찍한 울타리 속에
두고 쳐다보기만 하면 염소들이 저절로 세금을 벌어 주고, 잔디를 '깎아
줄' 것으로 생각했습니다. 게다가 때가 되면 새끼를 낳아서 기하급수적

으로 수입을 만들어 주지 않을까? 야곱의 얼룩무늬 양들을 축복하신 하나님이 우리집 염소도 축복하시지 않을까? 내색은 하지 않았지만 잔뜩 기대하면서 염소 새끼들을 풀밭에 풀어놓았습니다. 미친 듯이 풀을 뜯어먹으면서 무럭무럭 자랄 거라고 기대하면서….

그런데 기대와는 달리 염소 새끼들이 풀을 먹지 않았습니다. 배는 짝 달라붙었는데 풀에는 코만 대고 냄새만 맡을 뿐이었습니다. 병든 것 같지도 않는데 풀을 보고도 도대체 먹을 생각을 안 하니 보다 못한 아내가 달착지근하고 보드라운 은행나무 잎을 따다 내밀었습니다. 하지만 그것도 몇 잎 먹고는 곧 입을 돌렸습니다. 생각다 못해 집에 남은 분유를 물에 타서 젖꼭지를 물려주었습니다. 아, 그랬더니 정신없이 먹는 게 아닙니까! 젖꼭지 구멍을 좀 크게 뚫어 주었더니만 불과 30초 만에 한 놈이 한 통을 다 먹어 치웠습니다. 그 모습을 보니 소름이 쫙 끼쳤습니다!

다음날 이웃에 사는 진짜 캐나다 농사꾼 아저씨가 와서는 한술 더 떴습니다. 그는 염소 새끼 키워서 돈 벌 생각은 아예 하지 말라고…. 새끼들의 크기를 보니 두 달은 족히 젖을 더 먹여야 풀을 먹을 것 같은데 그가 먹는 우유값이 염소값보다 많이 들 것이라고 했습니다. 그의 말대로 농협에 우유를 사러 가 보니 송아지가 먹는 우유에 비해 염소가 먹는 우유는 거의 어린아이가 먹는 분유 정도로 비쌌습니다. 선배님의 말씀과 비싼 우유값에 낙심천만했지만 이미 사 왔으니 도리가 없었습니다. 일찌감치 염소 새끼 키워서 돈 벌 꿈은 접고 세금 감면 받는 것으로 낙을 삼자고 자위할 수밖에…. 야곱의 축복은 포기하고 야베스의 축복이나 기대하기로 했습니다!

아, 그런데 수일을 지나면서 애물단지라고만 생각했던 이 염소 새끼들이 우리의 코를 꿰는 게 아닙니까! 우리 집에서 태어났지만 새끼

때부터 멀뚱거리던 양과는 비교할 수가 없었습니다. 경매장에서 사와서 풀밭에 풀어놓은 직후부터 염소 새끼들은 얼마나 우리를 졸졸 따라다니는지 모릅니다. 그냥 따라만 다니는 게 아닙니다. 경매장에 나온다고 전날부터 굶었는지 제가 옆으로 걸어가기만 하면 앞발을 번쩍 들고 손가락을 쪽쪽 빠는데 이빨도 없는 놈들이 얼마나 세게 빠는지…. 귀찮아서 손을 들어 올리면 옷자락을 빨고, 옷자락을 거둬 올리면 바지라도 씹습니다. 이놈들이 배가 고플 때는 얼마나 기어오르는지 사람이 풀밭을 걸어가기도 힘듭니다. 울타리 옆으로 지나가기만 해도 울타리에 코를 박고 먹을 것을 달라고 고함을 지릅니다.

제가 이 글을 쓰는 것은 VIEW 센터에 짐승이 많음을 자랑하기 위함도, 염소 새끼들과 망중한을 즐기는 것을 은근히 뽐내기 위함도 아닙니다. 뭔가 받을 것을 기대하면서 졸졸 따라다니는 놈들! 먹을 것을 달라고 막무가내로 매달리는 놈들! 맡겨 놓은 것도 없으면서 달라고만 하는 놈들이 왜 이렇게 사람의 마음을 사로잡는지…. 며칠 동안 저들에게 시달리고 나니 이제는 학교에서 퇴근하면 염소 새끼들을 보지 않고는 도저히 집에 들어갈 수가 없습니다. 학교에 가 있어도 하얀 염소 새끼들이 눈에 밟힙니다. 한밤중에 바람만 세게 불어도 혹시나 싶어서 나가 봅니다. 놈들을 먹이는 우유값이 자기들 몸값보다 더 많이 들어간다는 것은 잊어버린 지 오랩니다. 아, 이래서 하나님도 열심히 구하는 자들에게 마음이 꿰이시는 것은 아닌지…. 새끼 염소들에게서 하나님의 마음을 꿰는 지혜를 배웁니다.

20. 구렁이 같은 죄

개나 고양이라면 몰라도 뱀을, 그것도 커다란 뱀을 집안에서 애완

동물로 키운다는 것은 참 이해하기 어렵지요. 하지만 꽤 많은 북미주 사람들이 그런 이상한 취미를 갖고 있습니다. 그래서 매년 동남아로부터 많은 대형 뱀들을 수입하고 있습니다. 현재 플로리다 남부 에버글레이즈 지역에는 애완동물로 수입되었다가 탈출한 비단구렁이만도 1만-10만 마리가 서식하고 있다고 추정합니다. 그래서 큰 뱀과 관련된 이야기가 심심찮게 뉴스에 보도됩니다. 2009년 7월 1일 미국 플로리다 주 중부에 있는 옥스퍼드에서 일어났던 비단구렁이(Burmese python) 사건도 그중의 하나입니다.

32세의 찰스(Charles Jason Darnell)는 길이 2.6m의 비단구렁이와 1.8m의 보아뱀을 집 안에서 기르고 있었습니다. 어느 날 아침, 찰스는 잠자리에서 일어나 먹이를 주러 갔다가 비단구렁이가 우리 속에 없는 것을 발견했습니다. 순간 혹시나 하는 불길한 생각이 들어서 그는 함께 살던 제이런(Jaren Ashley Hare, 23세)의 두 살 난 딸 샤이우나(Shaiunna Hare)의 방으로 부리나케 달려갔습니다. 아니나 다를까 구렁이는 침대 위에서 샤이우나를 칭칭 감고 있었습니다. 기겁을 하면서 혼신의 힘을 다해 풀려고 노력했지만 구렁이는 꿈쩍도 하지 않았습니다. 찰스가 칼로 마구 찌르자 그제야 구렁이는 피를 흘리며 감았던 아이의 몸을 풀고는 옷장 밑으로 스르르 사라져 버렸습니다. 찰스는 곧바로 경찰에 신고했고 경찰은 불과 7분 후에 출동했으나 경찰이 현장에 도착했을 때는 안타깝게도 이미 샤이우나가 숨을 거둔 후였습니다! 샤이우나의 몸에는 심하게 감긴 흔적과 더불어 머리 부분에 뱀이 물어뜯은 상처가 있었습니다.

근래에 뱀과 관련하여 소름 끼치는 또 다른 이야기를 들었습니다. 캐나다 동부에 보아뱀을 애완동물로 키우는 사람이 있었습니다. 처음에는 뱀이 별로 크지 않았기 때문에 별도의 우리를 만들지 않고 그냥 집안 땅바닥에 기어 다니게 하면서 길렀습니다. 그러면서 아는 사이 모르는 사이 뱀은 점점 자랐습니다. 그런데 언제부터인가 뱀이 그 집의 열 살 난 딸의 방에 들어가서 침대 옆에서 마치 죽은 듯이 몸을 쭉 펴고 누워 있곤 하더랍니다. 보아뱀이 평소에 하지 않던 행동을 하자 아이는 처음에는 그냥 방 밖으로 내쫓았답니다. 그런데 그 다음날도 뱀은 아이의 침대 옆에서 길게 누워 있었습니다. 그래서 그 집 아버지는 혹 뱀에게 무슨 이상이 생겼는가 싶어서 수의사를 찾아가 자초지종을 말했습니다. 그랬더니 수의사는 질겁을 하면서 당장 뱀을 죽이라고 했답니다. 뱀이 딸 옆에 몸을 펴고 누워 있는 것은 자기가 감아서 먹을 수 있는 크기인지를 재고 있는 것이라나요!

무시무시한 이야기지요. 실제로 미국 정부(Humane Society of the United States) 통계에 의하면 위에서 언급한 사건을 포함하여 1980년 이래 적어도 12명이 집에서 기르는 비단구렁이에 의해 죽임을 당했으며, 그중 5명은 어린이라고 합니다. 처음에는 아무런 해가 없는 듯이 보이지만 구렁이는 점점 자라면서 어느 순간 사람을 칭칭 감아서 질식시킬 수 있는 크기가 되는 것입니다.

구렁이 이야기는 우리로 하여금 죄의 특성을 생각나게 합니다. 죄는 작을 때는 우리의 삶에 큰 문제를 일으키지 않는 듯이 보입니다. 사람들이 대수롭지 않게 생각하는 정도의 탐욕, 거짓말, 음란, 시기, 질투, 교만, 도적질 등등…. 그 정도의 죄라면 QT를 하면서도, 교회에 다니면서도, 집사나 장로, 성가대를 하면서도, 심지어 목회를 하면서도 큰 문제가 없을 듯합니다.

하지만 죄는 무생물이 아니라 구렁이처럼 점점 자라는 생물적 특성이 있습니다. 죄가 어느 정도 자라서 다른 사람들의 눈에 얼핏얼핏 드러날 정도가 되면 우리의 영적 생명은 천길만길 절벽 위에서 눈을 감고 숨바꼭질 놀이를 하는 아이들처럼 위험천만한 상태가 됩니다. 죄가 우리를 완전히 파멸시키기 위해 옆에서 길이를 재고 있는 단계라고나 할까요. 그래도 깨닫지 못하면 영적으로 깊이 잠들어 있는 어느 캄캄한 밤중에 죄의 구렁이는 우리를 칭칭 감아서 영원히 돌아올 수 없는 절벽 아래로 추락하게 만들 것입니다.

근래 교계 몇몇 지도자들이 어이없는 일로 실족하는 것을 보면서 구렁이와 같은 죄의 특성을 다시 한 번 생각해 봅니다. 처음에는 그들도 죄가 그렇게까지 위험스러운 존재인 줄 미처 생각하지 못했겠지요. 죄가 자라면서 우리의 영적 감각을 그렇게까지 무디게 만들 줄은 꿈에도 상상하지 못했을 겁니다. 구렁이 이야기를 들으면서 내가 품고 있는 죄의 구렁이는 없는지, 내가 몰래 키우고 있는 구렁이는 없는지 다시 한 번 생각해 봅니다. 죄는 우리를 사망에 이르게 하니까요….

21. 아이들의 토목공사

해마다 가을 초입에 들어서면 원시림이 우거진 VIEW 센터는 낙엽 처리를 준비해야 합니다. 그래서 어제는 지붕 물받이 청소를 하고, 오늘 아침에는 지붕 청소에서 나온 쓰레기들을 치우면서 소망관 주변을 정리했습니다. 학교에 출근하기 전에 정리를 끝내기 위해 서둘러 소망관 주변을 정리하고 있는데 끝나갈 무렵 발목을 잡는 게 하나 있었습니다. 소망관 동편에 깔아 놓은 잔자갈을 플라스틱 페트병에 가득 넣어 놓은 것이 몇 개 발견된 것입니다. 옆에 있던 1gal. 크기의 플라스틱 통에도 자갈이 가득 들어 있었습니다. 문제는 자갈들이 쉽게 나오지 않는 것이었습니다. 처음에는 뚜껑을 열고 거꾸로 들면 후루룩 쏟아질 것을 기대했지만 그렇게 해서는 한두 개 자갈만 떨어질 뿐이었습니다. 자갈들이 겉이 매끈한 조약돌이 아니라 거칠고 삐죽삐죽한데다가 크기가 병 입구와 비슷해서 여간해서는 나오질 않았습니다.

출근을 앞둔 바쁜 시간에 돌들을 끄집어내는 데 근 20분 이상의 시간을 소모하면서 이 괘씸한 짓을 한 놈들이 누굴까 곰곰이 생각해 보았습니다. 그러고 보니 집히는 게 있었습니다. 두 주 전에 있었던 신입생 환영회 때 엄마 아빠를 따라온 VIEW 꼬마 가족들이었습니다. 그리고 또 생각해 보니 틀림없이 5-10세 사이의 사내아이들의 소행일 거라는 확신이 들었습니다. 이유는 간단합니다. 5세 미만 아이들은 지름이 불과 2cm 내외인 작은 페트병 입구에 비슷한 크기의 자갈을 집어넣기가 힘들었을 것입니다. 10세 이상의 아이들이라면 그런 쓰잘 데 없는 일에 시간을 보낼 것 같지가 않고 작은 돌들을 보면 공기놀이가 생각나는 여자아이들도 아님이 분명합니다. 그러니 남은 아이들이라면 돌만 보면 본능적으로 '토목공사'가 생각나는 5-10세 사이의 사내아이들뿐입니다.

하지만 '범인들'의 윤곽을 잡아도 현장을 목격하지 않은 이상 그놈들을 잡아다가 혼쭐을 내주고 돌을 빼내게 할 수는 없었습니다. 그래서 도리 없이 혼자 서서 한동안 페트병에서 자갈을 비우느라 애를 썼습니다. 급한 마음에 빨리 비우려고 발로 밟는 등 무리를 하면 할수록 자갈은 끼어서 더 나오질 않았습니다. 물론 칼로 확 잘라 버릴까 하는 생각도 안 한 것은 아닙니다. 하지만 아무리 하잘 것 없는 페트병이지만 재활용하려면 원형을 유지해야지 하는 마음과 약간의 오기가 발동해서 이를 악물고 하나씩 하나씩 돌을 끄집어냈습니다.

마음을 다스리며 돌을 빼내는 동안 이 많은 돌들을 병 속에 넣은 아이들의 귀여운 모습이 떠올랐습니다. 쪼그리고 앉아서 고사리 같은 손으로 한 개씩 돌을 넣는 모습 말이지요. 페트병이 여러 개 있었던 것으로 미루어 몇 놈들이 앉아서 서로 얼마나 많이 그리고 빨리 넣을 수 있는지 시합을 했을지도 모르지요. 작은 병에 애써 돌을 집어넣으면서 스

스로 대견스럽게 생각했을지도 모릅니다. 병 바닥을 톡톡 두드려 다지면서 입추의 여지없이 돌을 가득 채웠을 때는 아마 성취감도 느꼈을 겁니다. "야, 나도 이런 대단한 공사를 할 수 있구나…."

아이들의 '토목공사'를 되돌리느라 시간을 보내다 보니 문득 어른들의 '토목공사'가 생각났습니다. 어쩌면 우리도 하나님 앞에서 아이들과 같은 쓸데없는 '토목공사'를 하느라 애를 쓰는 것은 아닐까요? 사도행전 29장을 쓰겠다고 많은 돈과 인력을 동원해서 대형전도집회를 열었지만 결국 일본 복음화의 성과는 별로 없고 기독교의 물량주의만 온 천지에 광고한 것은 아닐까요? 전국적인 일간지나 방송국을 만들어서 온 국민들에게 복음을 전하겠다고 매스컴 사업에 뛰어들었지만 이권이 커지면서 결국 사람들이 자기들의 이권을 챙기기 위한 이전투구(泥田鬪狗)의 장으로 만들어 버린 것은 아닐까요? 전투적으로 프런티어 선교에 나섰지만 결국 다른 선교사들의 선교의 판만 깨고 사회적으로는 잘못된 복음의 이미지만 만들어 낸 것은 아닐까요? 하나님의 창조를 과학적으로 증명하고, 나아가 성경의 정확무오함을 과학적으로 증명하겠다고 나섰다가 결국 과학주의의 함정에 빠져서 도리어 성경의 권위를 훼손하지는 않았을까요?

어디 그뿐이겠습니까? 남들보다 먼저 서양에서 유행하는 새로운 프로그램을 교회에 도입한다고 나팔을 불어 댔지만 결국에는 사람들의 머릿속에 잘못된 엘리트주의만 각인시킨 것은 아닐까요? 남들보다 앞서 간다고 열린예배를 도입했지만 교회에 세속적인 엔터테인먼트만 도입하는 꼴이 되지는 않았을까요? 큰 예배당이나 수양관 짓는 것은 어떻습니까? 건축헌금을 독려할 때는 큰 예배당, 아름다운 수양관을 지어서 많은 사람들이 하나님의 영광을 위해 원 없이 사용하겠다는 청사진을 내걸었겠지요. 하지만 일단 짓고 나니 남들은 물론 자기들조차 마음대로 사용할 수 없는 우상이 되는 경우가 얼마나 많습니까? 결국 인간의 바벨탑을 쌓는 데 하나님을 공사장 인부로 고용한 셈이지요!

어디 교회만 그렇습니까? 소위 말하는 능력의 종들도 사정은 비슷합니다. 성령의 능력을 보여 주겠다고 무협지에 나오는 장풍 고수처럼 사람을 쓰러뜨리는 사람도, 맨손으로 사람들의 오장육부를 수술하는 사람도, 멀쩡한 이빨을 금니로 바꾸는 사람도 처음에는 '나는 죽고 그리스도만'을 내세웠겠지요. 하지만 간사한 사람들이 그런 대단한 능력의 종들을 가만둘 리가 없습니다. 그리고 그 아부에 허물어지지 않는 위대한 종들도 별로 없습니다. 결국 초심은 어디로 가고 사람들의 탐욕의 쓰레기만 잔뜩 남아서 온 세상 사람들이 악취로 고통을 겪는 것입니다. 물론 이런 일들도 처음에는 바르고 건강한 모티브로 시작했을지 모릅니다. 하지만 시간이 지나고 사람들이 열광하면서 이권이 개입되자 변질된 것입니다. 처음에는 성령으로 시작했지만 어느새 탐욕의 가라지가 자라면서 육체로 마친 것이지요.

이것은 비단 근래의 현상만이 아닙니다. 교회사를 살펴보면 하나님의 이름을 내걸고 자행한 악행들도 예외 없이 선한 구호를 앞세워 시작한 것을 볼 수 있습니다. 흔히 사람들은 하나님을 위한다는 명분으로 자행한 악행을 들라면 중세의 십자군 전쟁이나 마녀사냥 정도를 생각하겠지만 그것들은 극히 일부일 뿐입니다. 하나님의 성도(聖都) 예루살렘에서 이교도들을 몰아내고 하나님의 이름을 더 높이겠다는 십자군 전쟁이 어디 천 년 전에만 일어났을까요? 개명 천지의 21세기에도 비슷한 일들이 일어나고 있습니다. 현대판 십자군 전쟁을 부르짖으면서 이라크를 침략했던 부시 행정부의 무지와 독선과 오만 그리고 그런 사람을 전국적인 기도회 강사로 세우는 한국 교회의 코미디가 지금도 반복되고 있는 것입니다. 한기총이나 기독교 정당도 같은 선상에 있다고 할 수 있습니다.

하지만 이런 일이 남의 일, 남의 사역에서만 일어날까요? 남이 하는 일들은 그럴지라도 제가 하는 일은 그렇지 않다고 장담할 수 있나요? 남이 하면 불륜이지만 제가 하면 로맨스라고 우길 수 있을까요? 그렇지 않습니다. 아무리 선한 의도로 시작했다고 하지만 제가 하는 일도 얼마든지 그럴 위험이 있습니다. 성경적인 세계관을 가진 지도자를 훈련한다고 애를 썼지만 비판적이고 교만한 사람들을 양성한 것은 아닌지, 하나님의 은혜에 감격해서 이 귀한 사역을 하겠다고 결단하고 수많은 밤을 지새우며 애썼지만 어쩌면 이것도 자칫 하나님 앞에서 아이들의 '토목공사'일 수 있다는 생각을 해 봅니다. 밑져 봤자 본전이 아니라 도리어 하나님 나라에 해가 되는, 이후에 바로잡기 위해서는 훨씬 더 많은 수고를 해야 하는 그런 쓸데없는 '토목공사' 말입니다. 딴에는 순전한 마음으로 헌신했지만 결국 배기가스만 잔뜩 뿜어내지는 않았는지….

여러 시행착오를 하며 지나온 세월들을 돌이켜 보면서 저는 우리가 무엇을 하는 것보다 우리 자신이 하나님 앞에서 어떻게 살았는지가 더 중요하다는 평범한 진리를 다시 한 번 생각해 봅니다. 얼마나 많이 소유하고 성취했는가(doing)보다 그 일을 하는 나 자신이 어떤 사람인지가(being) 더 중요하다는 말이지요. 어떤 종류의 '토목공사'를 어느 정도 크기로, 얼마나 효율적으로 했는지보다 훨씬 더 중요한 것은 그 일을 하는 자신이 하나님 앞에서 어떤 존재인가를 돌아보는 일입니다. 하나님의 일을 한다고 떠들면서 하나님의 가장 큰일인 형제사랑을 버리지는 않았는지…. 만일 그렇다면 온 인생을 투자한 우리의 사역조차 교회의 주적이 될 수 있습니다.

03. 교회의 주적

22. 교회의 주적

지난 여름 방학 중에는 대구에서 오랜만에 대학 동기들이 어느 식당에서 모일 기회가 있었습니다. 스무 명이 채 되지 않는 동기들 중에서 여덟 명이 참석했고, 그중에서 여섯 명은 부부 동반으로 참석했습니다. 아직 죽은 사람은 없지만 대학을 졸업한 지 34년이 지났으니 교직이 아닌 분야에서 일하던 친구 중에는 이미 은퇴한 사람도 있었고, 그렇지 않은 사람들에게도 이제는 은퇴가 자연스런 주제가 되었습니다.

저녁 식사 후에는 둘러앉아 이런저런 살아온 이야기를 하는데 제 옆에 앉은 친구 부인이 제가 예수 믿는 것을 알고 기독교에 대한 이야기들을 조심스럽게 끄집어내기 시작했습니다. 불교 신자라는 그 부인이 열거하는 얘기들은 새삼 다시 언급할 필요도 없는 기독교인들의 치부였습니다. 그가 이야기하는 비난들은 별로 과장된 것도 없고, 인터넷이나 매스컴에 떠도는 이야기들 중에서도 비교적 잘 알려진 것들이었기 때문에 제가 실상은 그렇지 않다고 반박할 만한 내용도 별로 없었습니다. 다만 기독교가 너무 종교 권력화되었다고 비난하는 대목에서만 제가 "그것은 불교도 마찬가지 아닌가요?" 하고 딴지를 걸었을 뿐 나머지는 할 말이 없었습니다.

제가 열심히 들어준 탓인지 친구 부인은 더 열심히 교회와 기독교인들, 특히 교회 지도자들의 치부를 '고발'했습니다. 어느 목사가 바람 피웠다는 이야기, 교회 재정을 자기 마음대로 유용했다는 이야기, 교회를 세습한 대형교회 이야기, 인도네시아와 일본의 지진 쓰나미의 비참한 현장을 보면서 인정머리 없이 저주했다는 이야기 등등 늘 듣던 메뉴들이었습니다.

제가 계속 반박하기보다 고개를 끄떡이면서 인정하는 태도를 보이자 한동안 소나기처럼 기독교를 비판하던 그 사람도 별 재미가 없었는지, 아니면 스스로 좀 머쓱한 생각이 들었는지 이야기를 중단하고 조심스럽게 제 의견을 물었습니다. 저는 우선 하신 말씀이 다 사실이라고 인정했습니다. 그리고 당신이 분노하는 것 이상으로 저도 분노하고, 다른 많은 기독교인들도 분노한다고 덧붙였습니다. 하지만 지금까지 이야기하신 것들은 기독교가 아니라 도리어 기독교의 적이며, 인간의 타락한 모습이라고 말했습니다. 하나님은 제도종교로서 기독교보다 하나님께 순종하고 그분의 말씀대로 살아가는 사람들 그리고 그런 사람들의 모임을 사랑하시는 분이라고 했습니다. 그랬더니 친구 부인이 웃으면서 옆에 앉은 남편에게 이 사람은 좀 고수이니 당신이 이야기를 좀 하라면서 자리를 비켜 주었습니다!

사실 저는 이전에도 인터넷이나 매스컴에서 기독교 안티들의 활동들을 많이 접했지만 주변 불신자들로부터 직접 그런 이야기를 이렇게 많이 들은 적은 처음이었습니다. 이미 다 아는 이야기들이었지만 모임 후에도 그 대화가 계속 머릿속을 맴돌았습니다. 그래서 교회의 부패와 타락을 어떻게 봐야 하는지 몇 가지 정리해 보았습니다.

첫째, 누구든지 악을 행하거나 비호하는 자가 있다면 바로 그 사람이 교회의 적이라는 사실입니다. 교회사를 살펴보면 많은 경우 교회의 적은 제도교회의 바깥이 아니라 내부에 있었음을 볼 수 있습니다. 어떤 의미에서 교회의 가장 큰 적은 기독교에 적대적인 타종교나 정치세력이 아니라 제도교회의 내부에 있다고 할 수 있습니다.

'모든 진리는 하나님의 진리'(All truth is God's truth)이듯 모든 선은 하나님의 것이요, 모든 악은 사탄에게 속한 것입니다. 그러므로 교회의 부패는 숨겨 주어야 할 프라이버시가 아니며, 그 자체가 바로 교회의 적입니다. 그것은 더 이상 쉬쉬하면서 '우리끼리' 해결해야 할 문제가 아니며, 모든 교회와 그리스도인들이 나서서 단호하게 대적해야 하는 것입니다. 전장에서 적을 대적하기 위해서는 먼저 적을 확인해야 하는 것처럼, 우리 몸의 질병을 치료하기 위해서는 먼저 어떤 병인지 정확하게 진단해야 하는 것처럼, 교회의 질병도 먼저 우리의 적이 무엇이며, 어디에 있는지 확인해야 효과적으로 고칠 수 있습니다.

언젠가 한기총 해체운동을 하는 분에게 한 기자가 한기총의 금권선거와 부패를 세속 언론에 폭로하는 것은 기독교의 치부를 폭로하고 교회의 하나 됨을 해치는 것이 아니냐고 항의하는 글을 읽은 적이 있습니다. 일부 기독교인들 중에도 교회 세습이나 회계 부정, 지도자들의 스캔들을 교회 바깥에까지 드러낼 필요가 있느냐고 말하는 분들이 있습니다. 즉 교회 내부의 부패는 조용히, 불신자들에게 드러내지 않고 '우리끼리' 해결해야 되는 것이 아니냐는 것이겠지요. 그렇다면 여기서 도대체 '우리'는 누구를 말하는 것입니까?

만일 하나님의 백성들을 '우리'라고 한다면 금권선거, 부패와 타락, 교회 세습 등은 하나님 백성들의 표지라고 할 수 없습니다. 도리어 그것은 '우리' 적들의 표지라고 할 수 있습니다. 제도교회의 틀 내에 있는가 하는 것은 별 의미가 없습니다. 교회사를 살펴보더라도 교회의 가장 큰 적이 바로 제도교회 내부에 있었던 적이 많았기 때문입니다. 어떤 의미에서 예수님도 제도교회 내부의 적들에 의해 죽임을 당하셨다고 할 수 있습니다. 구약에서 하나님이 이스라엘 백성들의 죄악을 자기 백성이라고 덮어 두시지 않았던 것이나, 이방 민족들의 죄악보다 오히려 이스라엘 백성들의 죄를 더 엄하게 다루신 것은 오늘 우리에게 시사하는 바가 큽니다.

만일 교회의 가장 큰 적이 제도교회 내부에 있다면 우리는 전선을 새롭게 획정(劃定)해야 합니다. 기독교와 성경의 용어를 동원한다고 모두 하나님 편은 아닙니다. 때로는 기독교적 용어를 많이 사용하는 사람일수록 교회에 더 많은 해를 끼치는 경우도 있습니다. 아마 미국 역사상 재임 중에 공식 석상에서 기독교적 용어를 가장 많이 사용한 사람은 조지 부시 전 미국 대통령일 것입니다. 하지만 그 사람만큼 교회의 짐이 되고 복음의 진보를 가로막은 사람도 별로 없을 것입니다! 잘못된 정치로 미국을 거덜 낸 것이야 자기 나라의 일이고, 대통령을 잘못 뽑은 미국 국민들의 어쩔 수 없는 고통이라 할 수 있습니다. 하지만 그는 개념 없이 열정만을 가진 지도자가 온 세계와 교회에 어떤 해를 끼칠 수 있는지 보여 주는 좋은 예이기도 합니다.

둘째, 말할 필요도 없이 이것은 제도교회나 다른 사람의 문제이기 전에 바로 자신의 문제일 수도 있다는 사실입니다. 즉 다른 사람이 아니라 바로 나 자신의 마음속에 있는 악도 동일하게 교회의 주적이라고 할 수 있습니다. 사도 바울이 로마서 7-8장에서 생명과 성령의 법을 따르기를 원하는 자신의 마음속에 있는 죄와 사망의 법에 끌려가는 또 다른 자신이 있음을 한탄하고 있는 것도 바로 이 때문입니다. 타락한 성품을 가진 인간은 자신의 속에 구렁이처럼 도사리고 있는 악한 생각과 행동을 시인하고 이를 대적하기가 어렵지만 우리 속에 우리의 적이 존재한다는 것은 분명합니다. 우리는 종종 다른 사람을 실컷 비난하고 나면 마음 저 깊은 곳에서 '그러면 너의 악은 없느냐?'라는 성령의 음성을 듣곤 합니다.

셋째, 신앙을 빙자한 악행은 일반적인 악행보다 훨씬 더 비열한 경우가 많다는 사실입니다. 선한 일에 대한 열정이 확신과 결합되면 많은 사람들에게 복이 되지만 악행과 부패가 신앙적인 확신으로 뒷받침되면 현대에도 얼마든지 마녀사냥이나 십자군 전쟁이 일어날 수 있습니다. 복음을 들고 가는 자의 발은 아름답지만 신앙을 빙자한 악행은 일반 형사범들보다 훨씬 더 추합니다. 이슬람 근본주의자들의 테러나 한동안 교계를 떠들썩하게 했던 스쿠크법보다 제도교회의 틀 내에 뿌리 깊게 박혀 있는 부패와 타락은 훨씬 더 심각한 우리의 적입니다!

교회사에서 잘못된 신앙적 확신에 의한 악행의 대표적인 예를 들자면 오래전 부패한 가톨릭교회가 종교개혁자들에게 가한 폭력을 들 수 있을 것입니다. 그때도 폭력의 명분은 거룩했습니다. 하지만 교회의 하나 됨을 해친다는 거창한 명분을 내걸고 교황청이 종교개혁자들에게 가한 폭력과 테러는 세속사회에서도 보기 힘든 악행이었습니다. 정당한 재판도, 변론의 기회도 주지 않고 사람들을 마구 잡아다가 고문하고 죽이는 일이 교회의 이름으로, 예수님의 이름으로 행해진 것입니다! 종교개혁 선구자들 중에 사형을 당한 영국의 위클리프(John Wycliff, 1328-1384)나 보헤미아의 얀 후스(Jan Huss, 1369-1415)는 제도교회의 폭력에 희생된 한 예에 불과합니다.

얀 후스의 경우 그가 면죄부 판매를 비판하고 교회 지도자들의 부패와 타락을 지적했을 때 교황청은 '교회의 개혁과 일치'를 해친다는 명분으로 그를 콘스탄츠 공의회에 소환했습니다. 이때 후스가 소환에 응하지 않을까 봐 당시 보헤미아 왕을 겸하고 있던 신성로마제국의 황제

지그문트(Zigmund, 1368-1437)는 그가 공의회에 출석한다면 신변과 언론의 자유를 보장한다는 편지까지 써 주었습니다. 하지만 후스가 도착하자마자 교황청은 그를 감옥에 가두었고, 그가 행한 교회 비판을 무조건 철회할 것을 강요했습니다. 그는 단 한 번의 변론이나 대화의 기회도 얻지 못한 채 이단자로 정죄되어 1415년 7월 6일, 발가벗긴 채 공개적으로 화형대에 묶여 불에 타 숨졌습니다!

사회적으로 지탄 받는 교회의 부패와 치부를 숨기거나 변호하지 않고 드러내는 것은 마치 곰팡이가 피는 곳에 햇빛을 비추는 것과 같고, 산불이 났을 때 방화벽을 구축(構築)하는 것과 같습니다. 그래야 더 이상 타락의 곰팡이가 하나님의 교회에 퍼지지 않고, 성도들을 실족하지 않게 할 것입니다. 제도교회의 부패와 타락을 '우리끼리'라는 싸구려 동정심으로 감싸거나 그것들을 드러내는 것을 교회의 하나 됨을 해치는 것이라고 착각하는 것은 교회의 주적을 돕는 일이요, 사탄의 역사에 참여하는 것입니다!

23. 평양대부흥에서 아프간 인질사태까지

언젠가 인근 캐나다주립대학에 다니면서 캠퍼스 선교단체의 임원을 하던 학생으로부터 들은 이야기입니다. 그 학생은 한국의 몇몇 선교단체들이 자기 학교에 지부를 개척하기 위해 간사들을 파견하고 있는데, 이들의 행동이 너무 무례하다고 했습니다. 영어도 잘 못할 뿐 아니라 도대체 캐나다 문화를 모르는 사람들을 한국에서 파송하여 선교한다는 것이 너무 이상하고, 특히 한국식으로 밀어붙이는 태도는 다른 많은 학생들의 눈살을 찌푸리게 만드는 것이라고 했습니다. 어쩌다가 한 번 만난 사람이면 예수를 믿는 학생들에게조차 밤낮없이 찾아가거나 전화를 하기 때문에 처음에는 우호적이었던 학생들조차도 진절머리를 내고 피한다고 했습니다.

중앙아시아에서 오랫동안 선교를 하다가 밴쿠버에 온 한 선교사를 통해서도 한국의 일부 선교단체들의 한국식 선교방식 때문에 골머리를 썩고 있다는 이야기를 들은 적이 있습니다. '2000 실크로드선교대회'를 필두로 무산된 '2006 아프간 평화대행진'까지 현지의 많은 선교사들이 극구 만류하는데도 기어코 수천 명의 한국인들을 국내에서 데려가서 과시적 성격이 강한 대규모 선교 집회를 개최하는 것이 도대체 어떤 의미가 있는지…. 특히 2006년 아프간 행사는 한기총을 비롯하여 많은 선교단체들이 안전과 심각한 후유증을 염려하면서 반대했지만 주최 측은 막무가내로 밀어붙였습니다. 다행히 아프간 정부의 불허로 대회가 무산되기는 했지만 이로 인해 선교 정책을 둘러싼 한국 교회의 분열은 큰 상처로 남게 되었습니다.

근래 아프간 인질사태를 계기로 한국 교회의 선교정책에 대한 논란이 뜨겁습니다. 사람마다 다양한 의견을 제시하고 있지만 여기에는 한 가지 공통점이 있습니다. 그것은 좀 더 '소비자' 중심의 선교라야 한다는 것입니다. 경영학적 용어를 사용하는 것 같지만 어떤 의미에서 예수님께서 성육신하신 것도 '소비자' 중심의 모습이라고 할 수 있습니다. 예수님께서 하늘 보좌에 계시지 않고 육신을 입으시고 사람의 모습으로 낮아지셨기 때문에 우리에게 구원의 길이 열린 것처럼 선교도 현지인들의 눈높이에 맞추는 것이 필요하다는 것입니다. 선교를 하는 사람의 입장이 아니라 선교지의 사정이 먼저 고려되어야 한다는 것은 모든 선교의 기본이었지만 앞으로는 더욱더 그러해야 한다는 것입니다.

이렇게 하는 데 있어서 가장 걸림돌이 되는 것은 종교적 근본주의의 흥기(興起)라고 할 수 있습니다. 전투적이고 흑백논리적인 근본주의적 태도는 이슬람에서뿐 아니라 기독교 내에서도 동일하게 유해합니다. 근본주의는 쉽게 선교 지상주의나 종교적 제국주의로 변질될 소지가 있기 때문입니다. 이에 대해 선교동원가 정민영 선교사의 지적은 귀담아 들을 만합니다. 세계 교회는 "…전투적이고 대결적인 구도로 진행되는 비서구 선교의 경향을 우려하는 시각이 있었습니다. 오래전 서구 교회가 저지른 십자군 운동으로 지난 천 년간 회교권을 상실한 뼈아픈 시행착오를 비서구 선교가 답습하는 게 아닌가 하는 우려입니다." 이제는 정말 "가시적 행사나 대형집회로 기독교의 세력과 힘을 과시하는 듯한 승리주의를 지양하고, 보이지 않는 곳에서 겸허하게 빛과 소금으로 역사하는 선교의 정도(正道)를 회복해야 할 것입니다."

우리가 선교하는 것은 피선교지의 사람들보다 우월해서가 아니라 그들보다 먼저 받았기 때문입니다. 그러므로 '우리는 예수를 믿어서 이렇게 잘살게 되었으니 당신들도 예수를 믿으라.'는 시혜적 자세의 선교는 지양해야 합니다. 선교하는 사람의 '성육신', 즉 겸손이 부흥의 원천임은 교회사의 수많은 예를 통해 알 수 있습니다. 겸손은 피선교지 사람들과의 관계뿐만 아니라 함께 선교하는 다른 선교단체나 선교사들에 대해서도 필수적인 덕목입니다.

평양대부흥의 도화선이 되었던 원산대부흥의 주역, 하디(Robert A. Hardie, 1865-1949) 박사의 이야기는 '성육신' 혹은 겸손의 한 예라고 할 수 있습니다. 토론토의대를 졸업하고 1890년에 한국에 의료 선교사로 파송된 그의 선교사역은 순탄치 않았습니다. 어린 두 딸이 죽는 등 가정에 어려움이 닥쳤고 열심히 선교했지만 별다른 열매를 거두지 못해서 사역에 실패했다는 절망감 때문에 괴로워하고 있었습니다.

그러다가 1903년 원산에서 열린 사경회를 인도하면서 그는 자신의 죄를 많은 동료 선교사들과 청중들 앞에 고백했습니다. 그는 서양 선교

사로서 자기 안에 있던 민족적 우월감, 하나님의 능력을 의지하기보다
는 자신의 의술과 능력을 의지했던 자만심, 한국인을 미개하고 무식한
민족으로 생각했던 교만 등을 공개적으로 고백했습니다. 그러자 이를
본 여러 한국 사람들과 서양 선교사들이 뒤를 이어 자신의 죄와 허물을
고백하고 과거의 삶을 청산하는 결단을 하게 되었습니다. 이렇게 시작
된 원산대부흥운동은 1907년 평양대부흥운동으로 이어졌고 초기 한국
교회 부흥의 가장 중요한 계기가 되었습니다. 이제는 그때 그 부흥의
불길이 오늘의 부흥으로 다시 살아날 수 있도록 우리 모두 겸손으로 허
리를 동일 때입니다.

24. 헌신과 광기

우리가 흔히 사용하는 말들 중에는 비슷한 것 같으면서도 전혀 상
반되는 의미를 가진 말들이 있습니다. 예를 들면 노욕이 노익장으로 미
화되기도 하고, 반대로 노익장이 노욕으로 매도되기도 합니다. 우울한
모습이 경건한 듯이 보일 때가 있는가 하면, 단순하고 무지한 태도가
순수함으로 비쳐질 때가 있습니다.

이와 비슷하게 우리의 신앙생활에서 혼동되기 쉬운 말로 '헌신'
(commitment)과 '광기'(madness)라는 말이 있습니다. 헌신과 광기는 정반대
이면서도 동시에 비슷한 점들이 많습니다. 그리고 헌신이 광기로 오해
받는 경우는 별로 없지만 광기는 종종 헌신의 옷을 입는 경우가 있습니
다. 사실 헌신은 광기가 가장 쉽게 뒤집어쓸 수 있는 탈이기 때문에 자
세히 들여다 보지 않으면 구별할 수 없는 경우가 많습니다. 그러면 헌
신과 광기의 차이는 무엇이며, 어떻게 이들을 구별할 수 있을까요?

어떤 사람은 이의 구별 기준으로 무사심(selflessness)을 듭니다. 하지만

헌신만이 아니라 광기도 기꺼이 헌신하며 때로는 자신의 생명까지 포기하는 것을 생각한다면 이는 적절한 기준이 아닙니다. 어떤 사람은 정서적 공감(empathy)을 기준으로 제시합니다. 하지만 헌신과 같이 광기도 어려움 가운데 있는 사람들의 고통에 깊이 공감합니다. 때로는 광기가 더 많이 공감하는 것처럼 보이기도 합니다. 또 어떤 사람은 헌신과 광기의 차이는 가치 기준(values)이라고 말합니다. 하지만 광기에도 나름대로의 가치 기준이 있습니다. 아니 때로 광기는 헌신보다 더 확고한 가치 기준을 갖고 있기도 합니다. 그러면 헌신과 광기는 어떻게 구별할 수 있을까요?

'섬기는 리더십'(servant leadership)의 창시자인 그린립(Robert K. Greenleaf, 1904-1990)은 헌신과 광기를 예리하게 구분합니다.[8] 그는 헌신과 광기의 가장 중요한 차이는 자신의 주장에 대한 '의심의 그림자'(shadow of doubt)가 있는가의 여부라고 말합니다. 그는 자신의 견해야말로 의심의 여지가 없는 '바른 견해'(right view)라고 생각하는 것을 광기라고 말합니다. 만일 자신이 '이것이야말로 의심의 여지없이 바로 그것이다.'라고 확신한다면 다른 견해가 맞을 수 있는 가능성은 모두 없어지며, 다른 사람들은 그것에 따르는 것 외에는 선택의 여지가 없습니다. 그러면 어떻게 헌신을 하면서 동시에 '의심의 그림자' 속에 있을 수 있을까요?

실제로 많은 사람들은 헌신과 '의심의 그림자'가 상호 배타적이라고 생각합니다. 하지만 조금만 더 깊이 생각해 본다면 이 두 가지는 불가분의 관계에 있음을 곧 알 수 있습니다. '의심의 그림자' 가운데 있을 때 우리는 비로소 다른 의견을 말하는 사람들에게 귀를 기울일 수 있으며, 따라서 다른 사람들에게 배울 수 있습니다. '나도 잘못될 수 있다.'고 생

8) Robert K. Greenleaf, *Servant Leadership*, 『섬기는 리더십』, (Mahwah, NJ: Paulist Press, 1977), pp.353-56.

각하는 겸손이야말로 헌신의 본성입니다. 항상 '의심의 그림자'를 갖고 있으라는 말은 불신앙의 영역에 머물라든지, 자신의 일에 불성실하라는 말이 아니라 항상 다른 사람들이 옳을 수도 있다는 가능성을 열어두고 있으라는 의미입니다.

그린립의 '의심의 그림자'에 더하여 철학자 호퍼(Eric Hoffer)는 광기와 헌신의 차이를 '불확실성'(uncertainty)의 개념으로 설명합니다. 그는 헌신에는 '불확실성'이 있지만 광기에는 그것이 어디에도 없다고 말합니다. 광신자는 강한 확신이 있고(certain) 자신은 틀릴 수 없으며, 자신은 무엇이 일어나는지를 잘 알고 있으며, 그것을 해결하는 분명한 플랜을 갖고 있다고 확신합니다. 이들에게는 의심과 불확실한 것이 전혀 없기 때문에 다른 사람에 대하여 인내할 수 있는 근거(foundation for tolerance)도, 다른 견해를 가진 사람들에 대한 정서적 공감도, 겸손함도 있을 수 없습니다. 자신이 명백한 정답을 갖고 있는데 어떻게 겸손할 수가 있을까요?[9]

자신의 주장과 생각은 추호도 틀릴 수 없다는 확신은 헌신이 아니라 광기라고 할 수 있으며, 역사는 이의 폐해에 대한 많은 예들을 보여줍니다. 11세기 서구 기독교가 십자가를 앞세우고 예수 그리스도를 총사령관으로 삼아 무슬림들의 박멸을 위해 총진군했던 십자군 전쟁도, 미국 남부를 한때 공포의 도가니로 몰아갔던 극단적 인종차별주의 집단인 KKK가 십자가를 앞세워 흑인들을 무자비하게 사냥, 살인, 방화한 것도, 1930년대 독일 나치 히틀러가(십자가를 구부린 Swastika 문양을 앞세워) 우생학적 신념으로 유대인들을 대량 학살한 것도, 스탈린주의자들이 붉은 깃발 행진을 통해 수많은 사람들을 유배, 학살한 것도 모두 '불확실성'과 '의심의 그림자'가 없는 광기의 소산이었습니다. 그러면 이제 개명 천지가 되었으니 그런 광기의 시대는 모두 지나간 것일까요?

9) Eric Hoffer, *The True Believer: Thoughts On The Nature Of Mass Movements* (1951).

아닙니다. 십자가를 앞세운 국가적 차원의 광기는 2차 대전 이후 얼마간 보이지 않았지만 9·11 테러 이후 우리는 미국에서, 중동에서 다시 그것이 되살아나는 것을 봅니다. 물론 11세기 '십자군 전쟁'과 21세기 '십자군 전쟁'의 차이가 없는 것은 아닙니다. 11세기 십자군에서는 교황이 총사령관이었지만 21세기에는 미국 대통령이 총사령관입니다. 또한 오늘의 로마교황은 11세기 십자군 전쟁을 부끄러워하며 참회하는 데 반해, 오늘의 근본주의 개신교 신자들과 부시 대통령은 그것을 자랑으로 여기고 있습니다. 시대가 변하고 문명이 바뀌어도 광기가 있는 곳에는 어디에서도 자신의 주장에 대한 '불확실성'과 '의심의 그림자'를 찾아볼 수 없습니다.[10]

사실 한때 이라크 전장에 넘실거렸던 광기도 결코 분별하기가 어려운 것이 아닙니다. 종전하기까지 8년 9개월 동안 이라크에서는 9·11 테러로 죽은 사람들보다 더 많은 4,487여 명의 미군이 죽었습니다. 이라크 보안군 16,600명이 죽은 것에 더하여 113,680명의 이라크 민간인들이 희생되었고, 그보다 훨씬 더 많은 사람들이 다쳤습니다. 8,019억 불이라는 천문학적 군비를 쏟아붓고도 전쟁은 완전히 끝나지 않고 있습니다. 그래서 자유와 민주를 사랑하는 모든 우방국들이 반대했고, 심지어 자국 국민들과 의회까지 나서서 반대했던 것입니다. 게다가 침략의 이유로 내세웠던 이유들도 모두 거짓으로 판명되었습니다. 하지만 부시 대통령은 어디에서도 '의심의 그림자'와 '불확실성'을 용납하지 않으면서 전쟁을 밀어붙였습니다. 광기를 헌신으로, 히틀러의 나치 문양인 스와스티카를 십자가로 위장하여 사람들의 동참을 강요했던 것입니다.

미국 정부의 요란한 선전에도 불구하고 이라크 전장에는 세계 평화를 위한 어떠한 헌신도 찾아볼 수 없었고, 다만 잘못된 신념을 관철하

10) 한완상, "십자가와 십자군," 《새길 이야기》, 2003년 여름 (9호).

기 위한 광기만이 지배하고 있었을 뿐입니다. 이로 인해 겉으로는 십자가를 내세우면서도 아이러니컬하게도 가장 비성경적이고 야만적인 전쟁의 먹구름이 중동을 뒤덮었습니다. 미국의 이라크 침략을 돌이켜 보면서 우리가 배운 가장 큰 교훈이라고 한다면 바로 '의심의 그림자'와 '불확실성'을 용납하지 않을 때 성경조차 광기의 도구가 될 수 있고, 제국주의 이데올로기도 신앙의 탈을 쓸 수 있다는 사실이었습니다. 그나마 다행스러운 것은 이러한 부시 행정부의 광기가 인종차별로 점철된 미국 정치사에서 흑인 대통령 당선이라는 새로운 장을 열었다는 점입니다.

25. 부시의 유산

2009년 1월 21일 새벽, 저는 국내 어느 대학 강의를 위해 대학 기숙사에 머물고 있었습니다. 그러면서 시차로 인해 잠이 오질 않아 CNN 생방송을 통해 제44대 버락 오바마(Barack Obama) 미국 대통령 취임식을 지켜보았습니다. 취임식을 통해 저는 미국 국민들이 새 대통령에게 거는 뜨거운 기대가 태평양 건너 멀리까지 전해지는 것을 느낄 수 있었습니다. 그런데 흥미롭게도 국민늘의 열기가 뜨거울수록 취임하는 오바마와 퇴임하는 부시는 더욱 선명하게 대비되었습니다. 비록 이제 부시는 역사의 뒷장으로 밀려났지만 그가 남긴 유산은 오랫동안 미국 역사는 물론 세계 역사에서 그리고 기독교 역사에서 쉬이 사라지지 않을 것입니다. 도대체 부시는 재임 8년 동안 우리에게 어떤 유산을 남겼을까요?

첫째, 그는 나쁜 지도자 한 사람이 인류에게 얼마나 큰 재난이 될 수 있는가를 유감없이 보여 주었습니다. 역사를 살펴볼 때 과거 히틀러나 무솔리니, 스탈린 등 전체주의 국가의 지도자들만이 인류의 재앙은 아님니다. 민주주의가 만개하여 절대 권력의 등장을 방지할 수 있는 튼튼한 정치제도가 있고, 여론이나 언론 등 정치권력을 견제할 수 있는 다양한 사회적 장치들이 있음에도 불구하고 부시는 한 사람의 독선과 오만이 미국은 물론 온 세계에 얼마나 큰 재앙이 될 수 있는지를 극명하게 보여 주었습니다.

그는 외교적으로 일방 외교, 다시 말해 안하무인(眼下無人) 외교를 추진했습니다. 이로 인해 부시 정권 하에서 미국은 세계의 왕따 나라, 전지구적 골칫거리가 되었습니다. 그는 자신의 침략 전쟁에 동조하지 않는 국가는 테러를 지원하는 적으로 간주하겠다고 협박했습니다. 그의 극단적인 흑백논리로 인해 온 세계는 미국의 리더십에 등을 돌렸습니다. 미국의 영원한 우방일 수밖에 없는 영국이나 제가 살고 있는 캐나다에서조차 많은 사람들이 미국은 부시 행정부 시절을 지나면서 힘으로 협박하는 것을 제외하고는 세계를 이끌 수 있는 도덕적 리더십을 상실했다고 보고 있습니다.

군사적으로 미국은 부시 행정부 하에서 침략 정책을 추진함으로써 세계 평화를 가장 크게 위협하는 나라가 되었습니다. 우리가 알다시피 미국은 이라크가 대량살상무기를 제조하고 9·11 테러 배후인 알카에다를 지원했다는 두 가지 큰 명분을 내세워 이라크 침략을 감행했습니다. 이로 인해 지난 수 년 동안 9·11 테러로 죽은 사람들보다 훨씬 더 많은 미국 청년들이 이라크 전장에서 헛된 죽음을 당했습니다. 그리고 수십만의 이라크 국민들이 죽거나 다쳤고, 이로 인해 이라크에는 고아와 과부들이 들끓게 되었으며, 국토는 초토화되었습니다. 미국이 이라크를 침략한 두 가지 이유가 모두 거짓이었음이 만천하에 밝혀졌지만 부시는 끝까지 미국 국민들에게나 이라크 국민들에게, 나아가 국제 사회에 단 한마디의 사과도 하지 않았고 퇴임하는 순간까지 오리발로 일관했습니다. 마치 '내 사전에는 사과란 말이 없다.'는 듯이….

당연한 결과지만 좌충우돌하는 부시 행정부의 군사적, 외교적 실정 (失政)은 고스란히 미국 국민들에게 경제적 부담으로 돌아왔습니다. 하루에 십억 달러 이상 소요되는 전쟁을 여러 해 지속하게 되니 아무리 튼튼한 미국 경제라도 견딜 재간이 없었습니다. 전쟁으로 인한 국민적 부담을 희석시키기 위해 부시 행정부는 대규모 국채를 발행하였고, 이로 인해 미국 국민들은 전쟁 와중에도 남의 돈으로 아낌없이 소비하면서 풍요를 만끽했습니다. 그리고 지금 미국은 그 대가를 혹독하게 치르고 있습니다.

서브 프라임 몰기지 위기(Subprime Mortgage Crisis)가 촉발되어 수백만 미국인들이 집을 잃게 된 것은 부시 행정부의 경제적 실정에 기인한 대표적인 결과입니다. 이어 대형 투자은행, 상업은행, 보험회사 등 미국이 그처럼 자랑하던 금융 시스템이 붕괴되었으며, 이미 실업자가 된 수백만 명에 더하여 수백만 명의 일자리가 걸려 있는 미국 자동차 업계도 한때 부도 위기에 내몰렸습니다. 나아가 미국 경제는 말할 것도 없고 온 세계 경제가 미국발 경제 위기로 몸살을 앓았습니다. 그렇게 종교적 색채를 강하게 드러내던 부시 정권 하에서도 막상 월가(Wall Street)의 지도자들은 사기와 협잡으로 다른 사람들의 돈을 닥치는 대로 갈취하는 등 도덕적 해이가 미국 경제의 기둥뿌리를 갉아먹고 있었습니다. 하지만 부시 행정부는 '보이지 않는 손'만을 믿으면서 곪아 터질 때까지 이를 방치했습니다.

둘째, 우리는 부시로 인해 민주주의의 한계를 철저하게 경험했습니다. 우리는 그동안 많은 사람들이 중지를 모으면 소수의 사람들이 내린 결정보다 나으리라는 상식을 믿었습니다. 하지만 부시가 재임하는 동안 우리는 그런 민주주의의 상식이 도전받는 것을 경험했습니다. 부시가 처음 대통령에 당선되었을 때는 사람들이 부시가 누군지 몰랐기 때문에 지지했다고 합시다. 그러나 두 번째 임기에 도전할 때는 이미 부시의 모든 것이 드러나 있었습니다. 단순히 그의 젊은 시절 마약 복용을 비롯한 방탕한 생활만이 아니라 대통령으로서 마땅히 갖추어야 할 기본적인 덕목과 식견, 자질의 문제가 백일하에 드러났음에도 불구하고 미국 국민들은 또 부시를 선택했습니다.

이러한 부시의 재선은 민주주의 국가에서조차 매스컴과 여론이 권력에 의해, 혹은 민족주의, 패권주의와 같은 이데올로기에 의해 얼마나 쉽게 컨트롤될 수 있는가를 보여 주었습니다. 언젠가 1만 명에 가까운 미국의 최고 지식인들이 자비로 《뉴욕 타임스》에 전면 광고를 게재하면서까지 이라크 전쟁의 부당함과 부시의 실정을 지적했지만 광기에 휘말린 미국 국민들에게 그들의 외침은 한낱 개 짓는 소리에 불과했습니다!

셋째, 우리는 부시를 통해 신앙과 정치, 나아가 교회와 국가의 관계가 어떠해야 하는지에 대해서 큰 교훈을 얻었습니다. 부시는 재임 중 근래 미국의 어떤 대통령보다도 기독교적 용어를 많이 사용했고, 자신의 신앙적 확신을 노골적으로 표현했습니다. 그리고 이에 맞장구를 치기라도 하듯 미국의 보수 교회는 부시에게 재선이라는 큼직한 선물을 안겨 주었습니다. 그 후 부시의 많은 실정에도 불구하고 보수 기독교인들은 끝까지 충성스럽게 부시의 정책에 절대적인 지지를 보냈습니다. 우리는 이런 보수 교회의 행태를 보면서 국가나 사회의 최후의 양심이 되어야 할 교회나 기독교인들조차 얼마나 쉽게 권력에 휘둘릴 수 있는지를 보았습니다.

실제로 이라크 침략 전쟁은 부시의 대표적인 실정이지만 보수 교회는 이를 열광적으로 지지했습니다. 부시 행정부가 확실한 증거도 없이 심증(心證)과 거짓 정보를 기초로 이라크 침략을 감행했을 때의 일입니다. 하와이에서 열린 세계에서 가장 큰 선교단체의 국제 지도자 모임을 다녀온 한 한국 대표는 회의 분위기가 일방적인 부시 지지여서 그의 침략 전쟁을 멈추게 해 달라고 기도할 수 있는 분위기가 아니었다고 했습니다. 미군이 이라크를 침략했을 때 미국 복음주의 진영의 바티칸이라는 위튼대학을 비롯하여 소위 보수적 기독교 식자들의 집단이라고 할 수 있는 기독교 대학들은 부시의 전쟁 정책을 전폭적으로 지지하거나 암묵적으로 승인했습니다. 히틀러의 침략 정책을 지지했던 1930년대 독일 교회의 잘못만 나무랄 게 아닙니다.

그러면 부시가 남긴 좋은 유산은 없을까요? 아이러니컬하게 그의 실정 자체가 좋은 유산이 된 면이 있습니다. 전 지구적 인재(人災)에 해당하는 부시 리더십이 남긴 최고 유산은 바로 버락 오바마입니다. 사실 부시의 실정이 아니었더라면 흑인 대통령의 탄생이라는 미국 정치사의 혁명은 일어날 수 없었을 것입니다. 오바마가 대통령에 당선된 것은 그의 탁월함 때문이기도 하지만 무엇보다 부시의 실정이 가장 큰 원군(援軍)이 되었다는 것은 아무도 부인할 수 없습니다. 오바마의 가장 큰 후원자는 바로 부시였다는 말이 우스개가 아닙니다.

정치 평론가들은 지난 미국 대선에서는 부시의 실정(失政)으로 인해 누가 민주당 후보가 되었더라도 대통령에 당선되었을 것이라고 봅니다. 힐러리 클린턴(Hillary Clinton)도 민주당 대선 후보로만 선출되었더라면 미국 역사상 첫 여성 대통령이 되었을 것이 분명합니다. 지난 미국 대선에서는 민주당 후보만 될 수 있다면 누가 나와도 대통령에 당선되었을 것이라는 말이지요. 반대로 부시의 실정으로 인해 공화당에서는 아무리 훌륭한 인물이 후보로 나섰더라도 낙선했을 것입니다.

그러면 왜 우리가 남의 나라 대통령에 대해, 그것도 퇴임한 대통령에 대해 이렇게 관심이 많을까요? 그것은 부시 정권의 유산이 우리의 상황과 무관하지 않아 보이기 때문입니다. 부시의 유산은 보수 교회 장로가 대통령으로 재임하고 있는 우리나라에 타산지석(他山之石)이 될 수 있습니다. 이미 집권 초기부터 이명박 대통령은 종교 편향 논란으로 홍역을 치뤘습니다. 기독교적인 색채를 가장 강하게 드러냈으면서도 가장 비기독교적인 정책을 폈던 부시의 이미지가 자꾸만 이 대통령에게 오버랩되는 것은 왜 그럴까요? 이 대통령도 근래 우리나라 기독교인 대통령들 중에서는 누구보다 더 기독교적 색채를 노골적으로 표현하고 있습니다. 그러면서도 정부 정책을 보면 하나님의 공의를 실천하는 겸손한 정부라는 생각보다, 성경과는 거리가 먼, 부자들을 위한 정부, 오직 경제 논리만을 쫓아가는 천박한 장사꾼 정부라는 느낌이 드는 것은 저만의 기우일까요?

끝으로 우리는 지금 미국 역사의 새로운 장이 펼쳐지는 것을 보고 있습니다. 온 세계는 오바마 대통령이 어떻게 부시의 리더십 아래에서 사분오열(四分五裂)된 미국 국민들을 통합하고 망가질 대로 망가진 경제를 일으키며, 나아가 국제적으로 추락한 미국의 위상을 회복할 것인지 지켜보고 있습니다. 지금까지 오바마의 언행으로 봐서는 부시와 차별된 리더십을 발휘할 것이 분명해 보입니다. 비록 우리나라의 지도자는 아니지만 하나님께서 미국의 새 대통령을 축복해 주시기를 기원합니다. 부시의 밤이 깊었던 만큼 오바마의 아침이 더 밝아지기를 기대해 봅니다.

26. 피자집 전도

2011년 4월 마지막 주 월요일부터 토요일(4/25-30)까지 저는 시카고

에서 열린 일터신학(Theology of Work) 강좌에 참가했습니다. 폴 스티븐스
(Paul Stevens) 교수님이 주 강사로, 그 외 세 분이 팀으로 강의를 했습니다.
불과 20명 정도가 참가했지만 시카고는 물론 시애틀, 필라델피아, 피츠
버그 등 미국 전역에서 참가했고, 저를 포함하여 캐나다에서도 세 명이
참가했으며, 이탈리아에서 온 분도 있었습니다. 절반 정도는 대학이나
신학교 등에서 가르치는 분들이었고, 나이도 40대에서 60대가 주축을
이루고 있었습니다. 이들은 저처럼 자기 학교에서 일터신학 강좌를 개
발하기 위해 온 분들이었습니다. 강의 기간 동안 참가자들이 많지 않았
기 때문에 참가자들끼리는 물론 강사들과도 많은 이야기를 나눌 수 있
었습니다.

목요일 저녁에는 이번 강의를 주최한 바케대학원대학교(Bakke
Graduate University) 그웬(Gwen Dewey) 학장이 몇몇 참가자들과 강사들이 함
께 식사를 하자고 해서 기꺼이 그러자고 했습니다. 그렇다고 대단한 곳
에 간 건 아니고 시카고 시내 북쪽에 있는 피자집에 갔습니다. 참가자
넷과 강사 셋 등 총 7명이 갔습니다. 별로 큰 피자집은 아니었지만 시
카고 피자라는 큰 간판을 내걸고 있었고, 손님들이 북적이는 것을 보니
그 동네에서는 좀 유명한 집인 듯 했습니다.

식당에 들어가서는 큰 테이블이 없어서 직원들의 도움을 받아 한국
식당처럼 식탁을 두어 개 붙여서 일곱 명이 앉을 수 있는 자리를 만들
었습니다. 자리를 만든 후에는 미니아폴리스에서 청년사역을 하는 론
이라는 친구가 대표로 주문을 받았습니다. 주문을 받으러 온 종업원은
스무 살 내외의 키가 크고 잘생긴 흑인 아가씨였습니다. 론은 주문받은
쪽지를 아가씨에게 전달하면서 즐겁게 이런저런 이야기를 건네고 있었
습니다. 모두들 조금씩 시켰기 때문에 얼마 있지 않아 피자가 한꺼번에
나왔습니다. 사람마다 자기 피자를 앞에 두고 먹을 준비를 하는데 또

론이 나섰습니다. 그는 시키지도 않았는데 자기가 기도를 하겠다고 했습니다. 그렇지 않아도 각자 기도하기는 좀 뭣하고, 그렇다고 복닥거리는 식당에서 다 같이 기도하기도 머쓱해서 서로 얼굴만 쳐다보고 있었는데 론이 기도하겠다고 하니 모두 기뻐하는 표정이었습니다. 그런데 론이 기도하겠다고 자청한 데는 다른 이유가 있었습니다.

론은 피자를 갖다 주고는 막 돌아서는 흑인 아가씨에게 잠깐만 기다리라고 했습니다. 그리고는 혹 예수님을 믿느냐고 물었습니다. 믿지 않는다고 하자 론은 우리가 함께 기도를 하려고 하는데 식사 기도와 더불어 당신을 위해 기도해도 괜찮겠느냐고 물었습니다. 물론 아가씨는 좋다고 했습니다. 그러자 우리가 당신을 위해 기도해 주기를 원하는 것이 있느냐고 물었습니다. 그러자 아가씨는 반색을 하면서 주저하지 않고 자기는 속히 공부를 다시 시작할 수 있었으면 좋겠다고 했습니다. 론이 어떤 공부를 하려느냐고 묻자 디자인을 공부하고 싶다고 했습니다. 그러면 속히 학교에서 공부할 수 있도록 기도하면 되겠느냐고 물었더니 아가씨는 고맙다고 하면서 식탁 옆에 서서 손을 모았습니다.

론의 제안으로 우리는 모두 식탁에 둘러앉아 손을 잡았고 론은 대표로 소리를 내서 기도했습니다. 젊은이들이 북적거리는 식당에서 나이 든 사람들이 식탁 주위에 손을 잡고 둘러앉아 웨이트리스를 위해 진지하게 기도해 주는 모습이 신기했는지 다른 사람들도 모두 조용하게 듣고 있었습니다. 식사 후에 계산을 하는데 일인당 식비, 세금, 팁을 합쳐서 8불이라고 했지만 모두 10불씩 냈습니다. 개별적으로 아가씨에게 피자 값을 건네면서 사람들은 '하나님이 당신을 축복해 주시기 바란다', '속히 학교로 돌아가 원하는 공부를 하기를 바란다.'는 등 저마다 덕담을 한마디씩 했습니다. 몇 번이나 고맙다고 인사하는 아가씨를 뒤로 하고 우리는 기쁜 마음으로 피자집을 나왔습니다. 하나님께서 학교로 돌아가도록 길을 열어 주시면 그 아가씨가 예수를 믿지 않을까 기대하면서….

호텔로 돌아오면서 저는 예의 바르고 지혜로운 전도자인 론의 모습을 곰곰이 생각해 보았습니다. 그리고 복잡한 서울역이나 지하철에서 다른 사람들의 따가운 눈총에도 아랑곳하지 않고 큰 소리로 '정죄 전도'를 하는 사람들을 생각해 보았습니다. 어떤 사람들은 곧 지옥불에 던져질 사람을 두고 전도하는데 앞뒤 가릴 것이 없다고 할지 모르지요. 또 어떤 사람들은 모두가 얼굴을 찌푸리는 것 같지만 그래도 100명이나 1,000명 중 한 명은 노방전도를 통해 예수를 믿는다고 주장할지 모릅니다. 하지만 저는 론의 전도를 보면서 전도에도 예의와 지혜가 필요하다는 생각을 했습니다.

우리는 흔히 전도는 전하는 사람이나 받는 사람 모두에게 심리적으로 큰 부담을 준다고 생각합니다. 특히 근래 한국 교회에 유행병처럼 번지고 있는 교회 세습이나 지도자들의 스캔들, 한기총의 금권선거 등 교회의 치부로 인해 불신자들에게 전도하는 것이 정말 어렵다고들 합니다. 하지만 저는 론의 피자집 전도를 보면서 '저렇게 예의 바르게, 전도를 받는 사람이나 전도하는 사람, 심지어 옆에서 구경하는 사람들조차 모두 기분 좋게 전도하는 법도 있구나. 어쩌면 사도 바울이 말하는 성령의 나타나심과 능력이 저런 것은 아닐까….'라고 생각했습니다. "내 말과 내 전도함이 설득력 있는 지혜의 말로 하지 아니하고 다만 성령의 나타나심과 능력으로 하여"(고전 2:4). 어디서나 어느 시대나 진정한 지혜는 성령의 나타나심과 능력에서 나오는 것이 분명합니다. 특히 전도할 때는 더욱 그렇지 않을까요? 저는 근래 불교에서 운영하는 승가원에 대한 다큐를 보면서 더더욱 그런 생각을 했습니다.

27. 승가원의 천사들

2010년 여름, MBC에서 여름방학특집으로 제작한 "승가원의 천사들"이라는 다큐를 보았습니다. 다큐의 내용은 중증 장애아들을 수용하고 있는 서울 성북구의 승가원이라는 기관을 방문해서 만든 것이었습니다. 승가원은 다운증후군이나 지적, 신체적으로 장애를 가진 아이들 중에서도 유독 증세가 심한 아이들 70여 명을 아홉 개의 방에 수용하고 있었습니다. 그래서 이곳에서는 정상적인 사람들은 상상할 수 없는 여러 가지 일들이 일어나고 있었습니다. 다큐는 그중에서도 유독 유태호라는 아이를 중심으로 제작되었습니다.

2000년 6월 24일에 태어난 태호는 다큐를 제작할 당시에 나이가 11살이었지만 키는 82cm, 체구는 서너 살 정도의 아이에 불과했습니다. 얼굴은 영화배우처럼 잘생겼지만 태호는 태어날 때부터 두 팔이 없었고, 발가락은 네 개 뿐이었으며, 그나마 다리가 안쪽으로 뒤틀려진 사지기형이었습니다. 태호는 여덟 가지 중증 장애를 갖고 태어났는데 태어나자마자 부모로부터 버려졌습니다. 다행히 홀트아동복지회를 통해 승가원에 맡겨졌지만 그 후에도 태호는 건강상의 문제로 죽음의 고비를 숱하게 넘겼습니다. 의사들은 열 살을 넘기기 어렵다고 말했지만 다행히 태호는 많은 사람들의 도움으로 지금까지 살고 있습니다.

놀라운 것은 심각한 신체적인 장애를 가졌지만 태호는 믿을 수 없을 정도로 적극적이면서도 독립심이 강하다는 사실이었습니다. 태호는 발가락에 숟가락을 끼워서 밥을 먹기도 하고, 로션도 바르고, 머리도 빗습니다. 빨리 이동할 수 없기 때문에 급하게 이동해야 할 때는 옆으로 누워서 데굴데굴 굴러갑니다. 그러면서도 태호는 두 발로 걸어 다니는 성한 아이들 때문에 기가 죽지 않습니다. 절망하지 않을 수 없는 상황이지만 태호는 자신의 모습을 비관하지 않습니다. 지적으로도 똑똑

하면서도 강한 자존감을 갖고 있는 태호는 타락하기 전, 하나님의 형상이 훼손되기 전의 인간의 모습을 떠올리게 합니다.

태호는 자기 한 몸 건사하기도 벅차지만 승가원에서는 자기보다 더 어려운 아이들을 돌봅니다. 태호는 팔이 없기 때문에 두 발을 손처럼 사용해서 발가락으로 다른 아이들의 치약도 짜 주고, 두 발가락 사이에 숟가락을 끼워서 밥도 먹여 줍니다. 지적장애가 있는 미소천사 성일이에게는 글씨를 가르쳐주기도 합니다. 성일이의 멀쩡한 손을 자기 두 발가락으로 잡고 글씨 쓰는 법을 가르쳐주는 모습은 신기하다 못해 숙연한 마음을 갖게 합니다. 중증 장애를 갖고 있으면서도 자기보다 공부못하는 아이들을 돌봐 주려고 애쓰는 태호의 모습. 그것이 인간에게 남겨진 하나님의 형상이 아닐까요….

이런 적극성 때문에 태호는 신체적 장애가 있지만 정상적인 아이들이 다니는 종암초등학교에 다니고 있습니다. 물론 승가원 버스를 타고 학교에 오가며, 공익요원으로서 사회복무를 하는 형이 태호를 따라다니고 있었습니다. 수업 시간에는 키가 매우 작기 때문에 아예 책상 위에 앉아서 공부합니다. 정상적인 아이들 속에 섞여서 공부하지만 수업 시간에도 태호는 매우 적극적입니다. 선생님이 질문하시면 다른 아이들이 손을 들 때 태호 역시 수저 없이 발을 번쩍 치켜듭니다. 체육 시간에도 당당하게 다른 아이들과 더불어 운동을 합니다. 땅바닥에 엉덩이를 붙인 채 몸을 밀치면서 달리기 때문에 모든 운동에서는 늘 꼴찌를 하지만 그래도 태호는 기가 죽지 않습니다. 어디서든 자신이 할 수 있는 일에 대해서는 "제가 할 수 있어요."를 외치는 태호의 모습 속에서 저는 훼손되지 않은 하나님의 형상을 봅니다.

승가원에는 태호 외에도 여러 장애아들이 있습니다. 1급 지적장애자이자 열다섯 살인 영국이, 1급 뇌병변 장애자이자 열세 살인 미영이,

역시 1급 뇌병변 장애자이자 여덟 살인 성일이 등등. 흥미롭게도 중중 장애아들이 수용된 이곳은 지옥과 같아야 하는데 그렇지 않습니다. 중증 장애아들은 비참한 아이들이 아니라 다큐의 제목처럼 천사들이란 생각이 듭니다. 어쩌면 건강한 신체와 똑똑함을 가진 우리가 저들보다 더 큰 장애인일지도 모른다는 생각도 해 봅니다. 하지만 승가원에는 장애 천사들만 있는 것이 아닙니다. 그곳에는 또 다른 천사들이 있는데 장애 천사들을 돌보는 분들입니다.

태호의 건강을 옆에서 지켜 주는 간호사도, 굽어 있는 태호의 척추를 교정해 주기 위해 일주일에 한 번씩 태호를 풀장에 데려가 훈련시키는 물리치료사도, 태호가 코를 푸는 것을 도와주는 선생님도, 매일 아침마다 아이들 방을 돌면서 챙기는 승가원 원장님도, 엉덩이를 움쩍거리면서 천천히 움직이는 가녀린 한 생명을 기다려 주는 같은 반 아이들도, 태호의 작은 체구를 번쩍 들고 학교 화장실에 들고 다니는 공익요원 형도…. 모두들 우리 사회를 밝게 만드는 천사들이고, 하나님의 형상을 가진 분들입니다.

. 승가원의 중중 장애아들과 더불어 그들을 돕는 많은 분들…. 그들이 구원받을지, 천국에 갈지는 하나님만이 판단하실 것입니다. 하지만 한 가지 분명한 것은 한기총 대표 회장을 하려고 교인들이 낸 헌금으로 금권선거를 하는 사람들, 성도들의 귀한 헌금으로 예배당을 잘 지어 자녀들에게 세습하는 사람들, 교회나 후임 목사들에게 은퇴금을 우려내는 사람들…. 혹이라도 저들이 천국에 간다면 저는 그들보다는 승가원 사람들이 먼저 천국에 가지 않을까 생각해 봅니다. 저는 종교다원주의자도, 행위 구원을 믿는 사람도 아니지만 공의로우신 하나님, 거룩하신 하나님, 불꽃 같은 눈으로 우리의 중심을 살피시는 하나님, 그분의 성품을 생각한다면 불의한 교회 지도자들보다 먼저 천국에 갈 분들이 많

이 있음이 분명합니다.

28. 영어 유령

"하나의 유령이 유럽을 배회하고 있다. 공산주의라는 유령이…." 마르크스(Karl H. Marx, 1818-1883)가 쓴 유명한 『자본론』(Das Kapital)의 첫 부분에 나오는 말입니다. 이와 비슷하게 하나의 유령이 한반도를 배회하고 있습니다. 영어라는 유령이….

지난 여러 해 동안 우리나라는 영어 유령이 온 나라를 휘젓고 다니는 통에 영어 몸살을 앓고 있습니다. 영어권 국가의 전과자들을 한국어학원에서 최고의 몸값을 주고 선생으로 모셔오는가 하면, 가짜 학위를 가지고도 여러 해 동안 버젓이 유명 대학 영문학 교수 행세를 한 사람도 있었습니다. 자치단체장들도 입만 열면 영어를 운운하고 있습니다. 대학생들은 물론, 심지어 초, 중등학생들조차 학교를 한 해 늦게 졸업하는 것을 감수하면서라도 영어를 배우기 위해 해외로, 해외로 몰려나오고 있습니다. 우리나라의 무역 외 수지 적자의 상당 부분이 바로 어학연수와 관련된 것이라고 하니 가히 한반도에는 영어 광풍이 불고 있다 해도 과언이 아닌 것 같습니다.

이런 광풍의 한 귀퉁이에는 대학의 영어 강의라는 유령도 있습니다. 학문의 전당인 대학에서, 세상의 모든 지식들이 국경 없이 넘나드는 대학에서 자국어 강의가 아닌, 외국어 강의가 이루어지는 것은 너무나 자연스러운 일입니다. 하지만 근래 한국 대학에 불고 있는 영어 광풍은 이런 학문의 본래 정신과는 한참 거리가 멉니다. 외국인 교수가 한국말을 모르기 때문에 부득불 한국 학생들을 대상으로 영어 강의를 하는 것이 아닙니다. 그렇다고 한국 교수가 자기 강의실에 영어가 아니면 말을 알아듣지 못하는 외국인 학생들이 있기 때문에 도리 없이 영어로 강의를 하는 것도 아닙니다. 한국 교수가 한국 학생들만 놓고 학생들의 영어 실력을 높이기 위해 대학의 강의들(ESL 강의가 아닌)을 영어로 하고 있는 것이 우리의 현실입니다.

게다가 대학들은 자기 학교의 영어 강의 비중을 높이기 위해 교수들에게 다양한 인센티브를 제시하고 있습니다. 영어로 강의하는 교수들에게는 강사료를 더 많이 지급하는 것은 말할 것도 없고, 수업 시간 부담을 덜어 주기도 하고, 때로는 승진에 가산점을 주기도 합니다. 그리고 학교 지도자들은 자기 학교에서는 몇 %의 강의를 영어로 한다는 것을 자랑스럽게 학교 홍보물에 선전하기도 합니다. 과연 몇 %의 강의를 영어로 강의한다는 것이 자랑거리가 될 수 있는지를 심각하게 생각해 본 분들이 얼마나 되는지….

첫째, 저는 영어로 강의를 하게 되면 학생들이 제대로 알아듣지 못하는 것을 염려합니다. 영어를 잘하는 학생들도 영어 강의의 상당 부분을 이해하지 못하는데 하물며 보통 학생들은 영어로 강의하면 대체로 못 알아듣는다고 보면 됩니다. 도대체 대학이 영어만을 배우는 ESL 학원입니까? 대학에서 다양한 영어 강좌를 개발하거나 부설 어학원을 확장하는 것은 몰라도 학과목마다 가르쳐야 할 고유한 컨텐츠가 있는데 이것을 잘 알아듣지도 못하는 영어로 배우라고 하니 학생들은 영어도 배우지 못하고 학과목 내용도 제대로 이해하지 못하는 기가 막힌 상황이 연출되고 있는 것입니다. 도랑 치고, 가재 잡는 것이 아니라 도랑도 못 치고, 가재도 못 잡는 우(愚)를 범하는 것입니다.

언젠가 중학교 2학년 때 미국에 이민 가서 중학교부터 대학원까지 마치고 미국 대학에서 강의를 하다가 귀국한 한홍 목사의 글을 읽은 적이 있습니다. 그는 영어를 몹시 강조하는 국내 어느 기독교 대학에서 미국사를 영어로 강의해 달라는 부탁을 받았답니다. 그런데 첫 시간에 영어로 강의하면서 가만히 살펴보니 90% 이상의 학생들이 거의 알아듣지 못하고 있더랍니다. 그래서 고민하다가 결국 교과서와 강의안 요약에서는 영어를 사용하면서 강의는 한국말로 진행했다고 합니다. 그나마 교수가 상황을 빨리 판단했으니 천만다행이었다고 할 수 있습니다.

둘째, 저는 영어로 강의를 하는 교수의 영어 실력이 큰 문제라고 봅니다. 영어권에서 박사 학위를 했다는 것이 영어 실력을 보증하지 않습니다. 그나마 소위 '말'로 밥 먹고 산다는 인문, 사회 계통의 학문을 영어권에서 박사 학위까지 공부한 분들의 경우는 좀 덜합니다. 하지만 예외적인 경우를 제외한 대부분의 이공계 교수들의 경우는 상황이 다릅니다. 이들은 영어권 대학에서 공부를 했다고 해도 대부분의 시간을 '말'이 별로 필요 없는 실험실에서 일했기 때문에 영어에 능하지 않습니다. 게다가 유학 시절에는 전공 공부가 바빠서 영어를 체계적으로 배울 기회도 없기 때문에 거의 '브로큰'(broken) 영어 수준입니다. 이런 교수들의 영어 강의는 도리어 학생들의 영어를 퇴보시킬 수도 있습니다.

특정한 전문 분야에서 필요한 한국어를 유창하게 구사할 수 있으려면 상당한 훈련이 필요한 것처럼 영어도 마찬가지입니다. 학문의 복잡한 논리와 미묘한 감정 표현, 전문적인 용어들의 이해와 활용, 교수-학생, 학생-학생 간의 강한 상호작용 등을 위해서는 자신의 모국어를 사용하더라도 쉽지 않은데 하물며 서툰 영어를 가지고 강의를 한다면 학생들이 잘 알아듣지 못하는 것은 물론 교수들도 제대로 가르칠 수가 없습니다. 솔직히 영어권 대학에서 공부했을 뿐 아니라 정식 강의 교수로 여러 해를 가르쳐 본 교수들이 아니면 영어 강의를 한다고 해도 학생들의 영어 실력 향상에 별 도움이 되질 않습니다.

이런 상황에서 강의 시간에 억지로 모국어가 아닌, 외국어로 배우고 표현하는 것을 강요받게 되면 학문의 내용과 사고력 향상에서 엄청난 손해를 봐야 합니다. 대학의 강의는 다만 교수의 지식을 전달하는 것에 그치지 않고 학생들로 하여금 창의적이고 탐구적인 사고를 하도록 격려하고 자극하는 역할을 해야 하는데 영어에 능치도 않은 학생들이 영어 강의를 수강하게 되면 이런 것들이 거의 개발되지 않습니다. '브로큰' 영어의 늪에 빠져서 허덕이는 동안 반짝이는 창의력과 튀는 아이디어들은 진창 속에 영원히 사라지고 맙니다. 결국 여기서도 도랑도 못 치고, 가재도 못 잡는 셈이지요.

셋째, 저는 영어에 대한 과도한 강조가 한국인의 민족적 자존감을 훼손시키지는 않을까 염려합니다. 영어를 강조하는 것은 좋지만 이것이 한국어를 우습게 생각하는 것으로 이어진다면 이는 새로운 사대풍조(事大風潮)라고 할 수 있습니다. 하나님께서 우리를 한국말을 사용하는 한국인으로 태어나게 하신 데에는 특별한 섭리가 있다고 생각하는 것은 민족주의적 독단이 아닙니다. 저는 자기 민족과 문화, 언어에 대한 긍지, 즉 민족적 자존감을 갖는 것은 하나님의 창조섭리를 받아들이는 것이며, 이것은 개인의 자존감과 더불어 하나님의 형상의 일부라고 믿습니다. 그리고 이것은 글로벌 시대에 영어보다도 더 중요한, 지도자가 되기 위한 필수 요건이라고 생각합니다.

많은 분들이 한국에서 태어나면 누구나 한국어는 저절로 배우고, 저절로 잘하게 된다고 생각하는데, 이것은 일상적인 대화 수준에서나 해당하는 말입니다. 영어권에서 태어난 아이들도 자신의 영작문 실력을 늘리기 위해 온갖 노력을 하는 것처럼 한국어가 모국어인 사람들도 한국어로 좋은 글을 쓰기 위해서 많은 노력을 기울여야 합니다. 이곳 캐나다 서점에도 영작문을 훈련하는 교재가 즐비한데, 이것은 외국인들의 영작문을 도와주기 위한 책이라기보다 일차적으로 영어를 모국어로 사용하는 사람들을 위한 것입니다.

저는 한국에서 물리학으로 박사 학위를 했지만 미국 대학에서 박사 후 연수 과정을 했고, 또한 미국에서 인문학의 중심이라고 할 수 있는 과학사와 신학에서 두 개의 석사 학위를 마쳤습니다. 유수한 미국 대학원에서 인문학 강의만 60학점 이상을 수강했고, 저의 과학사 졸업논문은 석사 학위 논문이지만 미국 유수 학술지에 거의 전문이 게재되기도 했습니다. 그리고 지난 13년간 한국어 프로그램 책임자로서 캐나다 대학에서 일하면서 수많은 영어 회의, 영어 공문 속에 묻혀 살았습니다. 두 개의 대학원 프로그램을 운영하면서 끊임없이 대학 측과 협상을 해 왔고, 지금도 새로운 프로젝트 제안서를 대학 측에 제출하여 협상하고 있습니다. 학교 밖에서는 지난 10년간 400회 이상의 주일예배를 동시 통역했고, 지난 6년 동안에는 영어 외에는 한마디도 이해하지 못하는 '순수한' 영어 청중들인 노숙자들을 두고 강의, 영어 설교와 전도 초청을 했습니다. 가끔 학교 채플이나 그 외 기관에서 설교한 것은 제쳐 두고라도 아마 족히 200번 이상 설교했을 겁니다.

지난 14년간 영어권 국가에서 공부하고, 설교하고, 근무하면서 그리고 영어로 인해 고민하면서 배운 중요한 교훈은 영어를 제대로 하려면 우리말 실력이 매우 중요하다는 점입니다. 아이러니컬하지만 자기 나라 말을 갈고닦고 바르게 사용하기 위해 노력하는 것은 외국어 공부와도 직결되어 있습니다. 한국어로 조리 있게 자신의 주장을 제시할 수 있는 사람은 영어로도 자신의 주장을 잘 표현할 수 있습니다. 이것은 저만의 생각이 아닙니다. 미국 조지아주립대의 언어발달센터 교수로 재직하는 배혜경 박사는 영어를 국어로 사용하지 않던 사람들이 영어를 잘하려면 일단 자기 모국어 실력부터 확실하게 키워야 한다고 했습니다. 실제로 학자들의 연구에 의하면 학생들이 외국어를 배울 때, 모국어 독해력이 높을수록 외국어 독해력도 빨리 향상된다고 합니다. 어려운 문장을 이해하고 낯선 어휘와 내용을 만나더라도 재빨리 전체를 이해할 수 있는 능력을 갖는 것은 언어의 종류에 무관하게 지속적인 독해 훈련을 통해서만 얻어집니다.

길거리에서 주소를 묻거나 햄버거 가게에서 식사를 주문하는 정도를 넘어서는, 제대로 된 영어를 구사하고 글을 쓰기 위해서는 영어 실력보다 논리적 사고력이 더 중요합니다. 오래전에 나온 『영어 유감』이란 책에서 홍익대 구학관 교수는 "조기 영어교육보다는 조기 과학교육을 활성화하는 것이 우리가 국제 경쟁력을 높이는 길이다."라고 한 적이 있습니다. 이것은 논리적 사고를 연습하는 것이 단순한 영어 몇 마디 배우는 것보다 훨씬 더 중요하며, 언어를 배운다는 것도 그 언어로 자신의 생각을 논리 정연하게 제시할 수 있는 능력을 기르는 것임을 의미합니다. 결국 대부분의 사람들에게 영어는 그 자체가 목적이라기보다 영어로 기록된 많은 정보를 흡수하고 이해하기 위한 수단에 불과하기 때문입니다.

결론적으로 오늘 한국의 초, 중등학교와 대학의 캠퍼스를 휘젓고 다니는 '영어 유령'은 정상적이 아닌 '사대광풍'(事大狂風)으로 보입니다. 영어가 중요하지 않다는 것이 아니라 그것보다 훨씬 더 중요한 것들이 많은데도 온 국민들이 영어에만 목을 매고 있는 것 같아 안타깝습니다. 지성의 전당이라는 대학 캠퍼스들도 '유령'이 배회하고 있기는 마찬가지입니다. 대학의 수많은 지성인들이 도랑도 못 치고, 가재도 못 잡는 우를 범하고 있는 것이 아닌가 생각됩니다. 이 '유령'의 정체를 파헤치고 건강한 지성의 나침반을 회복하는 것이 시급하다고 주장하는 것은 또 하나의 유령일까요?

29. 듀이의 교훈

존 듀이(John Dewey, 1859-1952)는 다윈(Charles Darwin, 1809-1822)이 '종의 기원'(On the Origin of Species)을 발표하던 해에 태어났습니다. 미국 버몬트 주 벌링턴에서 태어난 듀이는 교육방법론, 교육철학의 분야에서 20세기의 다른 누구보다도 더 큰 영향을 미친 인물입니다. 그는 70세에 대학에서 은퇴한 후에도 죽기 직전까지 저술 활동을 계속하여 평생 50여 권의 책과 750여 편의 논문을 발표했고, 세계 각국의 백과사전에 200여 회나 글을 실었습니다.

이처럼 정열적인 학술 활동을 했던 듀이였지만 아쉽게도 그는 반기독교적 사상가로도 명성을 떨쳤습니다. 그는 기독교 가정에서 태어났지만 30대에 기독교를 완전히 떠나 자연주의 철학과 인본주의 사상을 자신의 종교로 받아들였습니다. 그리고 스스로 "구속적 형태를 지닌 인본주의와 자연주의를 전하는 조용한 전도자"로 헌신했습니다.

듀이는 인간이란 과학적 탐구를 통해 환경을 통제하려는 생물학적 유기체에 불과하다는 확고한 진화론적 신념을 견지했습니다. 그는 지적인 탐구를 정신적 진화의 한 형태로 재조명했으며, 그것은 생물학적 진화와 똑같은 패턴으로 진행되어야 한다고 주장했습니다. 교사는 가르치는 자가 아니라 '촉진시키는' 자라고 한 듀이의 교육철학도 진화론에 기초하고 있습니다. 그는 먼저 문제를 제시하고 그 다음에 학생들로 하여금 가장 효과가 있는 것에 기초해 스스로 답을 세우도록 했는데, 이는 환경에 대한 일종의 정신적 적응을 의미했습니다.

또한 듀이의 사상은 인간을 최고의 가치로 삼는 인본주의, 그중에서도 자연주의적, 그리스적 인본주의에 근거하고 있습니다. 그는 인간에 대한 사랑을 강조하면서 종교나 예술, 도덕이나 여타 모든 것은 천상의 신을 위한 것이 아니라 지상의 인간을 위한 수단이어야 한다고 주장했습니다. 그에게 있어서는 기독교도 인간의 자유와 진보를 위해 봉사하는 도구일 뿐이었습니다. 그는 개인의 신앙이 아무리 귀중한 것이라 해도 그것이 사회적 복리와 관계가 없다면 무가치한 것이라고 했습니다.

듀이는 초월적이고 초자연적인 것이 아니라, 자연적이고 과학적이며, 민주적인 행위의 실천을 기본 신조로 삼았습니다. 그에게 있어서 진정한 신앙생활이란 자유로운 체험과 구속 없는 생활이며, 그러한 자유 속에서 참된 삶의 방향을 발견하여 실현시키는 과정을 의미했습니다. 인간의 존엄과 자유를 무엇보다 중시한 듀이에게 교육이란 민주 사회의 심장부가 되는 것이었습니다. 교사는 어떤 면으로든 지도를 해서는 안 되며, 오직 학생들이 스스로 대안들을 견주어 보고 결정하도록 옆에서 코치만 해야 한다고 주장합니다. 교사는 학생들이 스스로 다양한 실용적 전략을 시도해서 자신에게 가장 효과가 있는 것을 발견하도록 지도하는 사람일 뿐이었습니다.

인본주의와 자연주의, 민주주의에 대한 신념으로 인해 듀이의 교육철학은 상대주의와 다원주의에 근거하고 있습니다. 자신에게 맞거나 효과가 있는 것이 다른 사람에게는 틀리거나 효과가 없을 수도 있다는 그의 상대주의적 교육철학은 다원주의적 신념을 낳을 수밖에 없습니다. 다원주의자들은 모든 신념이 한시적이며, 어느 것도 영원하거나 보편적으로 참되지 않다고 믿습니다. 이는 자연스럽게 상대주의적 윤리관으로 귀착됩니다. 듀이에 따르면 모든 가치들은 동등하게 타당하며, 학생들은 자신이 가장 가치 있다고 여기는 바를 행하면 됩니다. 이때 학생들이 선택한 가치는 일반적인 도덕 기준과 부합하는지에 상관없이 미리 규정된 단계를 거쳤다면 무엇이든 수용됩니다. 이는 "우리 가운데 누구도 우리의 가치관이 다른 이들에게도 옳다고 확신할 수 없기 때문

입니다." 각 개인이 자율적인 결정자가 되어 스스로 자기 나름의 가치를 정해야 합니다.[11]

이러한 듀이의 신념과 확신은 그의 수많은 저술을 통해서만이 아니라 미국인본주의협회(American Humanist Association) 활동을 통해서도 나타났습니다. 듀이는 미국시민자유연맹(ACLU)과 더불어 미국에서 가장 반기독교적인 AHA의 창설자이자 중심 멤버로 활동했습니다. AHA는 1933년, 1973년 두 차례에 걸쳐 '인본주의자 선언 I, II'를 발표했는데, 선언 I은 당시 AHA의 회장이었던 듀이가 기초하고 서명한 것이었습니다. 선언 I, II를 합쳐 1976년에 발표한 선언문에는 다음과 같은 인본주의의 핵심이 담겨 있습니다.[12]

"…계시, 하나님, 의식, 신조 따위를 인간의 필요나 경험보다 위에 두는 전통적이고 독단적이며, 권위주의적인 종교는 인간에게 해악만을 끼쳐 왔다…. 우리는 인간에 대한 어떤 신적인 목적이나 섭리도 발견할 수 없다. 아직 우리가 모르는 것이 많지만 인간이 무엇이며 무엇이 될 것인가에 대해 인간은 스스로 책임을 진다. 어떤 신도 우리를 구원할 수 없다. 우리는 스스로를 구원할 것이다…. 우리는 도덕적 가치란 인간의 경험으로부터 유래한 것임을 확신한다. 윤리란 자율적이며 상황에 따라 달리 질 뿐, 어떤 신학적, 이네올로기적 제재(制裁)도 필요로 하지 않는다. 섹스와 관련하여 우리는 정통 종교나 청교도적 문화에 의해 배양된 금욕적 태도는 부당하게 성행위를 억눌렀다고 믿는다. 산아제한, 낙태, 이혼은 허용되어야 한다."

1952년 6월 2일, 92세의 나이로 긴 생애를 마감할 때까지 듀이의 인생을 요약한다면 자연주의 철학, 인본주의 사상, 진화론적 세계관, 상대

---

11) 낸시 피어시, 『완전한 진리』Total Truth (서울: 복있는사람, 2006).
12) Humanist Manifestoes I and II (Buffalo, NY: Prometheus Books, 1976), pp. 7-11.

주의 가치관의 승리를 위해 헌신한 삶이었고, 이 모든 사상들은 기독교적 가치나 세계관에 정면으로 반하는 것이었습니다. 어떻게 복음주의 전통(회중교회)의 독실한 기독교 가정에서 자란 듀이가 그처럼 교회를 적대시하고 사사건건 성경에 반하는 사상가로 전락했을까요?

듀이에 대한 연구를 보면 이는 부분적으로 그의 타고난 기질과 대학에서 접한 자유주의 신학의 영향 때문이기도 하지만 흥미롭게도 그의 가정교육, 특히 과도하게 엄격했던 어머니의 영향이 컸다는 보고가 있습니다. 엄한 아버지와 교회 활동에 열정적이면서도 율법적이었던 어머니 밑에서 자란 듀이는 공부나 오락 활동에서는 자유로웠지만 다른 모든 면에서는 많은 제약을 받았습니다. 특히 어머니는 듀이에게 주일을 정확히 지키도록 요구했으며, 더 자란 뒤에는 벌링턴 공업지역 주위에 살던 이웃과 어울리지 말라고 주의를 주었습니다. 그녀는 아들이 저녁에 밖에 나갔다 들어오면 어디서 무엇을 했는지 꼬치꼬치 캐묻곤 했습니다. 뒷날 듀이는 이 당시 기억을 불쾌한 추억거리로 떠올리면서 자신은 어머니가 캐물을 때, 실제로는 아무 잘못도 저지르지 않았을 때조차 죄책감을 느꼈다고 회상했습니다.

한 인간의 성장에 영향을 미치는 수많은 선천적·후천적 요인들을 생각한다면, 듀이의 내면세계 형성을 특정한 한두 요인으로 축소시키려는 것은 위험천만한 일입니다. 하지만 근래 듀이의 전기 작가들의 연구를 보면 그의 반기독교적 사상은 과도하게 엄격했던 그의 가정적 배경과 무관하지 않음이 분명합니다. 이러한 성장 배경은 듀이로 하여금 아동 중심의 '방임적' 교육철학을 제창하게 만들었고, 동시에 기독교의 모든 규칙들을 인간의 본래적 가치에 반하는 것으로 여기게 만들었습니다. 듀이는 자녀들에게 지나치게 방임적인 가정의 문제에 못지않게 지나친 규율과 간섭이 있는 가정이 어떤 인간을 만들 수 있는가를 보여 주는 고전적인 예가 됩니다. 한 번뿐인 인생, 사전 실습이 불가능한 자녀 교육을 생각한다면, 우리는 날마다 우리의 삶과 가정을 두렵고 떨리는 마음으로 하나님의 은혜에 부탁하지 않을 수 없습니다.

30. 템플톤의 비극

잘못된 교육, 틀린 사상의 젖을 먹고 자란 사람이 어떻게 교회를 해할 수 있는가를 보여 주는 또 다른 비극은 캐나다에서도 볼 수 있습니다. 지난 2001년에 세상을 떠난 템플톤(Charles Templeton, 1915-2001)은 20세기 중반, 북미주는 물론 전 세계적으로 알려진 탁월한 부흥사 중의 한 사람이었습니다. 빌리 그래함과 비슷한 시기에 캐나다에서 태어난 템플톤은 한때 북미주를 비롯하여 유럽 등지에서 수많은 대중집회를 인도했으며, 그를 통해 많은 사람들이 예수님께 돌아왔습니다. 그는 한때 빌리 그래함보다 더 탁월한 부흥사라는 칭송을 듣기도 했습니다.

팔방미인이었던 템플톤은 대중 설교자로 나서기 전부터 다방면에서 탁월한 능력을 발휘했습니다. 그는 이미 10대 후반에 캐나다의 유수한 전국 일간지 《글로브 앤드 메일》(The Glove and Mail)의 풍자만화가와 기자로 이름을 떨쳤습니다. 1940년대에는 프린스틴신학교에서 공부한 후 세계적인 부흥사가 되었고, 1945년에는 국제적 청소년 선교단체인 YFC(Youth for Christ)를 캐나다에 도입하기도 했습니다. 하지만 불행하게도 그는 언론인에서 종교인으로, 신학생에서 세계적인 부흥사가 된 후에도 일부 교회의 가르침을 받아들일 수 없었는데, 특히 구약을 믿을 수가 없었습니다. 그래서 1957년, 많은 고민 끝에 그는 결국 모든 기독교 사역을 중지하고 신앙을 버렸습니다.

하지만 신앙을 버린 후에도 템플톤은 신문기자, 편집인과 방송인으로서 많은 사회 활동을 했습니다. 그는 캐나다 최대 일간지《토론토 스타》(The Toronto Star)와 캐나다에서 가장 유명한 시사잡지《맥클레안즈》(Maclean's)의 편집주간으로 일했습니다. 1960년대 중반에는 온타리오 주자유당 지도자 경선에 나서기도 했으며, 경선에서 패한 후 1967년부터 1969년까지는 캐나다 CTV의 뉴스 및 공공부문의 책임자로 일했습니다. 알츠하이머병으로 85세에 세상을 떠나기까지 그는 여러 권의 책을 저술했으며, 그가 쓴 희곡들은 BBC와 CBC 등 유명 TV를 통해 방영되었고, 방송 부문에서 두 번이나 권위 있는 ACTRA 상을 수상하는 등 최고의 작가이자 방송인으로 살았습니다.[13]

그런 템플톤이 죽기 직전인 1996년에 한 권의 놀라운 책을 출판했는데, 제목은 『하나님 안녕: 내가 기독교를 거부하는 이유들』(Farewell to God: My Reasons for Rejecting the Christian Faith)이었습니다. 이 책은 제목이 시사하는 바와 같이 템플톤이 한때 열렬히 전했던 복음을 부정하고 하나님을 떠난 이유를 기록하고 있습니다. 구체적으로 그는 창세기의 창조 기사, 성경에 나타난 인종적 편견, 교회에서 여성들에 대한 차별, 악의 기원에 대한 수수께끼, 기도의 응답이 있다는 착각, 고통과 죽음의 원인 등을 받아들일 수가 없었다고 했습니다.

템플톤은 자신이 하나님을 떠난 여러 이유를 적고 있지만 제가 보기에는 다른 모든 이유들은 그가 첫 번째 언급한 창조기사를 믿을 수가 없다는 이유에 종속된 것이 아닌가 생각됩니다. 창세기의 창조기사는 성경에 들어가는 대문과 같아서 그것을 믿지 못하면 나머지 성경 내용도 믿을 수 없습니다. 템플톤은 이 책에서 "나는 사람과 같은 속성을 지닌 최고의 존재─성경이 말하는 하나님─는 존재하지 않는다고 믿는

---

13) ACTRA(Alliance of Canadian Cinema, Television and Radio Artists) is the union of more than 22,000 professional performers working in English-language recorded media in Canada including TV, film, radio and digital media. See, http://www.actra.ca/main/our-union.

다. 생명이란 가없는 시간 동안 진화 능력의 결과이며, 수백만 년에 걸쳐 현재와 같은 상태에 이르게 되었다고 믿는다."라고 했습니다.

템플톤을 기독교 신앙에서 내몰았던 진화론은 본질적으로 이성주의, 인본주의의 기초 위에 세워져 있습니다. 진화론에서는 모든 것을 자연 내적인 요인으로 축소시키고, 초월적인 것을 부정하면서 인간의 이성으로 이해할 수 있는 것만을 받아들이기 때문에 그 논리를 받아들이게 되면 성경의 많은 내용을 믿을 수 없게 됩니다.[14] 진화론은 약육강식 혹은 적자생존에 기초한 자연선택을 기초로 하기 때문에 본질적으로 자연주의에 기초하고 있을 뿐 아니라 어디에도 초월적인 존재를 받아들일 수 있는 여지가 없기 때문에 무신론으로 이어집니다. 그런 의미에서 프린스톤신학교 찰스 핫지(Charles Hodge, 1797-1878)가 1874년에 출간한 『다윈주의란 무엇인가?』(What is Darwinism?)라는 책에서 진화론을 곧 무신론이라고 결론지은 것은 적절하다고 할 수 있습니다.

진화론은 자존 철학에 근거하고 있습니다. 비록 환경적 적응을 비롯한 각종 외적 진화 압력을 언급하기는 하지만, 진화론은 본질적으로 모든 존재를 외부적, 초월적 존재로부터가 아니라 자기 내적인 원인에서 찾습니다. 이 주장에 의하면 인간은 하나님에 의해 창조되지 않았으며, 스스로 환경에 적응하면서 "니는 스스로 있는 자"라고 합니다. 이런 생각이 머릿속에 또아리를 틀고 있는 한 "그가 없이는 된 것이 없느니라."(요 1:3)는 말씀이 비집고 들어설 틈이 없으며, 아무리 대단한 부흥사라도 말씀에 정초한 신앙을 가질 수 없습니다. 템플톤의 비극을 생각

14) 저자의 주장에 대하여 현대물리학개혁연구원의 정선호 박사는 아퀴나스(Thomas Aquinas)가 아리스토텔레스가 말하는 질료의 질료형상론적 분석(hylomorphic analysis of substance)을 셋으로 나누어 신적 질료(divine substance), 영적 질료(spiritual substance) 및 물질적 질료(material substance)로 분리하면서 하나님과 영을 별도의 실재로 규정한 것이 오늘날 자연을 물질로 보게 된 원인을 제공했기 때문에 진화론의 뿌리를 이성주의라 할 수 없다고 주장한다.

하면서 제2, 제3의 템플턴이 나오지 않도록 하기 위해 우리 자녀들에게 창조신앙을 더 확고히 심어 주어야겠다는 생각을 해 봅니다.

31. 도요타의 조폭문화

언젠가 제가 출석하던 교회 목사님이 설교 시간에 몇 년 전에 산 도요타 자동차 이야기를 해 주셨습니다. 이 목사님은 2003년도에 인근 애보츠포드 자동차 몰에 있는 도요타 딜러로부터 코롤라 새 차를 구입했습니다. 코롤라는 캠리와 더불어 도요타 자동차의 대표적인 베스트셀러 차였고, 게다가 차를 파는 사람이 그 동네에 사는 목사인데, 생활비를 위해 시간제로 일하는 사람이라는 이야길 듣고 깎을 생각도 하지 않고 부르는 가격을 그대로 주고 샀습니다. 물론 도요타는 깎자고 해 봐야 깎아 주지도 않는다는 것을 알지만….

그런데 새 차를 사서 타고 다니기 시작한 후 두어 달 되었을 때부터 문제가 생기기 시작했습니다. 처음에는 긴가민가했는데 차를 운전하다가 브레이크를 밟아서 정지한 후에 갑자기 30-50cm 정도 더 나가는 것이었습니다. 특히 에어컨이나 히터를 켠 채 정지하면 곧이어 팬이 윙 소리를 내면서 저절로 돌다가 브레이크를 밟고 있는데도 차가 앞으로 전진했습니다. 기겁을 하고 다시 브레이크를 힘껏 밟으면 차는 다시 정지했습니다. 이런 현상이 반복되면서 복잡한 도로에서는 자칫 사고로 이어질 수 있겠다는 생각이 들어서 이 목사님은 결국 차를 판 딜러를 찾아갔습니다.

차를 살펴본 딜러는 처음에는 세계 최고의 기술을 자랑하는 도요타 새 차가 그럴 리가 없다고 딱 잡아뗐습니다. 하지만 이 목사님이 계속 차의 문제를 이야기하면서 믿을 수 없다면 차를 이틀 빌려 줄 테니 당신이 타고 이틀간 출퇴근을 해 보라고 했습니다. 그랬더니 그는 그럴 필요는 없고 몰 주변을 자기가 직접 운전해 보겠다고 했습니다. 이 목사님을 옆에 태우고 한동안 차를 몰아 본 딜러는 자기도 그렇게 느낀다고 시인했습니다. 하지만 차를 점검한 정비공은 기술적으로는 전혀 문제가 없다고 하면서 그냥 돌아가라고 했습니다. 이 목사님은 차의 문제가 해결되지 않았지만 다시 돌아올 수밖에 없었습니다.

그런데 그해 10월, 코롤라를 구입한 지 5개월 쯤 되었을 때 또 다른 문제가 발생했습니다. 한번은 비가 억수로 쏟아지는 날 차를 몰고 가다가 뒤 유리에 이슬을 제거하기 위해 뒤 창문 열선 스위치를 켰습니다. 그런데 얼마 지나지 않아 마치 누가 옆에서 총을 쏜 듯이 펑 하는 소리가 들렸습니다. 깜짝 놀라서 무슨 일인가 보니 뒤 유리가 뻥 뚫렸고 뒷좌석에 유리 조각이 가득했습니다. 이 목사님은 깜짝 놀라서 엉망이 된 차를 끌고 곧바로 인근 경찰서에 가서 신고했습니다.

신고를 받은 경찰은 우선 "당신에게 총 쏠 만한 사람이 있느냐?"고 물었습니다. 이 목사님은 그럴 사람이 없다고 했더니 그러면 도요타 딜러에 가서 차를 점검해 보라고 했습니다. 딜러에게 가서 점검해 보니 뒤 유리가 결함 있는 제품이라고 했습니다. 창문 열선에 과전류가 흘러서 과열되었든지 아니면 유리의 열처리가 덜 되어 열팽창을 견디지 못하고 깨어진 것입니다.

브레이크 문제도 여전했고, 뒤 유리도 결함이 있어서 이 목사님은 생각다 못해 딜러에게 차를 다른 것으로 바꾸어 달라고 요구했습니다. 그랬더니 딜러는 유리만 갈아 주면서 코롤라 구입 가격에 차액을 더 지불하고 더 크고 고급인 캠리나 아발론을 사면 바꿔 줄 수 있다고 말했습니다. 물론 차를 타고 다녔으니 그동안 냈던 월부금은 없던 걸로 한다는 조건으로…. 하지만 이 목사님은 자기는 더 큰 차를 살 여유가 없을뿐더러 새 차를 사서 문제가 생겼다면 완전히 고쳐 주든지 바꾸어 주든지 해야 하지 않느냐고 따졌습니다. 하지만 딜러는 막무가내였습니다. 계속 항의를 하자 나중에 딜러는 정 억울하면 당신 변호사를 찾아가서 소송을 제기하라고 했습니다!

이 목사님은 너무나 황당했지만 도리가 없었습니다. 분을 삼키면서 집에 돌아온 목사님은 곧바로 변호사들에게 전화를 해서 이 기가 막힌 사정을 이야기하고 어떻게 소송을 할 수 없겠느냐고 문의했습니다. 그런데 문의한 세 변호사들은 하나같이 소송을 하지 말라고 권유했습니다. 이유인즉 소송을 해 봐도 그 엄청난 도요타 변호사들을 이길 수가 없다는 것이었습니다. 한 변호사는 만일 신문에 게재해서 그런 피해자들이 여럿 모이면 법적인 대응을 할 수 있을 것이라고 했습니다. 심지어 한 변호사는 평생 괴롭게 살고 싶거든 소송을 하라고까지 충고했습니다!

민주주의 사회에서 어떻게 이런 일이 있을 수 있는가 싶어서 이 목사님은 동네 신문인 《Langley Times》에 자신이 당한 일을 기사로 써서 가져갔습니다. 담당 기자는 흥미가 있다면서 후에 연락할 테니 집에 가서 기다리라고 했습니다. 하지만 기사를 써서 보낸 지 한참 지났는데도 신문사에서 아무런 연락이 없었습니다. 그래서 신문사에 연락을 했더니 담당자가 좀 더 기다려 달라고 했습니다. 그런데 아무리 기다려도 신문사에서는 감감 무소식이었습니다. 말할 필요도 없이 도요타는 《Langley Times》의 주요한 광고주였습니다.

생각하다 못해 마지막으로 이 목사님은 일본 도요타 웹사이트 게시판에 들어가서 사장에게 항의하는 글을 남겼습니다. 하지만 누구로부터도 회신을 받지 못했습니다. 생각해 보니 파렴치한 공룡에게 계란을 던진 것이나 마찬가지였습니다. 이 목사님은 화가 머리끝까지 났지만 그렇다고 차를 버릴 수도 없고 조심하면서 코롤라를 타고 다니는 것 외에는 방법이 없었습니다.

근래 미국에서 시작된 도요타 자동차의 리콜 사태를 보면서 이런저런 생각을 해 봅니다. 사실 저도 처음 도요타 자동차 대규모 리콜 보도를 접했을 때는 도요타로 인해 무너진 미국의 자동차 회사들 때문에 미국 언론들이 도요타 차의 문제를 과장하여 보도하는 것은 아닐까 생각했습니다. 소위 '도요타 때리기', 혹은 '음모론' 쪽으로 생각이 기울어 있었습니다. 하지만 도요타 자동차의 문제가 심층적으로 파헤쳐지면서 그리고 그러는 과정에서 도요타가 보여 주는 태도를 보면서 이번 사태는 결코 우발적으로 일어난 일이 아님을 알게 되었습니다.

전문가들은 이번 도요타 사태는 궁극적으로 납품업자를 너무 쥐어짠 결과라고 봅니다. 도요타는 원가절감을 위해 납품업자와 공장을 쥐어짜기 시작한 2000년부터 3년간 원가를 무려 30% 줄였고, 그 이후에는 낭비를 줄인다는 명목으로 부품수 축소, 공정 단순화 등을 실시해 왔다고 합니다. 게다가 최근에는 엔고로 적자 경영에 시달리자 2009년 말 또다시 부품업체에 단가 인하를 요구하며 3년간 30% 원가 절감을 선언했는데, 그 과정에서 품질에 문제가 생겼던 것입니다.

이번 도요타 사태에는 납품업자를 과도하게 쥐어짠 것에 더하여 심각한 윤리적 문제도 있습니다. 지난 10년간 많은 언론이나 전문가들은 도요타가 부품에 하자가 있다는 증거를 발견하고도 근원적인 해결책을 제시하지 않고 미봉책으로 일관했다고 합니다. 게다가 자동차 결함이 발견되고 이로 인해 다치거나 죽는 사람들이 속출했는데도 도요타는 온갖 방법으로 책임을 회피하거나 은폐해 왔다는 의혹이 곳곳에서 발견되고 있습니다. 결국 이번 대규모 리콜 사태는 지난 여러 해 동안 도요타가 자사 자동차의 결함을 숨기려고 안간힘을 쓰다가 터진 문제라고 할 수 있습니다.

하지만 흥미로운 것은 온 세계가 도요타 자동차의 결함 및 도요타의 도덕성 문제로 떠들썩한데도 정작 일본 내 언론들은 약속이나 한 듯 조용합니다. 이유는 간단합니다. 일본 특유의 민족주의가 부분적으로 작용했을 수도 있겠지만 그보다는 일본 최대의 광고주인 도요타 자동차의 문제를 비판적으로 보도하면 그 언론에는 도요타가 광고를 주지 않기 때문입니다. 이것은 비단 일본 내 언론에게만 국한된 문제가 아닙니다. 미국의 주요 언론사들 중에서는 ABC 방송이 이번 도요타 문제를 가장 심층적으로 보도했습니다. 그리고 이어 ABC 방송으로부터 도요타 광고가 모두 사라졌습니다. 광고주에 의한 언론 탄압이지요!

이뿐이 아닙니다. 도요타는 막대한 자금을 쏟아부어 미국 정계에 전방위 로비를 하고 있습니다. 미 연방정부 발표에 따르면 도요타는 2009년 워싱턴에 31명의 로비스트를 두었으며, 지난 5년간 2,500만 달러를 로비 자금으로 사용했는데, 이는 다른 해외 자동차 업체들에 비해 훨씬 많은 액수라고 합니다. 도요타 로비스트 중에는 미 의회 관계자 8명과 전직 도로교통안전국(NHTSA) 직원까지 포함돼 있습니다. 2008년 이후 12명 이상의 의원들이 도요타 주식을 보유했으며, 심지어 이번 도요타 청문회를 이끄는 제인 하만 민주당 의원조차 도요타 주식이 11만 6천에서 31만 5천 달러에 이른다고 합니다. 이런 로비 약발 때문에 온 미국이 도요타의 도덕성에 분노하고 있는 가운데서도 스티브 베쉬어 켄터키 주 주지사는 다른 3명의 주지사와 함께 의회에 서한을 보내 "도요타사가 고객의 안전을 이익보다 훨씬 중요시 한다."며 도요타사에 대한 선처를 호소했습니다. 도요다 아키오 도요타 사장조차 자신들이 고객들의 우려를 경청하지 않았다는 점을 시인했는데도….

어쩌면 이번 도요타 자동차의 대규모 리콜 사태는 돈과 힘으로 밀어붙이기만 하면 어떤 사건도, 어떤 문제도 은폐할 수 있다는 일본식 거짓문화, 약한 소비자들을 협박하는 조폭문화, 무차별 로비로 감독자들의 눈과 귀와 입을 틀어막는 아첨문화가 빚어낸 결과라고 할 수 있습니다. 하지만 남을 속이는 자는 결국 자기가 속는 것이고, 아첨하는 자는 자기 신세를 망칠 뿐입니다. 바로 이런 자들을 경고하면서 잠언 기자는 "거짓말하는 자는 자기의 해한 자를 미워하고 아첨하는 입은 패망을 일으키느니라."고 한 것입니다(잠 26:28).

32. 하나님의 선물

1945년 8월 6일 이른 새벽, 괌 인근에 있는 티니언 섬(Tinian Island)을 이륙한 '하늘의 요새' B-29(Enola Gay)가 'Little Boy'로 명명한 폭탄을 싣고 출격했습니다. 이 비행기를 조종했던 티베츠(Paul W. Tibbets Jr., 1915-2007) 대령조차 이 폭탄이 TNT 2만 톤에 해당하는 위력을 갖고 있다는 사실을 막연히 알고 있었을 뿐 그것이 도대체 얼마나 굉장한 파괴력인지는 상상조차 하지 못하고 있었습니다.

6시간의 비행 후 폭격 목표이자 군수산업의 중심지인 히로시마에 노착한 티베즈는 오전 8시 15분에 리틀 보이를 투하했고, 낙하산에 매달린 원자탄은 계산된 대로 폭발 위력이 최대가 되는 지상 600m 상공에서 정확하게 폭발하여 엄청난 크기의 버섯구름을 만들었습니다. 거대한 B-29 폭격기였지만 폭발의 충격파를 피하기 위해 불과 40초 만에 159도의 각도로 날카롭게 회전하여 현장을 아슬아슬하게 피해야 했습니다. 고공에서 거대한 폭격기를 그처럼 빨리 회전시킬 수 있었던 것은 티베츠처럼 최고의 베테랑 조종사만 가능한 일이었다고 합니다.

원폭 투하의 결과는 참혹했습니다. 이로 인해 히로시마에서는 14만

명이 죽었고 10만 7천 명이 부상을 당했습니다. 후에 티베츠는 "만일 (신곡을 썼던) 단테조차 비행기에서 우리와 더불어 그 광경을 보았더라면 몸서리쳤을 것이다. 불과 수분 전에 그렇게 맑게 햇빛에 빛나던 도시가 이제는 무시무시한 흉물이 되었다. 무서운 연기와 화염 융단 아래서 도시는 완전히 사라져 버렸다."라고 회고했습니다. 티베츠는 1966년 준장으로 예편했습니다.

인류 역사상 최초로 원자폭탄을 투하했던 바로 그 티베츠가 2007년 11월 1일, 92세를 일기로 오하이오 주 콜럼버스 시에 있는 자택에서 뇌졸중으로 별세했습니다. 그는 생전에 자기가 투하한 폭탄으로 인해 24만 명 이상의 인명이 희생되었지만 이로 인해 조금도 양심의 부담을 느끼지 않는다고 했습니다. 그는 원자폭탄이 아니었다면 전쟁을 끝내기 위해 남은 유일한 대안은 일본 본토를 침공하는 것인데 그렇게 되면 원폭 투하보다 훨씬 더 많은 인명 피해가 생길 수 있었기 때문에 자신은 "죽인 생명보다 더 많은 생명을 구했다."고 했습니다. 그는 "우리가 그 폭탄을 갖고 있으면서 사용하지 않았다면, 그래서 백만 명 이상의 사람들을 죽게 했다면 그것은 도덕적으로 잘못한 것이다."라고 했습니다.

이러한 그의 변명은 이번이 처음은 아닙니다. 그는 언젠가 원폭 투하 기념식에서 "나는 아무것도 없는 데서 출발해서 계획하고 임무를 완수한 것이 자랑스럽다. 나는 매일 밤 잘 잔다."라는 말을 되풀이했습니다. 그가 90세가 되던 2005년 3월에도 "만일 내게 동일한 상황이 주어진다 해도 말할 필요도 없이 나는 또 그 일을 할 것이다."라고 했습니다. 물론 반대 주장도 많지만, 원폭이 아니었다면 더 많은 사람이 죽었을 것이고 원폭으로 인해 2차 대전이 빨리 끝났다는 티베츠의 주장도 일리가 없는 것은 아닙니다. 전쟁을 일으켜 온 세계를 불바다로 만든 일본의 죄를 생각한다면, 그에 상응하는 벌을 받아도 싸다고 생각할 수도 있습니다.

그러나 이런 모든 정황을 고려하더라도 자신의 원폭 투하로 수십만의 사람들이 죽고 다쳤다면 그리고 그들 중에는 전쟁이 무엇인지도 모르는 어린아이들까지 포함되어 있음을 생각한다면 원폭 투하 당사자로서 최소한의 마음의 부담은 느껴야 마땅할 것입니다. 어쩌면 그가 기회 있을 때마다 자신의 행위에 대한 정당성을 강변한 것 자체가 그의 양심의 부담 때문이었다고도 할 수 있을 것입니다. 자신이 아니더라도 누군가가 그 임무를 수행했겠지만, 특히 그가 명령에 살고 명령에 죽는 군인으로서 상부로부터 내려온 원폭 투하 명령을 거부할 수 있는 위치에 있지 않았음을 생각한다 해도 하필 그 임무를 자신이 수행하게 된 것에 대한 일말의 죄송함은 있어야 인간이라고 할 수 있을 것입니다.

모든 사람에게는 양심이 있지만 그것의 예민함은 사람마다 천차만별입니다. 어떤 사람은 "잎새에 이는 바람에도 나는 괴로워했다."고 말하는 사람이 있는가 하면 수많은 사람들을 죽이고도 아무런 양심의 가책을 느끼지 않는 사람들도 있습니다. 6백만 명의 유태인들을 살해한 나치 독일의 유대인 학살 책임자 아이히만(Adolf Eichmann)은 재판정에서 "그 행위를 하는 데 비열한 동기가 없었고 또 악행이라는 의식도 없었다."고 하면서 자신은 부죄라고 주장했습니다. 어떤 의미에서 아이히만도 상부 명령에 의해 행동한 사람이라고 할 수 있습니다. 하지만 그는 2차 대전 후 부에노스아이레스 근교에서 가족과 함께 숨어 살다가 이스라엘 비밀경찰에게 체포, 기소되어 1962년 교수형에 처해졌습니다.

티베츠에 관한 글을 읽으면서 저는 인간의 양심 한계에 대해 생각해 보았습니다. 사람은 하나님의 형상을 따라 지음 받았기 때문에 자신의 행위를 정당화할 수 없게 되면 괴로워합니다. 하지만 어떤 구실을 동원하더라도 정당화할 수만 있다면 무슨 일이든지 할 수 있는 것이 인간입니다. 때로는 살인도, 도둑질도, 강간도 정당화할 수만 있으면 큰 양심의 가책 없이 행할 수 있는 것이 인간입니다. 심지어 그 행동에 대해 자부심을 느끼기까지 할 수 있습니다. 타락으로 인해 하나님의 형상이 훼손되었기 때문이지요. 이것이 흔히 양심을 인간 행동의 최후의 보루라고 주장하는 사람들의 한계라고 할 수 있습니다. 칸트는 "하늘에는 별이 있고 인간의 마음에는 양심이 있다."고 했지만 그 양심조차도 마비 내지 오도될 수 있는 가능성이 있음을 인정해야 합니다.

　하나님 말씀의 중요성이 바로 여기에 있습니다. 하나님 앞에 자신을 드러내고 날마다 겸손하게 순종하겠다고 결심하는 사람들에게 말씀은 바다의 등대와 같은 분명한 길잡이가 될 수 있습니다. 물론 말씀조차도 때로 자신의 악한 행동을 정당화하기 위해 악용될 소지가 없는 것은 아닙니다. 그러나 그런 경우를 대비해 하나님께서는 우리를 고아와 같이 내버려 두시지 않고 돕는 보혜사 성령을 보내 주시겠다고 약속하셨습니다(요 14:18). 대부분의 예수 믿는 사람들은 자신의 악한 욕심을 위해 말씀을 오용할 때 가슴을 후려치는 성령님의 꾸중을 경험한 적이 있습니다. 양심의 가책, 말씀의 인도, 성령의 지적은 성도를 온전케 하시려고 하나님께서 우리에게 주신 선물이라고 할 수 있습니다. 하지만 성령의 역사는 꾸중하고 죄를 깨닫게 하는 데만 머무르지 않습니다. 때로 성령은 내밀한 음성으로 친히 우리를 격려하시기도 하고, 때로는 사람들을 통해 칭찬하심으로 우리를 일으켜 세우시기도 합니다.

04. 칭찬과 격려

33. 칭찬과 격려

언젠가 캐나다 앨버타 주 캘거리 지역에서 야구 지도자들이 청소년들을 위한 야구 리그를 만들고 있었습니다. 그래서 운동을 좋아했던 20대 청년 커티스는 팀 코치로 자원했습니다. 물론 코치라고 해 봐야 돈을 받는 직업은 아니고 자원봉사 수준이었습니다. 커티스 자신도 야구선수 출신이 아니고 그냥 야구를 좋아하는 정도였습니다. 교회에서 청소년들을 지도하면서 지역 야구팀 하나를 코치하고 싶은 생각이 들어서 자원한 것이었습니다. 하지만 커티스가 코치로 자원했을 때는 이미 일곱 개 팀의 코치가 모두 정해진 후여서 리그 관계자로부터 사리가 없다는 말을 들었습니다. 아쉬운 마음을 가지고 있었는데 며칠 후에 리그 담당자로부터 연락이 왔습니다. 새로운 팀을 하나 더 만들 수 있는데 여전히 코치를 맡을 수 있겠느냐고…. 제안을 받아들여서 커티스는 그 팀의 코치를 맡았습니다.

문제는 선수들의 기량이었습니다. 이상하게도 그 팀의 아이들은 야구를 도무지 잘하질 못했고, 개중에는 야구공을 처음 만져 본다는 아이들도 있었습니다. 나중에 알게 된 사실인데 지역 아이들 중에 그래도 기량이 좀 나은 아이들은 모두 이미 다른 팀의 선수로 선발이 되었고, 커티스는 어디에도 선발되지 못한 아이들로 만들어진 팀을 맡게 된 것이었습니다. 그러니 아이들의 야구 실력은 물어볼 필요도 없이 최하위였지요. 다른 팀의 아이들은 그 팀을 '레프트오버'(Leftover)라고 불렀는데, 이는 '나머지' 혹은 '남은 찌꺼기'라는 의미였습니다. 그래서 커티스 팀의 아이들은 스스로도 여덟 번째인 자기들 팀의 이름을 '레프트오버'로 정했습니다!

이제 정규 리그를 위한 훈련이 시작되었습니다. 커티스 코치의 훈련 방법은 뭐 특별한 것이 없었습니다. 자신도 선수가 아니니 가르칠 만한 대단한 기술도 없었지요. 하지만 커티스의 한 가지 독특한 점은 지치지 않고 칭찬과 격려를 하는 것이었습니다. 조금만 잘해도 크게 칭찬하고, 실력이 없는 아이들에게도 늘 열심히 하기만 하면 다음에는 잘할 수 있다고 격려했습니다. 제일 실력이 없는 레프트오버 아이들이었지만 코치의 칭찬과 격려에 신이 나서 연습을 했습니다. 아이들은 연습 시간이 돌아오기를 눈이 빠지게 기다렸고, 자연히 다른 팀들보다 더 열심히 연습했습니다.

다른 팀들은 하루에 한 번씩 모여 연습하였는데, 레프트오버는 아침, 저녁으로 하루에 두 번씩 모여서 연습했습니다. 평일 아침에는 학교에 가야 하기 때문에 그 전에 연습하려면 새벽에 모일 수밖에 없었습니다. 늘 아침에 늦잠을 자는 아이들을 깨우는 데 진절머리가 난 부모들은 아이들이 운동을 위해 스스로 새벽에 일찍 일어나는 것이 대견스럽기만 했습니다. 게다가 저녁에 모일 때는 반드시 학교 숙제를 모두 마친 아이들만 연습에 참가하게 했기 때문에 아이들이 숙제를 잘 안 해서 늘 골머리를 썩이고 있던 부모들로서는 코치가 너무 고마웠습니다.

드디어 연습 기간이 지나고 시즌이 시작되었습니다. 그런데 놀랍게도 레프트오버는 처음부터 선전하기 시작하는 게 아닙니까. 제일 실력이 없는 아이들로만 구성된 팀이었지만 워낙 연습을 많이 해서 기량이 놀랍게 향상된 것이었습니다. 리그에서는 각 팀들끼리 두 차례씩 경기를 하는데 레프트오버는 지고 있다가도 역전하는 예가 많았습니다.

한번은 이전에 진 적이 있어서 팀 전체가 주눅이 잔뜩 든 강한 팀과 경기를 한 적이 있었습니다. 9회 말 공격을 하는데 이미 투아웃 상태였고, 타자는 그 팀에서 가장 실력이 없는 아이 차례였습니다. 이 아이는 한 번도 안타를 친 적이 없는, 아니 타석에서 헛스윙조차 못했던 아이였습니다. 연습 때는 스윙을 하곤 했지만 실전에서는 당황만 할 뿐 방망이를 휘두른 적이 없었습니다. 점수는 뒤지고 있었고 이미 볼카운트는 2 스트라이크. 두 명의 주자가 진루해 있었지만 승리는 물건너간 것처럼 보였습니다. 입이 타 들어가던 코치는 보다 못해 작전타임을 요청했습니다. 그리고 그 아이에게 다가가서 조용히 말했습니다.

"얘, 너의 스윙은 너무나도 좋아. 다만 지금까지는 공이 네 방망이에 맞지 않았던 것뿐이야. 그래서 제대로 휘둘러 방망이를 공에 맞추기만 하면 된다. 다음에 공이 오면 힘껏 휘둘러라. 잘할 수 있을 거야!"

이미 이때 쯤에는 외야에 나가 있던 상대 수비수들이 타자의 '실력'을 알고 모두 내야로 몰려들어 전진 수비 대형으로 섰습니다. 드디어 투수는 공을 던졌고, 선수는 코치의 지시대로 방망이를 힘껏 휘둘렀습니다. 놀랍게도 코치의 예언대로 공은 방망이에 맞았고, 공은 수비수가 한 명도 없는 외야 한가운데로 날아갔습니다. 홈런도, 대단한 장타도 아니었지만 외야에 수비수가 아무도 없으니 나가 있던 두 명의 선수들이 모두 홈으로 들어왔습니다. 막상 타자는 스스로 너무 놀랍고 좋아서 그 자리에서 펄쩍펄쩍 뛰고 있을 뿐 달릴 생각조차 못하고 있었습니다. 1루로 달리라고 소리치는 코치의 쉰 목소리를 듣고서야 비로소 뛰기 시작했습니다. 비록 타자는 홈으로 들어오지 못했지만 결과는 역전승이 었습니다. 한 번도 방망이를 휘둘러보지도 못했던 아이가 코치의 칭찬 과 격려 때문에 결정적인 순간에 예상을 뒤엎고 적시타를 날린 것입니다. 이렇게 해서 레프트오버는 총 14번의 리그 경기에서 단 한 차례만 졌을 뿐 놀랍게도 나머지 13게임에서 모두 이겼고, 리그 사상 전무후무한 성적으로 우승했습니다!

바로 그 팀의 코치를 맡았던 커티스(Curtis Congo)가 이제 60대가 되어 캐나다연합신학대학원(ACTS)의 리더십 교수로서 밴쿠버기독교세계관 대학원(VIEW)의 '기독교 리더십의 기초'(Christian Leadership Foundation) 과목을 가르치고 있습니다. 지난 30여 년간 리더십을 가르치고 있는 커티스 교수는 칭찬과 격려가 리더십의 가장 중요한 요소임을 누구보다도 잘 알고 있었습니다. 그래서 그의 강의 시간은 처음부터 끝까지 칭찬과 격려로 이어집니다. 칭찬은 이미 성취한 것을 인정하는 것이지만 격려는 있는 그대로나 때로는 미래의 가능성을 바라보면서 용기를 북돋우는 것입니다. 그는 이것이 바로 예수님의 리더십임을 알고 있었습니다.

예수님은 나다나엘이 자기에게 나아오는 것을 보고 참 이스라엘 사람이며, 그 마음에 간사한 것이 없다고 칭찬하셨습니다. 예수님은 갈릴리 호수에서 물고기를 잡던 시몬을 보고 오감하게도 '반석'이라고 격려해 주셨습니다. 예수님의 다른 제자들도 대부분 별 볼 일 없던 갈릴리 시골의 촌뜨기들이었지만 칭찬과 격려로 인해 스승의 가르침을 위해 목숨을 내놓는, 그래서 세계 역사의 물꼬를 바꾼 귀한 인생을 살 수 있었던 것입니다. 혹자의 말처럼 격려는 마른 나무를 싹 틔우고, 칭찬은 고래도 춤추게 합니다. 비록 타락으로 인해 훼손되기는 했지만 모든 인간에게는 하나님의 형상이 있기 때문입니다.

34. 섬기는 지도자

헤르만 헷세(Hermann Hesse, 1877-1962)가 쓴 『동쪽으로의 여행』에 다음과 같은 이야기가 있습니다. 아마 헷세 자신의 인생 역정을 은유적으로 표현한 것이라고도 생각되는 이 이야기에는 함께 먼 여행을 하는 일단의 여행팀이 등장하고, 이 팀에는 레오라는 사람이 있었습니다. 그는 다른 여행자들과 더불어 여행하면서 그들의 시시콜콜한 허드렛일들을 도와주는 시종이었습니다. 필요하면 그는 다른 사람들을 격려하기도 하고, 때로는 노래를 불러서 즐겁게도 해 주었습니다. 레오는 보통 때는 사람들의 눈에 잘 띄지 않아서 사람들은 그가 있는지조차 잘 모르기도 했습니다. 레오가 있는 한 사람들은 여행하는 데에 별 어려움을 느끼지 않았습니다.

그렇지만 정말 레오가 자리를 비우면 문제가 발생하기 시작했습니다. 시종에 불과한 레오였지만 그가 없으면 사람들은 우왕좌왕했습니다. 사람들은 어디로 가야 할지 몰랐으며, 서로 간에 의견 충돌이 생기면 도대체 합의점을 찾을 수가 없었습니다. 그러다가도 레오가 나타나면 분위기가 달라지기 시작했습니다. 레오의 겸손하고 섬기는 모습을 보면서 큰소리를 지르던 사람들도 머쓱하게 되어 목소리를 낮추었습니다. 아무도 레오를 그 여행팀의 지도자로 세우지 않았지만 그로 인해 여행은 아주 성공적으로 마칠 수 있게 되었습니다.

여행이 끝나고 여러 해가 지났습니다. 여행에 참여했던 사람들 중한 사람이 우연히 그 여행을 후원했던 수도회를 방문할 일이 생겼습니다. 그런데 그는 거기서 예상치 않게 레오를 만났습니다. 그런데 더 놀라운 것은 레오가 시종이 아니라 그 수도회를 이끄는 탁월한 지도자였다는 사실이었습니다.

이것은 오늘날 섬기는 지도자의 개념을 처음으로 제창했던 그린립이 1970년, 자신의 『섬기는 지도자』라는 소책자에서 소개하고 있는 이야기입니다. 그린립은 여기서 출발하여 오늘날 성경적 리더십의 상징처럼 되어 있는 '섬기는 지도자' 개념을 제창했습니다. 그의 리더십 모델은 오늘날 수많은 기독교 리더십 연구 단체들의 핵심 개념이 되고 있습니다.

기독교세계관대학원을 비롯하여 많은 기독교 기관들과 대학들이 '섬기는 지도자' 양성을 모토로 하고 있습니다. 그리고 많은 그리스도인들은 섬기는 지도자상의 대표적인 예로서 예수님을 듭니다. 실제로 예수님은 일평생 남을 섬기기 위해 사셨고, 다른 사람들을 위해 목숨을 버린 분이기 때문에 예수님만큼 섬기는 지도자의 푯대가 될 수 있는 분도 없습니다. 그런데 놀라운 것은 정작 섬기는 지도자 개념을 제창했던 그린립 자신은 그리스도인이 아니었다는 사실입니다. 그렇다고 그린립이 기독교 계통의 기관에서 일한 것도, 기독교인들과 일한 것도 아니었습니다.

그린립은 일평생 미국 전신전화회사(AT&T)에서 근무하면서 경영 연구, 개발, 교육 책임자로 일했습니다. 그러면서 그는 인근에 있는 M.I.T. 경영대학원(Sloan School of Management)과 하버드경영대학원(Harvard Business School)을 비롯한 몇몇 일반 대학에서 강의를 했습니다. 그가 관여했던 다른 기관들도 마찬가지입니다. 그가 자문역을 맡았던 오하이오대학(Ohio University), M.I.T., 포드재단, 멜론재단(R.K. Mellon Foundation), 릴리재단(Lilly Endowment), 미국경영연구재단(American Foundation for Management Research) 등도 기독교와 큰 관련이 없습니다. 물론 때로 그린립은 교회나 기독교 기관들에 대한 경영 자문도 했지만 기본적으로 섬기는 지도자로서의 개념은 그린립의 기독교적 신앙에서 나온 것이 아닙니다.

그린립은 일평생 사람들의 모임인 조직만을 연구한 사람이었습니다. 그는 늘 어떻게 하면 더 나은 조직, 사람들을 더 잘 돌볼 수 있는 사회를 만들 수 있을 것인가를 고민했습니다. 그러면서 수많은 독서와 묵상, 현장 자문 등을 통해 그가 추출해 낸 리더십의 엑기스는 바로 '섬기는 지도자'(Servant as Leader) 개념이었습니다. 이러한 리더십 개념을 확장하여 그린립은 몇 편의 논문을 발표했습니다. 위에서 언급한 '섬기는 지도자'는 그 첫 번째 논문이고, 이어 '섬기는 기관'(Institution as Servant), '섬기는 이사회'(Trustee as Servant), '섬기는 선생'(Teacher as Servant) 등은 리더십의 핵심이 무엇인지를 확실하게 지적하고 있습니다. 이 모든 논문들도 '섬김'이라는 핵심에서 벗어나지 않고 있습니다.

그린립의 리더십 혜안은 비록 예수를 믿지 않는 사람이라도 정말 사람들을 더 잘 섬길 수 있는, 다시 말해 사람들을 더 잘 사랑할 수 있는 방법에 집중하게 되면 성경의 리더십 원리를 발견할 수 있음을 보여 줍니다. 그러므로 예수를 믿건 믿지 않건 지도자로 선택된 사람들은 어떻게 하면 사람들을 더 잘 섬길 수 있는지를 고민해야 합니다.

35. 코리안 르네상스

언젠가 한국을 방문하는 중 저는 대학 강의를 위해 기차를 타고 가다가 휴대전화를 잃어버린 적이 있었습니다. 저녁에 기차를 타고 대구로 내려갔는데, 시차로 인해 깊은 잠에 곯아떨어졌다가 안내 방송을 듣고 허겁지겁 내리는 통에 허리에 차고 있던 휴대전화가 떨어진 줄을 몰랐던 것입니다. 저는 기차에서 내려 역사를 빠져나온 직후 휴대전화가 없어진 것을 확인했는데 순간 앞이 캄캄했습니다. 처가에서 빌린 전화이기도 했지만 많은 사람들에게 이미 오래전부터 제가 한국에 오면 이 전화로 연락하라고 광고했고, 게다가 이제 막 첫 번째 한국 일정을 시작하는 터였기 때문이었습니다.

　한참을 고민하다가 묵고 갈 친구 집에 와서 전화를 했습니다. 그런데 처음에는 아무도 저의 휴대전화를 받지 않았습니다. 그런데 몇 차례 전화를 시도한 후에 드디어 열차 승무원과 연락이 되었습니다. 승무원은 어떤 승객이 자기 옆자리에 떨어진 휴대전화를 주워서 자기에게 주었다고 했습니다. 그러면서 내일 오전 중에 서울역 유실물 센터에 맡겨둘 테니 찾아가라고 했습니다. 말할 필요도 없이 저는 다음날 오전, 다른 분에게 부탁해서 서울역에 가서 전화를 찾아 지방에서 택배로 휴대전화를 받았습니다. 사실 저는 이전에도 이 휴대전화를 잃어버렸다가 되찾은 적이 있었는데 이번에도 비슷하게 되찾은 것입니다. 휴대전화 분실 사고를 겪으면서 저는 이젠 정말 우리 국민의 수준이 많이 높아졌다는 생각을 하게 되었습니다.

　그러면서 얼마 전, 텔레비전에서 프랑스 근해에 좌초한 큰 화물선으로부터 인근 주민들이 물건을 훔쳐 가는 모습을 방영한 것을 떠올려 보았습니다. 주민들이 아무런 부끄러운 기색도 없이 배에서 떨어진 남의 물건을 훔쳐 가는 것을 보면서 저는 비슷한 상황이 우리나라 근해에서 일어났다면 어떠했을지 생각해 보았습니다. 저는 한국을 방문하면서 우리 국민들의 의식뿐 아니라 여러 면에서 수준이 많이 높아졌다는 사실을 확인할 수 있었습니다.

　외국에 살다가 가끔 한국을 방문하는 교포들은 우선 곳곳에 시원하게 뻥뻥 뚫린 고속도로 때문에 놀랍니다. 10여 년 전까지만 해도 제가 일하던 대구에서 저의 고향인 점촌까지는 두 시간 반이 소요되었습니다. 그런데 이제는 경부고속도로를 타고 김천까지 가서 내륙 고속도로를 타면 점촌까지 불과 1시간 남짓 걸릴 뿐입니다. 경주로 돌아서 한 시간 반이 걸리던 대구-포항도 이제는 고속도로를 통해 불과 50분이 채 걸리지 않습니다. 그 많은 산과 계곡들을 터널로, 다리로 연결해서 어디서나 시속 110km를 달릴 수 있는 고속도로들이 사통팔달로 뚫려 있는 나라. 자랑스런 우리나라의 모습입니다.

그 유명한 한국인의 기동성은 어떻습니까? 사실 그동안 많은 내외국인들이 우리나라의 '빨리 빨리 문화'를 비웃었습니다. 그러면서 백 년을 내다보면서 천천히, 튼튼하게 일하는 선진국 사람들의 관행을 부러워했습니다. 하지만 이제 한국인들은 '빨리 빨리'에 더하여 튼튼하게 일하는 두 마리 토끼를 동시에 잡고 있습니다. 사실 건설 현장에서 가격 경쟁력과 직결되어 있는 공기(工期) 단축은 튼튼한 시공 못지않게 중요한 요소입니다. 그러므로 근래 한국 기업들이 세계 곳곳에서 경쟁사들을 따돌리면서 대규모 공사들을 수주하는 것은 전혀 이상한 일이 아닙니다.

캐나다에 살면서 저는 캐나다인의 느려 터진 일 속도 때문에 답답한 적이 한두 번이 아니었습니다. 제가 몸담고 있는 학교만 그런 것이 아닙니다. 저의 가족이 캐나다에 도착했던 1997년부터 교통 혼잡 때문에 밴쿠버 시내로 들어가는 1번 고속도로를 확장하고 프레이저 강을 건너는 다리를 하나 더 건설해야 한다는 말이 선거 때마다 이슈로 등장했지만 이제야 겨우 두 번째 다리 건설이 진행되고 있습니다. 그러니 사람들은 이제 평일에도 거의 하루 종일 교통 체증에 시달리고 있습니다. 아마 지금 건설하고 있는 다리가 완공되더라도 교통 체증이 다소 완화되기는 하겠지만 해결되지는 않을 것이 분명합니다. 어쩌면 완공되기도 전에 또 다른 고속도로와 다리를 하나 더 건설해야 할 판입니다.

물론 고속도로만으로 한 나라 전체를 평가할 수는 없습니다. 저는 많은 한국인들이 그토록 절망하는 교육도 생각보다 그렇게 절망적이지 않다고 믿습니다. 저는 오랫동안 한국의 사범대학에서 근무했고, 지금도 캐나다 학교에서 일하지만 여전히 한국 교육에 대한 분명한 믿음을 갖고 있습니다. 많은 사람들이 한국 교육에 절망하면서 자녀들을 위해 소위 '교육 엑소더스'를 하고 있음을 압니다. 또한 캐나다 교육이 우리보다 한 수 위라는 사실도 부인하지 않겠습니다. 하지만 그렇다고 해서 캐나다 교육이 연간 2,500만 원 이상의 돈을 써 가면서, 멀쩡한 아이들을 반 고아로 만들고, 부부가 생이별을 해 가면서까지 자녀들을 조기 유학을 시켜야 할 정도로 낫지는 않습니다. 이런저런 사유로 부모가 해외에 나갈 수밖에 없는 상황이라면 자연스럽지만 그렇지 않고 어린아이들만 혼자, 혹은 엄마만 대동한 채 해외에 조기 유학을 내보내는 것은 절대로 득보다 실이 많습니다!

캐나다나 미국 등의 선진국 교육이라고 해서 문제가 없는 것이 아니며, 한국 교육도 한국인들이 생각하는 것처럼 그렇게 절망적이지도 않습니다. 정말 절망적인 것은 우리 상황을 절망이라고 보는 바로 그 마음입니다. 정말 무너진 것은 우리의 교육이 아니라 우리의 교육을 두고 스스로 절망하는 우리의 자존감입니다. 자존감은 하나님의 형상의 일부이기 때문에 저는 한국 교육의 회복을 위해서는 조기 유학이 아니라 하나님의 형상을 회복하기 위한 신앙교육이 필요하다고 믿습니다.

교육과 더불어 한국인들이 가장 절망하고 있는 분야라면 정치를 들 수 있을 겁니다. 저는 노무현 대통령이 이끌었던 '참여정부'의 치적을 두고 긍정적으로 말하는 경우를 거의 듣지 못했습니다. 이것은 국내뿐 아니라 제가 살고 있는 캐나다 교민 사회에서도 마찬가지입니다. '적화는 되었는데 통일만 안 되었다', '도자기 가게에 뛰어든 황소' 등 여전히 현 정부에 대한 비난과 분노, 절망이 대세를 이루고 있지만 이젠 정치가 아무리 죽을 쒀도 한국의 성장 동력을 멈추게 할 수는 없을 겁니다.

저는 후대 역사가들이 지난 한두 세대 동안의 한국의 발전을 가리켜 '코리안 르네상스'라고 부르지 않을까 생각합니다. 땅 크기로 따진다면 캐나다의 100분지 1도 안 되는 작은 대한민국이 세계에서 무역량 11등 내외를 기록하고 있는 것이나, 반기문 장관이 유엔 사무총장이 된 것만이 코리안 르네상스의 증거는 아닙니다. 자동차나 배, 휴대폰이나 액정 디스플레이, 그 외 여러 분야에서 많은 한국 제품들이 세계 제일의 품질을 자랑합니다. 이제는 일본에 가더라도 '메이드 인 코리아'는 좋은 제품이라는 인식이 폭넓게 확산되어 있습니다.

일류 하드웨어에 더하여 한국에서 만든 각종 문화콘텐츠들은 어떻습니까? 요즘 동남아인들을 열광시키는 한류 열풍은 사실 10년 전까지만 해도 아무도 상상하지 못한 일이었습니다. 요즘 한국 드라마를 보면 탤런트들이 마치 신들린 듯한 연기를 하고 있습니다. 한국인이든, 외국인이든 한국 드라마 맛을 본 사람들은 다른 나라 드라마는 재미가 없어서 볼 수가 없습니다. 그러니 이젠 한국 드라마 보려면 볼 만한 다른 나라 드라마들은 미리 봐 둬야 할 판입니다!

요즘 한국의 모습을 보면 파죽지세라는 말이 생각납니다. 근래 미국의 세계적 투자 은행인 골드만삭스(Goldman Sachs)는 "2050년 한국의 1인당 소득은 미국에 이어 세계 2위가 된다."는, 우리도 믿기 힘든 보고서를 내놨습니다. 나아가 골드만삭스는 미래의 세계 경제 지도에서 한국의 경제규모(GDP)가 2025년 세계 9위로 올라설 것이라는 예상을 내놨습니다. 그것도 이번이 처음이 아니라 이전에도 비슷한 전망을 내놓은 적이 있는 것과 골드만삭스의 국제적 신인도(信認度)를 생각한다면 이는 결코 주먹구구식의 예측도, 한국 정부로부터 로비를 받아서 내놓은 전망도 아닙니다. 몇 해 전 주한미상공회의소 소장을 역임했던 제프리 존스 변호사가 "한국인이 얼마나 위대한지를 모르는 것은 한국인뿐이다."

라고 한 말도 좀 더 진지하게 생각해 봐야 합니다.

저는 결코 값싼 민족주의나 해로운 국수주의를 부추기는 것이 아닙니다. 한국이 직면하고 있는 국내외적인 여러 도전들을 일부러 모르는 척 하는 것도 아닙니다. 하지만 어느 나라, 어느 민족이건 나름대로 여러 난제들을 갖고 있음을 기억해야 합니다. 이젠 그 도전들에 더하여 하나님이 우리 민족에게 주신 축복을 헤아리는 마음의 여유도 가져야 한다는 것입니다. 남들이 아무리 한국은 좋은 나라, 한국인은 괜찮은 사람들이라고 말해도 우리 스스로 기어이 우리는 그렇지 않다고 주장한다면 이것이야말로 진정한 절망입니다. 그 마음은 겸손도, 미덕도 아닌, 사탄의 사주일 뿐입니다. 스스로에 대한 자조(自嘲)를 멈추고 하나님께서 우리 한국인들에게 주신 은사와 축복을 확인하고, 이젠 어떻게 세계를 섬겨야 할 것인가를 진지하게 생각해야 할 때입니다.

36. 한국의 경쟁력

저는 오늘로서 일본에서 지낸 나흘을 포함하여 총 25일간의 방일, 방한 일정을 모두 마치고 가족들이 기다리는 밴쿠버로 돌아갑니다. 21일간의 한국 방문에서는 서울, 제주도, 평창, 포항 등 10개의 다른 장소에서 50시간의 강의를 했으며, 10여 명의 사람들을 면담했습니다. 저는 한국을 방문할 때마다 느끼는 바가 조금씩 다른데 폭염 속에서 이루어진 이번 스무 번째의 방한에서는 다른 어떤 때보다 우리 한국이 자랑스럽다는 생각을 많이 했습니다.

지금까지 우리는 인구밀도가 높은 좁은 땅에서 오랫동안 살아온 탓에 큰 땅, 인구밀도가 낮은 캐나다나 미국, 호주와 같은 나라들을 부러워했습니다. 하지만 이번 방한을 결산하면서 저는 좀 다른 생각을 했습니다. 만일 제가 지난 3주간에 걸쳐서 한 일을 캐나다에서 하려면 얼마나 많은 시간과 비용이 필요했을까요? 적어도 3배 이상의 시간과 비용이 소요되었을 것입니다. 아마 대부분의 시간을 공항에 오가면서 소모했겠지요. 이런 생각을 하면서 국가 경쟁력에 대한 생각을 달리하게 되었습니다.

지난 200여 년간의 산업시대에는 국가의 부가 주로 땅에서 나오는 자원에 의존했습니다. 농산물을 비롯하여 석탄이나 석유를 비롯한 각종 광물자원이나 임산자원 등으로 부유해지려면 반드시 넓은 땅이 있어야 합니다. 자기 국토가 크지 않으면 식민지를 개척해서라도 큰 땅을 차지하는 국가가 부자 나라, 살기 좋은 나라가 될 수밖에 없었고, 우리는 그런 나라들을 부러워했습니다. 그래서 저 푸른 초원 위에 그림 같은 집을 짓고 살고 싶어서 미국으로, 캐나다로, 호주로, 뉴질랜드로 그도 저도 어려우면 브라질이나 아르헨티나, 파라과이로 이민을 갔지요.

하지만 이번 방한을 통해 저는 큰 국토가 항상 국가 경쟁력을 결정하는 것이 아님을 알게 되었습니다. 정보화 사회에서 부가가치가 높은 첨단기술은 땅에서 나오는 것이 아니라 사람들의 창의력, 즉 두뇌에서 나오는 것입니다. 그리고 그런 창의력은 빠른 정보 전달과 효과적인 정보 공유를 통해 증폭되기 때문에 창의적인 사람들의 밀도가 높고, 그런 사람들 사이의 교류가 활발한 나라가 빨리 발전합니다. 비록 높은 인구밀도로 인해 길거리에서 사람들과 부대끼는 것이 좀 피곤하기는 하지만 정보 전달 속도에 관한 한 세계에서 한국을 따를 나라가 없습니다. 높은 인구밀도와 작은 국토는 그 자체가 대단한 경쟁력일 수 있다는 말이지요.

그렇다고 한국이 작은 국토에 인구밀도만 높습니까? 이미 우리나라는 고속철로 인해 전국이 반나절 생활권으로 바뀐 지 오랩니다. 서울에서 대구까지 고속철로 불과 1시간 40분이 소요되는 것을 비롯하여 고속철로 연결된 주요 도시들은 대부분 두세 시간 이내에 이동할 수 있습니다. 비록 처음에는 기술 이전을 받기는 했지만 이제는 우리 기술로 만든 고속철이 세계 최고의 수준을 자랑합니다. 고속철은 속도만 빠른 게 아니라 승차감도 탁월합니다. 시속 300km로 달리는 기차 안에서 책을 읽거나 컴퓨터로 일하는 것이 전혀 문제가 되지 않습니다. 사실 고속철의 속도는 기껏해야 시속 200km밖에 못 달리는 세스나 경비행기보다 훨씬 빠른 것입니다. 북미주 사람들이 자가용 비행기가 있다고 자랑할 바가 못되는 것이지요.

고속도로는 어떻습니까? 한때 미국에서 살다가 온 사람들은 꿈에도 미국의 고속도로를 잊지 못한다고 합니다. 하지만 이제는 한국의 고속도로도 그에 못지않게 좋습니다. 국토가 좁아서 고속도로의 총 연장은 미국에 비할 수 없지만 도로 설계나 표지판, 노면의 질, 심지어 주변 경관까지 한국의 고속도로는 세계 어느 나라보다 탁월합니다. 좁은 국토에 거미줄처럼 깔린 고속도로망 때문에 전국 어디서나 대부분 30-40분 이내에 고속도로에 진입할 수 있는 나라. 이것이 자랑스러운 우리 조국의 모습입니다.

전화 사정은 어떻습니까? 어린아이들을 제외하면 휴대전화가 없는 사람이 없고, 70대 노인들도 문자를 보내느라 분주한 나라는 전 세계적으로 한국밖에 없습니다. 게다가 한국은 세계에서 가장 예쁘고, 편리하고, 날렵한 휴대폰을 만드는 나라이며, 해외 청소년들이 졸업선물로 가장 받고 싶어 하는 것이 한국산 휴대폰입니다. 어느 나라가 한국처럼 정보나 아이디어의 이동속도가 빠릅니까? 국민성 자체가 원래 상호작용적인데다가(interactive), 이를 뒷받침해 줄 수 있는 정보 기술이 있고, 나아가 물리적으로 이를 연결해 줄 수 있는 도로와 각종 운송 수단이 있는 나라. 바로 자랑스러운 우리나라입니다.

말 나온 김에 지하철도 그냥 지나칠 수 없지요. 서울 지하철 1호선을 개통했다고 온 국민이 흥분했던 게 엊그제 같은데 불과 한 세대가 지나지 않아 이제는 노선을 표시하는 색깔이 부족할 정도로 지하철이 많이 생겼으니 "대한민국 만세!"입니다. 비록 우리가 세계에서 처음 지하철을 만든 것은 아니지만 서울을 비롯한 한국의 주요 도시의 지하철 수준은 세계 최고입니다. 특히 수도권 전철은 지하철의 원조라고 할 수 있는 런던, 파리보다 낫고, 밴쿠버를 비롯하여 뉴욕, 시카고, 동경 등등. 제가 사용해 본 다른 어떤 도시의 지하철보다 깨끗하고, 편리하며, 잘 연결되어 있고, 값까지 저렴합니다. 게다가 북쪽으로는 의정부까지, 서쪽으로는 인천공항까지, 남쪽으로는 아산까지 연결되어 있어서 전 국민의 절반 이상이 전철로 연결될 수 있으니 이런 기가 막힌 나라가 어디 있습니까!

공항은 어떻습니까? 인천공항을 단 한 번이라도 사용해 본 사람이라면 세계 제일이라는 것이 결코 민족주의적 우월감에서 나온 말이 아님을 알 수 있습니다. 제가 사는 밴쿠버나 토론토 공항은 말할 것도 없고, 유명한 런던 히드로, 뉴욕 케네디, LA 브래들리, 시카고 오헤어, 시애틀 씨택, 도쿄 나리타, 오사카 칸사이, 파리 드골, 홍콩 첵랍콕 등 어떤 공항도 인천공항에 비할 바가 아닙니다. 깨끗하고 편리하며, 공항이 크지만 동선이 짧고 간단하며, 출입국 절차도 신속하기 이를 데 없습니다. 공항에 연결된 편리한 대중교통수단들에 더하여 한국인의 예술성을 유감없이 보여 주는 최신 패션의 공항 건물, 이착륙할 때 하늘에서 내려 보이는 주변의 절경은 또 어떻습니까! 우리나라, 정말 괜찮은 나라입니다.

그렇다고 우리가 눈에 보이는 하드웨어만 잘 만드는가요? 아닙니다. 서비스의 질도 눈에 띄게 확 달라졌습니다. 과거에는 관료적이라고 비난받던 공무원들도 이제는 친절하고, 정확하고, 신속할 뿐 아니라 서비스의 질을 제고하기 위한 온갖 제도들을 도입, 시행하고 있습니다. 잘 연결된 온라인망을 통해 전국 어디서나 호적등본 등 각종 민원을 순식간에 해결할 수 있는 나라가 우리나라입니다. 공공 기관의 서비스에 더하여 철도나 버스, 택시 등도 쾌적하고, 친절하고, 값이 저렴합니다. 사실 근래에 제가 이용해 본 여러 항공사들 중 한국 항공사들만큼 친절하고 서비스가 좋은 곳이 없었습니다. 밴쿠버에서 싱가포르를 자주 오가는 어떤 인도 사업가는 서비스가 너무 좋아서 값이 좀 더 비싸도 항상 한국 항공사만을 이용한다고 했습니다.

교회는 어떻습니까? 눈을 씻고 봐도 교회는 보이지 않고 구석구석에 빠칭꼬, 담배포, 맥주집, 비디오집 따위만 보이는 일본에 비해 한 집 건너 하나씩 교회가 있는 우리나라! 정말 복 받은 나라 아닙니까! 엄청난 은행 잔고를 갖고도 우거지상으로 살아가는 일본인들에 비해 국민소득은 좀 낮지만 하나님을 잘 믿고 기쁘게 살아가는 한국인들. 개신교 역사가 150년도 안 되었지만 미국에 이어 두 번째로 선교사를 많이 파송한 나라(인구 대비로는 이미 최다 선교사를 파송하고 있지만), 게다가 선교를 자원하는 엘리트 청년들이 줄을 서고 있는 나라, 미국 사람들이 만들었지만 이제는 세계에서 가장 크고 역동적인 기독실업인회(CBMC)를 만든 나라, 이곳저곳에서 순교의 피를 흘리고 있는데도 불구하고 전 세계 구석구석에 앞을 다투며 수많은 자원봉사자들이 나가는 나라. 자랑스러운 조국 대한민국의 모습입니다.

정치는 어떻습니까? 수년 전 한나라당 대선후보 경선에서 박근혜 씨의 깨끗한 승복은 민주주의를 한 차원 높였습니다. 그동안 경선에 떨어지거나 떨어질 만하면 온갖 구실을 내세워 새로운 당을 만들거나 당적을 옮겨 출마하는 구태(舊態)의 정치에는 종지부를 찍었다고 할 수 있습니다. 이제는 우리 국민들도 그런 대통령병 환자나 철새 정치인들을 구별해 낼 수 있는 수준이 되었다고 봅니다.

그러면 우리의 할 일은 무엇일까요? 이제 우리는 이 자랑스러운 나라를 조국으로 주신 하나님께 감사하고, 이런 나라를 물려준 우리 선조들과 이런 나라를 만들 수 있게 했던 우리 교육제도를 자랑스럽게 생각해야 합니다. 나아가 이 축복을 온 국민들이 골고루 누릴 수 있도록 양극화를 개선하고, 이 축복을 어려움 가운데 있는 다른 여러 나라 사람들에게도 나눠 줄 수 있는 방안을 찾아야 할 것입니다. 복 받은 사람은 자기 혼자 잘 먹고 잘사는 사람이 아니라 복을 나누어 주는 사람, 아브라함처럼 복의 근원이 되는 사람입니다. 그래서 "땅의 왕들이 자기 영광"을 가지고 새 예루살렘에 들어갈 때 우리도 한반도의 작은 국토와 높은 인구밀도, 고난의 역사를 통해 주신 축복들을 어린양 혼인잔치 선물로 들고 가야 할 것입니다(계 21:24).

37. 싱가포르와 용산

저는 언젠가 강의를 하기 위해 처음으로 싱가포르를 일주일간 방문할 기회가 있었습니다. 강의는 저녁에만 있었기 때문에 낮에는 싱가포르 이곳저곳을 둘러볼 기회가 있었습니다. 한번은 저를 초청해 준 친구와 더불어 보행자들만을 위한 길이 15m 내외의 작은 터널을 걸어서 지난 적이 있었습니다. 그런데 터널 입구와 출구 양편에 경고판이 큼지막하게 세워져 있었습니다. 이런 경고판은 싱가포르 시내에서 가끔 볼 수 있었지만 보통 때는 차를 타고 다녀서 자세히 볼 수가 없었습니다.

무슨 내용이 적혀 있는가 싶어서 경고판을 자세히 들여다 보니 자전거를 탄 사람도 터널 안에서는 반드시 내려서 끌고 가라고 적혀 있었고, 놀라운 것은 이것을 어긴 사람에게는 1,000달러의 범칙금을 부과한다고 적혀 있었습니다. 혹시 100달러를 잘못 읽었는가 싶어서 다시 봤지만 틀림없이 영이 세 개 붙어 있었습니다. 현재 환율로 1싱가포르 달러가 1,000원 정도임을 생각한다면 작은 터널에서 자전거를 내리지 않고 타고 간다고 해서 범칙금 100만 원을 부과하는 셈이었습니다. 과연 이 법을 누가 지킬까요?

궁금해 하는 터에 껄렁패처럼 생긴 20세 전후의 건장한 서양 청년 두 명이 자전거를 타고 빠른 속도로 터널에 접근하고 있었습니다. 어떻게 하나 보니 터널까지는 신나게 달려 왔으나 입구에서는 급히 자전거에서 내려서 뛰어 터널을 통과하고는 다시 부리나케 올라타고 어디론가 사라졌습니다. 감시하는 사람도 없이 범칙금 표시만 덩그러니 세워져 있었지만 사람들은 마치 누가 감시하는 것처럼 법을 잘 지키고 있었습니다. 들은 바에 의하면 싱가포르에서는 길거리에서 담배꽁초나 껌 따위를 버려도 범칙금이 엄청나다고 합니다. 횡단보도가 아닌 곳에서 길을 건너도 마찬가지라고 합니다. 가히 범칙금 왕국이라는 소리를 들을 만하지요.

처음 싱가포르 창이공항에 내릴 때는 이런 범칙금 왕국에 입국한다는 생각 때문에 내심 좀 긴장이 되기도 했습니다. 하지만 딱 하루를 그곳에서 지내고 보니 어쩌면 이렇게 편리한 나라가 있을 수 있을까 하는 생각이 들었습니다. 아무리 범칙금이 많다고 해도 법을 잘 지키는 사람들에게는 아무런 문제가 되지 않습니다. 담배꽁초는 버리지 않으면 되고, 게다가 건강에 그렇게 해로운 담배를 왜 비싼 돈을 주고 피웁니까? 횡단보도가 아닌 곳에서는 길을 건너지 않으면 됩니다. 조금만 움직이면 곳곳에 횡단보도가 있는데 구태여 '목숨'과 '재산'을 걸고 차도를 건널 이유가 뭡니까?

저는 싱가포르에 불과 1주일밖에 머물지 않았지만 쾌적하고, 질서 있고, 깨끗하고, 친절하고, 아름다운 도시환경에 깊은 인상을 받았습니다. 게다가 1인당 국민소득이 캐나다에 버금가는데 물가가 싸고, 대중교통이 편리할 뿐 아니라 전 세계 대도시 중에서 가장 안전하다는 얘기를 듣고 놀랐습니다. 실제로 500여 만 명이 살아가는 대도시지만 살인 사건이 몇 년에 한 번 정도 날까 말까 하다는 얘기를 친구로부터 들었습니다. 그래서 살인 사건이 한 번 나면 온 '나라'가 떠들썩하다고 합니다. 그러니 전 세계 기업들은 물론 각종 국제기구나 NGO, 심지어 기독교 단체들까지 싱가포르에 국제 본부나 아시아 본부를 설치하는 것이 당연하다고 할 수 있습니다.

싱가포르를 방문하고 돌아오면서 저는 그로부터 얼마 전, 용산에서 일어난 참사를 다시 한 번 생각해 보았습니다. 용산 참사는 용산 재개발 항의 농성장을 경찰이 진압하는 과정에서 저항하던 농성자들이 시너를 뿌리고 화염병을 던지는 통에 화재가 발생하였고, 이로 인해 경찰 1명을 포함하여 농성자 5명이 죽고 많은 사람들이 다친 사건입니다. 농성 과정에서 농성자들은 복면을 착용한 채 LPG 가스통, 염산병, 화염병, 벽돌, 새총, 골프공, 유리구슬 등으로 경찰에 격렬하게 저항했습니다. 도대체 법치가 기본이라는 민주주의 국가에서 일어난 이 일을 어떻게 보아야 할까요?

용산 참사는 여러 가지 측면이 있습니다만 우선적으로 생각해 봐야할 것은 희생자들이 법 테두리 내에서 행동했는가 하는 점입니다. 인화성이 극히 강한 시너를 뿌리고 화염병과 벽돌을 던지며, 치명적인 무기가 될 수 있는 새총을 쏘아 대면서 경찰에게 저항한 것을, 그래서 여러 경찰관들이 죽거나 다친 것을 어떻게 정당화할 수 있을까요? 민주주의 국가에서 경찰에게 폭력으로 저항하는 것은 아무리 억울한 사연이 있더라도 정당화될 수 없습니다. 인권이라고 하는 것도 법 테두리 내에 있는 사람들이 요구할 수 있는 것입니다. 물론 죄수들에게도 인권이 있지만 그들의 경우에도 형을 집행하는 교정 당국의 권위에 순복한다는 전제 하에 인권이 존중되는 것입니다.

용산 참사의 경우, 희생자들이 공권력의 요구에 순순히 응했는데도 경찰이 저들을 살상했다면, 과잉 진압이나 인권침해라고 비난할 수 있습니다. 하지만 국민을 보호하는 합법적인 공권력에 폭력으로 저항하는 사람들에게 인권을 운운하는 것은 말이 되질 않습니다. 아무리 억울한 일이 있더라도 법 테두리 내에서 요구를 관철해야 합니다. 어느 나라의 법도 완전하지 않는 것처럼 우리나라의 법도 완전하지 않을 것입니다. 하지만 그렇다고 지금 우리나라의 법이 일제 강점기나 군사독재 시대의 법은 아닙니다. 우리는 더 이상 불복종과 저항이 미덕인 시대에 살고 있지 않습니다.

정부가 용산 재개발 사업을 민간 업체에 맡겨서 그곳에서 오랫동안 생활 터전을 이루고 살던 사람들이 충분한 보상을 받지 못했다는 주장도 충분히 일리가 있습니다. 우리는 정부의 재개발 정책이 바르지 않다고 얼마든지 비판할 수 있습니다. 그리고 그런 억울함을 해결하고 부조리한 법을 개정하기 위해 다양한 노력을 기울일 수 있으며, 실제로 우리 사회에는 그런 노력을 기울일 수 있는 (물론 쉽지는 않지만) 적법한 길이 열려 있습니다. 이제는 어떤 경우에도 문제를 폭력으로 해결하려고 해서는 안 됩니다. 가난함과 억울함도, 약자라고 하는 동정심도 더 이상 폭력을 정당화할 수 없습니다. 저는 만일 캐나다나 미국에서 경찰의 경고를 무시하고 화염병을 들고 저항하는 사람들이 있다면 경찰이 총을 들고 진압했으리라 생각합니다.

우리는 아직도 40여 년 전 폭력적으로 월남전 (특히 미군의 캄보디아 진격
에 대해) 반대 시위를 하던 켄트주립대학 시위대에게 발포했던 미국 정부
를 기억하고 있습니다. 미국 경찰은 여러 차례 해산명령을 내렸지만 시
위대들은 캠퍼스 내 ROTC 건물을 불태우며, 공권력에 저항했습니다.
여러 차례의 해산명령에도 응하지 않자 결국 닉슨 대통령은 발포 명령
을 내렸고, 1970년 5월 4일, 긴급 투입된 오하이오 연방 방위군은 시위
대에 발포했습니다. 그로 인해 4명이 죽었고 9명이 다쳤습니다. 켄트
주 대학살(Kent State Massacre)로 불리는 이 사건에 대해 많은 사람들이 연
구를 하고, 기록을 남기긴 했지만 지금까지 아무도 대통령이나 정부에
형사적인 책임을 묻지는 않았습니다.

용산 참사를 대하면서 우리 국민들이 권위에 대해 유난히 저항적임
을 다시 한 번 생각해 봅니다. 그렇게 된 데는 역사적 이유가 있습니다.
과거 일제 강점기에서는 공권력에 불복종하는 것이 조국을 되찾기 위
한 애국적 행위였습니다. 군사독재 시절에도 정부에 저항하는 것이 민
주주의를 위한 노력이었다고 할 수 있을지 모릅니다. 하지만 민주적인
절차를 통해 합법적으로 선출된 지도자들이 나라를 이끌고 있는 지금
은 그때와는 전혀 사정이 다릅니다. 물론 현 대통령이나 정부의 정책에
대해 불만을 가질 수 있습니다만 그것은 후에 폭력이 아니라 선거를 통
해 표로 심판해야 합니다.

저의 이런 주장에 대해 어떤 분들은 제가 부자들의 편을 든다고 오
해하실지 모르겠습니다. 하지만 이 글은 강자, 약자를 떠나 모두가 법
을 지켜야 한다는 점을 강조하는 것입니다. 그동안 우리는 부자들의 불
법에 대해서는 귀가 아프도록 들었습니다만 약자도 불법을 저질러서는
안 됩니다. 흔히 정의감이 있는 사람들은 심정적으로 약자를 선(善)이라
생각하고, 마르크스주의자들은 노동자들을 선이라 보는 경향이 있지만

이것은 진실이 아니고 정의가 아닙니다. 법은 원래 약자를 보호하는 것이 일차적인 정신이며, 모든 사람에게 공평해야 합니다. 법이 지켜지지 않아서 사회적인 혼란이 야기되면 먼저 약자들이 피해를 입습니다. 사랑과 공의는 손바닥의 양면처럼 함께 가는 것입니다.

물론 저는 이번 사건에서 용역업체들을 동원해서 폭력을 행사한 개발업체들에 대해서는 준엄한 법의 심판이 필요하며, 철거민들에 대한 정당한 보상이 이루어지도록 국민들이 힘을 모아야 한다고 믿습니다. 하지만 절대로 사회의 치안을 유지해 달라고 국민이 권위를 위임해 준 경찰을 처벌해서는 안 됩니다. 이번 사건과 관련해서 정부는 합당한 보상을 해 주지 않은 것에 대해, 정책적 실수에 대해 비난 받아 마땅하지만 경찰은 (다소 아쉬운 점은 있을지 모르나) 기본적으로 자신들의 책무를 다했다고 봅니다. 저는 이 나라, 저 나라에 살아보면서 정말 이 세상에는 어디에도 완전한 법이 없고, 완전한 나라가 없음을 발견합니다. 민주주의도 완전하지 않습니다.

저는 지금은 경찰보다는 용산 희생자들의 편을 드는 글이 훨씬 더 인기가 있다는 것을 잘 압니다. 약자의 편을 들어준다고 불이익을 당하지 않는 상황에서는 자신이야말로 정의의 화신인 듯이, 약자의 대변인인 듯이 말을 하는 사람들이 많습니다. 하지만 이런 때일수록 긴 안목으로 대중들에게 아첨하지 않고, 진정으로 이웃과 조국을 사랑하는 것이 무엇인지, 무엇이 하나님의 샬롬을 이루는 길인지를 깊이 생각해 봐야 합니다.

많은 사람들이 모여 용산 참사 희생자를 추모하고 정부를 규탄하는 것을 멀리서 TV로 지켜보면서 저는 정말 답답함을 느낍니다. 법치는 민주주의의 기본이며, 공권력을 존중하는 것은 국가의 안위는 물론 우리 스스로를 지키는 가장 기본적인 노력이라고 할 수 있습니다. 그나마 검찰이 경찰의 과잉 진압에 대해 형사책임을 묻지 않기로 했다니 안심이 됩니다. 하지만 내가 사랑하는 민주 조국에서 공권력에 폭력으로 저항하다가 죽은 사람들을 두고 야당은 정치공세를 하고, 국민들은 정부에 항의를 하며, 대규모 추모집회를 한다는 것이 부끄럽습니다. 국가 권위의 상징인 국회 의사당 문을 해머로 부수고 난입하는 국회의원들이 형사 처벌을 받지 않는다는 것이 더 부끄럽긴 하지만…. 용산 참사로 인해 온 나라가 시끄러운 이때 새삼 작은 도시국가 싱가포르가 부러운 것은 저만의 생각일까요?

38. 간문화 사역의 어려움

수년 전 어느 날 저녁에 저는 밴쿠버 시내 어느 한인교회에서 모인 무슬림을 위한 기도회에서 설교 통역을 했습니다. 그 전날은 무슬림들의 라마단 기간 중에서도 무하메드가 알라로부터 쿠란을 계시로 받았다는 소위 '권능의 밤'(Night of Power)이었습니다. 이날은 전 세계 13억 무슬림들이 무하메드와 같은 능력을 받기 위해 밤을 새면서 기도를 한다고 합니다. 그래서 작년부터 역내 몇몇 선교단체들이 중심이 되어 역라마단 운동의 일환으로 성령의 '권능의 밤' 행사를 갖고 있는 것입니다. 저는 그 지난해에도 이 모임에서 설교를 통역했는데 이듬해 또 부탁을 받았습니다.

이번 기도회 강사도 작년과 같이 밴쿠버에서 인터넷을 통해 무슬림 선교를 하는 이집트 출신의 와스피 요셉(Wasfy Youssef) 목사님이었습니다. 50대 중 후반의 와스피 목사님은 이집트 남부 시골의 작은 교회 목회자의 아들로 태어났습니다. 그리고 어릴 때부터 예수를 믿는다는 이유로 동네 아이들에게 돌에 맞아 가면서 자란 분입니다. 그러면서 어린 시절, 젊은 시절 많은 기적을 경험하면서 자란 분이어서 매우 뜨겁고 특히 동족 무슬림들에 대한 안타까움이 대단했습니다.

몇 주 전 처음 통역을 부탁받았을 때 저는 작년에 통역 원고가 너무 간략하여 좀 고생을 했던 것을 기억했습니다. 그래서 이번에는 와스피 목사님에게 제대로 된 원고를 달라고 간곡히 부탁했습니다. 목사님의 영어는 이곳 본토인들의 발음과도 다른 이집트 사람들의 독특한 발음이었기 때문에 더 부담이 되었습니다. 게다가 대중들 앞에서는 단 한 마디의 영어라도 이해하지 못하면 안 된다는 부담감 때문에 자세한 원고를 거듭 부탁드렸습니다. 개인적인 통역을 할 때야 이해가 되지 않을 때는 다시 물으면 되지만 많은 사람들 앞에서, 그것도 대부분 영어를 잘하는 사람들 앞에서 통역을 하는데 강사가 무슨 말을 할지 모르는 채로 통역을 한다는 것은 너무 부담스러운 일이었습니다. 게다가 목사님은 열정적으로 설교를 하는데 통역자가 이해를 못해서 다시 묻는 일이 생긴다면 뜨거운 분위기가 식을 것 같기도 했습니다.

좀 더 자세한 원고를 달라는 저의 간곡한 요청을 듣고 와스피 목사님은 이메일로 원고를 보내겠노라고 했습니다. 그리고 실제로 며칠 후 이메일로 원고를 보내 주셨습니다. 그런데 보내온 원고를 보니 실망스럽게도 전년도와 비슷했습니다. 한 시간 이상의 설교를 하시면서 원고가 불과 한 면도 채 되지 않았습니다. 그것도 중간에 들어간 10여 개의 성경구절을 제외하면 사실은 소제목만 대여섯 줄 적은 간단한 메모였습니다. 원고를 보는 순간 저는 기가 막혔습니다. 이 소제목들과 몇몇 성경구절을 제외하면 나머지는 오로지 목사님의 입만 쳐다보고 통역을 해야 할 판이었습니다.

한참 고민을 하다가 와스피 목사님에게 다시 한 번 자세한 원고를 요청했습니다. 완전한 문장으로 쓰지 않아도 좋으니 무슨 얘기를 할지, 무슨 예화를 할지 대충이라도 적어 달라고 부탁했습니다. 지금과 같은 불충분한 원고로는 불가피하게 중간에 되묻는 일이 몇 차례 있을 수밖에 없다고 했습니다. 중간에 멈추지 않고 설교의 역동성이 그대로 살아 있는 통역을 하기 위해서는 반드시 제대로 된 원고가 필요함을 ('REQUIRED'라는 말을 써 가면서) 강조했습니다.

그런데 제 메일이 와스피 목사님의 마음을 상하게 한 것 같았습니다. 와스피 목사님은 "미안하지만 이번 기도회에서 자기는 설교를 하지 않겠다."고 통보해 왔습니다. 기도회를 불과 수일 앞둔 상태에서, 게다가 몇 주 전부터 동네방네 광고를 한 상태에서 주최 측은 물론 저도 깜짝 놀랐습니다. 그래서 저는 즉각 전화를 걸어 정중히 사과하고 다시 만나자고 했습니다. 만난 자리에서 저는 "원고에 있는 소제목마다 할 얘기가 있을 테니 그것을 말로라도 설명해 달라."고 했습니다. 그랬더니 목사님은 각 소제목마다 이런 얘기를 하겠노라며 길게 설명해 주셨습니다. 그래서 저는 "바로 그런 얘기를 글로 적으면 되지 않느냐?"고 했더니 목사님은 "나는 공부하는 사람이 아니라서 글을 쓰는 것이 몸에 배어 있지 않다."고 잘라 말했습니다.

하지만 저는 그 말을 이해할 수가 없었습니다.

'거, 참 희한하다. 자기가 할 얘기들 말로는 이렇게 잘 표현하면서 왜 글로는 써 줄 수 없다는 걸까? 자신이 한 말을 그대로 적으면 될 텐데…."

고개를 갸우뚱하면서 저는 원고를 쓰지 않고 설교하는 것이 와스피 목사님만의 스타일인지, 아니면 이집트 목사님들의 습관인지를 물었습니다. 그랬더니 목사님은 일반적으로 이집트 목사님들은 원고를 쓰지 않는다고 했습니다. 그러면서 성령께서 강대상에 올라가면 자기 입에 무슨 말을 주실지 모르는데 어떻게 원고를 쓸 수 있느냐고 했습니다.

그래서 저는 "아니 강대상에서 입에 말을 주시는 성령이시라면 왜 원고를 쓸 때는 주시지 않느냐?"고 했습니다. 그랬더니 목사님은 대답 대신 "혹 통역할 때 이해가 되지 않는 부분이 있거든 자기에게 되묻기보다 당신이 적당하게 알아서 말하라."고 했습니다!

와스피 목사님과 앉아서 한동안 얘기를 한 후 저는 비로소 제가 대부분을 글로 의사를 전달하고 표현하는 서구 문화, 그중에서도 공부하는 사람들의 기록문화에 깊이 젖어 있음을 알게 되었습니다. 와스피 목사님과의 해프닝은 순전히 구전문화에 젖은 사람과 기록문화에 젖은 사람 간의 문화적 차이였습니다. 어느 쪽도 더 좋고 나쁜 것이 아니라 다만 다를 뿐이었고, 그것을 서로가 잘 이해하지 못했을 뿐이었습니다. 간문화 사역의 어려움을 다시 한 번 실감한 사건이었습니다. '배다른' 민족들을 이해하지 못하는 배달민족의 한계라고나 할까요? "유대인은 표적을 구하고 헬라인은 지혜를 찾으나"(고전 1:22)라고 한 사도 바울의 말이 귓전을 울립니다.

39. 테리팍스 달리기

캐나다는 전 세계에서 러시아 다음으로 국토가 큰 나라입니다. 그런데 지금부터 30년 전, 놀랍게도 이 큰 나라를 의족(義足)을 가진 한 청년이 뛰어서 횡단하겠다고 나섰습니다. 그는 우리가 사는 곳에서 멀지 않은 포트 코퀴틀람(Port Coquitlam)에 사는 청년 테리 팍스(Terry Fox, 1958.7.-1981.6.)였습니다.

테리는 1977년 3월, 그의 나이 18세 때 골수암(osteosarcoma)으로 그의 오른쪽 다리 대부분을 잘라 내고 이어 항암 치료를 받아야 한다는 진단을 받았습니다. 다리 절단술을 받기 전날 밤, 그는 암에 대한 사람들의 주의를 환기시키고 나아가 암 연구 기금을 마련하기 위해 마라톤을 하는 꿈을 꾸었습니다. 그 꿈을 꾼 다음날 그는 오른쪽 다리의 무릎 위 15cm까지 절단하는 수술을 받았습니다. 이어 그는 16개월 동안 고통스러운 항암 치료를 받으면서 또 암으로 고생하는 많은 사람들의 고통을 지켜보면서 이 무서운 질병 치료 연구를 후원하기로 서원했습니다.

1980년 4월 12일, 체력 훈련을 마친 후 테리는 의족을 달고 캐나다 대륙횡단을 시작했습니다. 캐나다 동쪽 맨 끝에 있는 뉴펀들랜드 주 세인트 존스(Saint John's)에서 그의 오른쪽 의족을 대서양에 담근 후 대장정을 시작한 것입니다. 캐나다의 가장 서쪽에 있는 브리티쉬 컬럼비아(BC) 주 주도인 빅토리아 앞바다 태평양에 왼쪽 발을 담글 것을 기대하면서….

처음에는 언론이나 매스컴에서 별 관심을 보이지 않았습니다. 하지만 그는 자신의 달리기를 '희망의 마라톤'(Marathon of Hope)이라 명명하고 날마다 달렸습니다. 장거리선수이자 농구 선수였던 테리였지만 의족을 낀 사람이 매일 마라톤의 풀코스에 해당하는 42km를 날마다 달린다는 것은 믿을 수 없는 일이었습니다. 그해 8월 말까지 그는 눈보라, 폭풍, 찌는 듯한 더위와 싸우면서, 다른 한편으론 의족으로 인한 물집, 무릎 염증, 발목 통증 등에 시달리면서 143일 동안 달리고 또 달렸습니다. 하지만 9월 1일, 5,376km를 달려 온타리오 주 썬더베이(Thunder Bay) 교외에 이르렀을 때 암이 폐로 전이되어 그는 마라톤을 중단할 수밖에 없었습니다.

테리가 썬더베이에 도착했을 때 그는 전국적인 스타가 되어 있었습니다. 그의 병세가 악화되어 가면서 캐나다 전국은 그의 살신성인 정신에 깊은 감동을 받았습니다. 《Ottawa Citizen》은 그의 마라톤을 두고 "캐나다 역사상 가장 강력한 감동과 기부가 쏟아진 사건의 하나"(One

〈뛰고 있는 테리_ⓒ위키백과〉

of the most powerful outpourings of emotion and generosity in Canada's history)라고 극찬했습니다. 그는 자신의 마라톤으로 전 캐나다 국민들이 1불씩 암퇴치를 위해 기부하기를 바랐는데, 그의 마라톤으로 2,500만 불이 모금되었습니다. 당시 캐나다 인구가 2,400만 명이었음을 고려한다면, 그의 소망이 이루어진 것입니다! 그리고 1981년 6월 28일, 그는 스물세 번째 생일을 한 달 앞두고 세상을 떠났습니다.

테리는 갔지만 사람들은 매년 그의 이름을 딴 마라톤을 통해 암 연구를 위한 모금 행사를 하기로 약속했습니다. 테리의 동생 대럴(Darrell)을 중심으로 테리 팍스 재단(Terry Fox Foundation)이 만들어지고 매년 암 연구를 위한 모금 마라톤이 지금까지 이어지고 있습니다. 그의 용기와 인내, 헌신과 희생에 감동되어 테리의 이름을 딴 마라톤 대회가 계속 증가하고 있고, 수백만 명의 사람들이 매년 테리 팍스 달리기에 참가하고 있습니다. 현재 테리 팍스 재단은 전 세계 60여 나라에서 암 연구를 위한 모금 마라톤 행사를 개최하고 있습니다.

어떤 정치인도, 기업가도, 학자도 하기 힘든 암 퇴치를 위한 엄청난 일을 평범한 한 청년이 해냈습니다. 그것도 일회성 행사로 끝나거나 단지 돈만 기부하는 것이 아니라 암에 대한 전 세계적인 경각심을 불러일으킨 것입니다. 테리 팍스 달리기는 하루 동안 이루어지는 암 기금 마

2007년 밀라노 테리 팍스 달리기

ⓒ 위키백과

런 행사로서는 세계 최대 규모를 자랑하고 있습니다. 지금까지 전 세계적으로 이 마라톤을 통해 5억 불이 모금되었고, 이 돈은 스위스 제네바의 국제암퇴치연맹(International Union Against Cancer)이 인정하는 암 연구 기관들에 전달되고 있습니다.

테리의 고귀한 희생을 기리기 위해 테리 팍스 달리기 외에도 그의 이름을 딴 극장, 학교, 도서관, 거리 등이 많이 생겼습니다. 캐나다 정부에서는 그에게 민간인에게 수여하는 최고 훈장인 캐나다 훈장(Order of Canada)을 수여하였습니다. 물론 테리는 최연소 수상자였습니다. BC 주 정부에서도 그에게 BC 주 최고 훈장인 독우드 훈장(Order of Dogwood)을 수여하였습니다.

2011년은 테리 팍스가 세상을 떠난 지 30주년이 되는 해이며, 1981년, 그의 이름을 딴 첫 테리 팍스 달리기(Terry Fox Run for Cancer Research)가 시작된 지 30년이 된 해입니다. 지난 9월 13일에는 밴쿠버 지역 테리 팍스 달리기 행사가 열렸고, 9월 19일에는 우리가 사는 랭리에서도 행사가 열렸습니다. 이 행사를 살펴보면서 나는 한 사람의 헌신과 희생이 얼마나 세상을 아름답게 바꿀 수 있는지 다시 한 번 확인하게 되었습니다. 그리고 캐나다에 산 지 12년이 지난 지금에라도 이 귀한 인물을 알게 된 것을 감사합니다.

40. 비더굿마쿵

유난히 합성어가 많은 독일어에 비더굿마쿵(Wiedergutmachung)이란 단어가 있습니다. 이 단어는 '다시'를 의미하는 비더(wieder)와 '좋은'을 의미하는 굿(gut)과 '만들다'의 명사형 마쿵(machung)을 합친 말입니다. 억지로 번역하면 '다시 좋은 관계를 만들기'라고 할 수 있을 것입니다. 원래 비더굿마쿵은 일반명사로서 상환(restitution) 혹은 배상(reparation)이란 뜻입니다. 이런 어원적 의미에서 출발한 비더굿마쿵은 2차 대전 후 독일 정부가 대학살(the Holocaust)의 직접적인 피해자들(생존자들)과 2차 대전 중 강제노역에 동원된 사람들, 나치에게 희생당한 사람들에게 지불하기로 동의한 배상금(Wiedergutmachungsgeld)을 말합니다.

독일 정부 내에서 비더굿마쿵을 관할하는 법적 근거는 줄여서 BEG라 부르는데 이는 연방보상법(Bundesentschaedigungsgesetz)이라는 긴 독일어의 약자입니다. 2차 대전 중 나치 정부로부터 정치적, 인종적, 종교적, 이데올로기적 이유 때문에 박해를 당한 개인들이라면 누구나 BEG에 의해 독일 정부에 비더굿마쿵을 신청할 수 있습니다. 물론 비더굿마쿵을 신청할 수 있는 사람들 중에는 포로수용소나 게토(ghetto)에 감금되어 있었거나 숨어서 살았던 유대인들이 포함됩니다. 하지만 비더굿마쿵을 신청할 수 있는 자격은 직접적으로 박해를 받았던 사람들로 제한되며, 전쟁 후에 태어난 피해자들의 후손들은 신청할 수 없습니다.

비더굿마쿵과 관련된 통계는 1980년대 중반까지 BEG에 의해 발표되었는데 그 통계를 보면 400만 명 이상의 피해신고가 접수되었고, 이들에게 비더굿마쿵이 지불되었습니다. 이를 신청한 사람들의 분포를 보면 전체의 약 40%는 대학살 생존자가 가장 많은 이스라엘 국민들이 신청한 것이었습니다. 20%는 독일 자체 국민들이 신청했고, 나머지 40%는 주변 여러 나라 국민들이 신청했습니다. 흥미롭게도 독일군이 직접 상륙해서 침략하지는 않았고 1941년에 공습만 당했던 중립국 아일랜드(Ireland, Eire)도 비더굿마쿵을 받았습니다.

놀라운 것은 비더굿마쿵의 액수입니다. 공식적으로 독일이 2008년 말까지 배상해 준 비더굿마쿵은 무려 66조 640억 유로(66,064Milliarden Euro)에 이릅니다. 이를 우리 돈으로 환산한다면(1유로를 1,560원이라고 할 때) 10경(京) 원에 이릅니다. 수를 헤아릴 때 1,000조(兆) 다음이 경이니 10경 원은 100,000조 원에 해당하고, 이는 300조 원이 채 되지 않는 2010년 대한민국 정부 예산의 300배가 넘는 천문학적 금액입니다. 이 엄청난 돈은 당연히 2차 대전으로 폐허가 된 나라들이 다시 일어서는 데 큰 몫을 감당했습니다. 말할 필요도 없이 이 돈의 덕을 가장 크게 본 나라는 바로 이스라엘이었습니다.

2차 대전 후에 갑작스럽게 건국했던 이스라엘은 비더굿마쿵으로 인해 일어설 수 있었고, 사회의 각종 인프라를 갖추게 되었습니다. 1948년에 나라를 건국했지만 별다른 재정이 없었던 이스라엘이 빠른 시간 안에 사회적 인프라를 갖추게 된 것은 바로 비더굿마쿵의 덕이었습니다. 건국 당시에 이스라엘 내에 팽배했던 강력한 반 독일 정서는 비더굿마쿵 덕분에 화해 무드로 바뀌었습니다. 그 결과 2차 대전이 끝난 지 불과 몇 년 후인 1950년대에 이미 예루살렘 거리를 독일 회사가 제작한 기동차(汽動車)가 달릴 수 있게 되었습니다. 유대인들을 6백만 명 이상

학살했던 독일이었지만 이 엄청난 금전적 배상으로 인해 빠른 시간 안에 이스라엘과 화해하게 되었으니 비더굿마쿵은 말 그대로 원수 된 나라들과 다시 좋은 관계를 만드는 역할을 톡톡히 한 셈입니다.

비더굿마쿵은 화해와 관련하여 예수님을 생각하게 합니다. 예수님은 하나님과 원수가 된 우리를 화해시키기 위해 친히 십자가에 달려 우리 죄에 대한 비더굿마쿵이 되셨습니다. 물론 비더굿마쿵은 독일이 가해자로서 피해자에게 마땅히 해 주어야 할 보상인 반면에 예수님은 아무런 죄가 없는 분이었지만 우리를 하나님과 화목하게 하시기 위해 자원해서 십자가에서 죽으셨다는 점이 다릅니다. 독일은 마땅히 물어 주어야 할 것을 물어 주고 이스라엘과 화목했지만 예수님은 아무것도 배상해 주어야 할 의무도 없었지만 우리를 하나님과 화목하게 하시기 위해 죽으신 것이지요. 또한 아무리 비더굿마쿵의 액수가 많다고 해도 천지를 지으신 분의 몸값과는 비교할 수 없는 것입니다.

비유가 갖는 이런 제한성에도 불구하고 비더굿마쿵은 우리를 위해 친히 십자가에 달려 화목제물이 되신 예수님에 대한 좋은 비유가 됩니다. 하나님은 "그리스도로 말미암아 우리를 자기와 화목하게 하시고 또 우리에게 화목하게 하는 직분을 주셨"습니다(고후 5:18). 독일이 비더굿마쿵을 통해 전쟁으로 철천지 원수가 되었던 주변 나라들과 화해했다면 죽을 수밖에 없었던 우리도 우리의 죄를 위해 십자가에서 화목제물이 되신 예수님을 통해 하나님과 화목하는 것이 마땅한 것입니다. 아니 예수님의 희생을 통해 우리에게 화해의 손을 내미시는 하나님의 사랑을 받아들여야 합니다. 나아가 화해의 은혜를 입은 우리가 세상에서 화해의 직분을 감당하는 것이 마땅하지 않을까요!

41. 두 항공사

언젠가 미국에서 공부하고 있던 둘째가 방학을 맞아 호라이즌 에어 (Horizon Air)라는 미국 항공사 비행기를 타고 인근 밸링햄 국제공항을 통해 집으로 왔습니다. 벨링햄 국제공항은 미국에 있지만 국경 인근에 있기 때문에 캐나다에 있는 밴쿠버 국제공항보다 우리 집에서 가깝고 또한 미국 국내선 요금이 적용되기 때문에 항공료가 저렴했습니다. 그런데 문제는 붙인 짐 하나가 오질 않았습니다. 둘째가 비용을 줄이기 위해 여러 차례 비행기를 갈아타는 항공권을 구입했는데 어디선가 짐이 따라오지 못한 것 같았습니다. 항공사 측에서는 미안하다고 하면서 짐을 속히 추적하겠노라고 했지만 짐 속에는 방학기간 중에 해야 할 숙제와 읽어야 할 책 등이 들어 있었고, 겨울방학은 길지 않기 때문에 둘째는 무거운 마음으로 집으로 돌아왔습니다.

그런데 집에 도착한 지 불과 몇 시간 후에 항공사로부터 전화가 왔습니다. 짐이 도착했는데 어떻게 전달하면 좋겠느냐고 물었습니다. 집으로 배달하려면 이틀 정도 시간이 걸린다고 했습니다. 그래서 우리는 직접 찾으러 가겠다고 하고 곧바로 국경을 넘어 공항으로 달려갔습니다. 공항에서 짐을 찾아 나오는데 직원이 미안하다고 또 사과를 하면서 후에 사기 항공사를 이용할 때 사용하라면서 100불짜리 쿠폰까지 주었습니다. 짐을 찾기 위해 한 번 더 공항까지 온 것은 유쾌한 일이 아니었지만 쿠폰을 받고 보니 기분이 별로 나쁘지 않았습니다. 큰 항공사는 아니지만 신뢰가 갔습니다.

몇 주 후에도 비슷하게 짐을 잃어버린 사고가 일어났습니다. 벨지움 브레셀에서 영국 런던을 거쳐 VIEW에 강의하러 오신 최용준 교수님이 에어 캐나다를 타고 밴쿠버 국제공항으로 들어오셨는데 짐이 사라진 것이었습니다. 당연히 신고를 했고 곧 연락을 줄 것을 기대하면서 왔습니다. 그런데 시간이 지나도 아무런 연락이 없었습니다. 그리고 연락을 하라고 준 전화번호는 아무리 전화를 해도 아무도 받지 않았습니다. 목 마른 사람이 샘을 팔 수밖에 없었습니다. 여러 차례 전화를 시도하다가 도리 없이 자동차로 한 시간 가까이 걸리는 공항엘 갔습니다.

하지만 공항에 가서도 별 뾰족한 방법이 없었습니다. 에어 캐나다 직원들이 얼마나 불친절한지 도대체 어디 가서 알아봐야 할지 알 수가 없었습니다. 국제선 화물을 담당하는 부서에 갔더니 국내선 화물부서로 가보라고 하고, 그곳에 갔더니 짐을 배달하는 CDS라는 회사에 가보라고 했습니다. CDS에 가보니 자기들은 모르는 일이니 다시 국제선 화물부서로 가라고 했습니다. 그러면 컴퓨터로 짐이 들어왔는지 여부를 확인해 달라고 하니 신경질적으로 아예 그런 기록이 없다고 했습니다. 최 교수님은 운전에만도 왕복 두 시간이나 걸리는 공항을 아무 소득도 없이 고생만 하고 돌아왔습니다. 고객의 짐이 사라져서 불편을 겪고 있었지만 어느 누구도 미안하다고 말하는 직원이 없었습니다.

집에 돌아와서 항공사에 전화를 여러 차례 시도했지만 여전히 전화는 불통이었고, 에어 캐나다로부터는 연락이 없었습니다. 게다가 클레임을 하는 주소는 퀘벡에 있었고, 클레임 전화는 인도에 있었습니다. 캐나다에 불과 7일밖에 머물지 않는 최 교수님으로서는 오금이 저릴 수밖에 없었습니다. 귀가할 시간은 다가오는데 짐은 어디로 갔는지 알 수 없고, 하루 7시간씩 집중강의를 해야 하기 때문에 다시 공항에 갈 시간도 없고….

마침 VIEW에서 공부하는 원우 중에 밴쿠버에서 여행사를 경영하는 형제가 자기가 대신 공항에 다녀오겠다면서 서류를 챙겨 가지고 공항엘 갔습니다. 하지만 이 형제도 최 교수님처럼 시간만 허비하고 잔뜩 화가 난 채 돌아왔습니다. 미안하다는 말 한마디 없이 에어 캐나다 직원이 던져 준 것은 클레임 신청서였습니다. 그 가방 안에 든 물건들의 가액을 적어서 배상을 요청하라는 냉정한 한마디와 함께…. 결국 최 교수님은 짐을 찾지 못한 채 불편한 캐나다 일정을 마쳤고 출국 비행기를 타러 밴쿠버 공항에 나갔다가 에어 캐나다 사무실에 이 사실을 알리고 귀가할 수밖에 없었습니다. 그리고 최 목사님 출국 직후에 짐이 VIEW 에 도착했다는 연락을 받았습니다!

근래에 들어 수많은 사람들이 항공 여행을 하기 때문에 항공사가 가끔 승객의 짐을 잃어버리는 것은 이해할 수 있는 일입니다. 하지만 이 두 회사가 승객의 짐을 분실한 후 취한 태도가 전혀 다른 것을 보면서 저는 호라이즌은 흥해야 하겠고 에어 캐나다는 망해야 한다는 생각을 하게 되었습니다. 고객을 잘 섬기는 회사는 흥해야 하고 그렇지 않은 회사는 망해야 하는 것입니다.

성경적 관점에서 볼 때 큰 사업이든, 작은 사업이든, 자신이 최고 경영자이든, 말단 직원이든 관계없이 사업을 하는 목적은 고객들을 섬기기 위한 것입니다. 이것은 바로 우리 주님께서 세상에 섬기기 위해 오셨다는 사실에 근거하고 있습니다. 예수님은 친히 "인자가 온 것은 섬김을 받으려 함이 아니라 도리어 섬기려 하고 자기 목숨을 많은 사람의 대속물로 주려 함이니라."(마 20:28; 막 10:45)고 하셨습니다. 예수님께서 율법과 선지자의 강령, 즉 구약의 모든 계명을 요약하신 것도 결국 하나님과 사람들에 대한 섬김이라고 할 수 있습니다(마 22:37-40).

예수님의 섬김은 좁게는 자신의 희생을 통해 죄인들을 구원하시는 것이라고 볼 수 있지만 넓게는 그분의 삶 전체가 섬김이 목적이었습니다. 이때의 섬김은 다만 불우 이웃들에게만 국한되는 것이 아닙니다. 우리의 도움이 필요한 사람들은 누구라도 섬김의 대상이요, '소자'라고 할 수 있습니다. 사업을 해서 이익을 남기는 것도 결국 더 오래도록 사람들을 섬기기 위해서입니다. 사옥을 더 크게 짓는 것도 사람들을 더 많이 섬기기 위함입니다. 새로운 상품을 개발하기 위해 R&D에 투자하는 것도 사람들을 더 잘 섬기기 위함입니다.

섬김이 모티브가 될 때 그 직업에 대한 사회적 인식과는 무관하게, 소득이 얼마나 되는지에 무관하게 모든 직업은 성직이요, 이웃을 사랑하라는 하나님의 말씀을 실천하는 통로가 되는 것입니다. 그리고 그런 직업을 우리는 감히 소명이라고 말할 수 있습니다. 반대로 섬김이 모티브가 되지 않는다면 아무리 종교적 냄새가 나는 직업이라도, 아무리 다른 사람들의 부러움과 존경을 받는 직업이라도 그것은 다만 호구지책이요, 삯꾼의 일에 불과한 것입니다. 그런 직업은 더 이상 성직이 아니며 그런 삶은 말씀에 순종하는 삶이 아닙니다. 잃어버린 짐에 대해 반응하는 두 항공사의 대조적인 태도를 보면서 종교개혁자들이 부르짖었던 소명으로서의 직업을 다시 생각해 봅니다.

42. 가장 소중한 유산

제가 고등학교 1학년이던 1970년 6월 20일이었습니다. 그날 우리 가족들에게는 잊을 수 없는 일이 일어났습니다. 아버지께서 점촌 읍내에서 달구지에 짐을 잔뜩 싣고 오시다가 집에서 2km 정도 떨어진 장평 들판 한가운데서 사고를 당하신 것입니다. 달구지를 끌던 우리 집 황소 누렁이가 무슨 영문인지 갑자기 마구 뛰기 시작했고, 깜짝 놀란 아버지는 달구지에서 뛰어내려 누렁이를 멈추게 하려 하시다가 바퀴에 깔리면서 튕겨 나와 도로 옆에 있는 작은 도랑으로 거꾸로 떨어지고 말았습니다. 물이 흐르는 도랑에 떨어졌지만 천만다행히 뒤따라오던 동네 사람들이 곧바로 발견해서 급히 집으로 연락이 되었고, 마라톤에 은사가 있었던 형님이 단숨에 점촌 읍내로 달려가 택시를 불러 병원으로 옮겼습니다.

병원에서 엑스레이를 찍어 보니 척추가 골절되었다는 진단이 나왔습니다. 점촌에 있는 정형외과에서 응급처치를 받은 후 아버지는 대구에 있는 경북대 대학병원으로 후송되어 한 달 반 정도를 입원해 계셨습니다. 병원에 계시는 동안 아버지는 몇 차례 수술도 받으셨고, 나중에는 머리에 구멍을 뚫고 무거운 쇠 덩어리를 머리에 매단 채 한 달 반을 병실 침대에서 꼼짝도 못하신 채 누워 계셨습니다. 유난히도 더웠던 그해 여름, 어머니는 아버지를 간호하시느라 병원에 가 계시고, 막 고등학교를 졸업한 바로 위 형은 아버지를 대신해서 벌통을 트럭에 싣고 집에서 멀지 않은 봉장(벌을 기르는 농장)엘 갔습니다. 저는 날마다 학교에 다녀와서는 사촌 누님과 더불어 농사일을 했습니다.

8월 하순이 되어 드디어 아버지는 퇴원하셨지만 몰골이 말이 아니었습니다. 에어컨도 없었던 시절, 아버지는 무더운 병실에 꼼짝도 못하고 한 달 반을 누워 계신 탓에 등창이 나서 만신창이가 되었고, 목에는 마치 우주인을 연상케 하는 이상한 보조 장구를 착용하신 채 돌아오셨습니다. 그렇게 건강하셨던 아버지는 피골이 상접했고, 뼈만 앙상하게 남아 시체 같은 모습으로 긴신히 몸을 일으거 길을 수 있는 징도였습니다. 아버지만이 아니라 두 달 가까이 밤낮으로 아버지를 간호하셨던 어머니 역시 쓰러지시기 일보직전이었습니다.

하지만 시간이 가면서 부지런하셨던 아버지는 의사의 지시대로 꾸준히 재활운동을 하셨고, 점차 몸을 움직이는 폭도 넓어져 갔습니다. 펜을 제대로 잡을 수는 없었지만 엄지와 검지 사이에 느슨하게 끼워서 그림 그리듯 팔 전체를 움직이며 글씨도 조금씩 쓰실 수 있게 되었습니다. 몇 달 후에는 목을 받치고 있었던 보조 장구도 제거하시고 불안하기는 했지만 다리를 절면서 보행도 조금씩 좋아지셨습니다. 퇴원하신지 1년이 지났을 때는 위태위태하긴 했지만 간신히 자전거를 탈 수 있는 정도가 되셨습니다. 쉽게 피로해지셨기 때문에 아버지께서는 한꺼번에 많은 운동을 하실 수는 없었지만 점차 움직이는 반경을 넓혀 가셨습니다.

퇴원 후 1년 하고 몇 달이 지났을까? 아마 1971년 후반으로 생각됩니다. 아버지께서는 오래전부터 생각하시던 일을 시작하셨습니다. 그것은 집에서 8km 정도 떨어진, 점촌 읍내에서 남동쪽으로 4km 정도 떨어진 달지라는 시골 동네에 교회를 개척하는 것이었습니다. 당시 버스나 자동차가 없는 곳에 가는 방법은 걸어가거나 자전거를 사용하는 수밖에 없었습니다. 하지만 주일마다 왕복 16km나 되는 곳을 간다는 것은 성한 사람들에게도 쉽지 않은 일이었습니다. 하물며 몸이 성치 않아 이제 겨우 자신의 몸을 추스를 수 있는 분이 자전거로 그 먼 시골 비포장도로를 다니신다는 것은 매우 힘든 일이었습니다. 그것도 그냥 예배만 드리는 것이 아니라 예배를 인도하신 후 집집마다 사람들을 찾아다니며 전도를 한다는 것은 상식적으로 계산이 되지 않는 일이었습니다.

이렇게 교회 개척을 시작하신 배경에는 당시 장로로 시무하시던 창리교회 사정이 있었습니다. 1956년에 아버지께서 개척하신 창리교회가 예배당 건축을 두고 분쟁에 휩싸인 것입니다. 내용인즉 아버지는 농촌인구가 도시로 썰물처럼 빠져나가고 있어서 어차피 앞으로도 시골 교회는 부흥할 가능성이 없기 때문에 현재보다 한 배 반 정도면 충분하다고 하셨고, 다른 쪽에서는 어차피 한 번 짓는 예배당인데 크게 짓자고 주장했습니다. 사실 그 당시 우리 교회에는 50명 내외의 어른 교인들이 출석하고 있었고, 수용 능력으로 봐서는 현재의 예배당만으로도 충분했지만 좀 더 번듯한 예배당을 갖고 싶어서 건축을 추진한 것인데 예상치 않게 건축을 시작하기도 전에 분쟁에 휩싸인 것이었습니다. 이 분쟁은 이미 몇 해 전에 시작된 것이지만 그동안 아버지의 부상으로 주춤하던 참이었습니다. 그런데 이제 아버지께서 움직일 수 있게 되자 다시 불거진 것이었습니다. 그래서 아버지께서는 분쟁에 휩싸이는 것보다 작정한 건축헌금을 하신 후 교회가 없는 마을에 새로운 교회를 개척하는 데 힘을 쏟는 쪽으로 마음을 정하신 것이었습니다.

교회를 개척한다고 해서 누구의 도움을 받을 수 있는 것도 아니었습니다. 그냥 혼자 그 마을에 자전거를 타고 가서서 동네 이장을 통해 수소문해서 과거에 교회를 출석한 사람이 있는지를 찾아내는 일부터 시작하신 것입니다. 다행히 그 지역에는 메밀꽃 밀원이 있어서 아버지께서 여러 해 동안 벌통을 갖다 놓던 지역이라 동네 어른들과 친분이 있던 곳이었습니다. 그래서 오 집사님을 포함하여 이전에 교회를 다녔던 두어 집을 찾아내는 것은 별로 어렵지 않았습니다. 아버지께서는 이분들을 권면해서 처음에 사랑방 모임을 시작했는데 얼마 지나지 않아 그 동네 마을 회관에서 모여야 할 정도로 사람들이 늘어났습니다. 물론 예배 인도와 설교는 아버지께서 하셨습니다. 몸이 성치 않은 분이 먼 시골길을 고물 자전거를 타고 가서서 예배를 인도하시고, 교인들과 점심을 드신 후 집에 오시게 되면 완전 녹초가 되시곤 했습니다. 저희들도 아버지를 따라 몇 차례 동행하긴 했으나 아버지는 저희들에게는 창리교회를 잘 섬기라고 하시면서 대부분 혼자 달지를 다녀오셨습니다.

교회를 개척하신 지 몇 달이 지났을까? 아마 1971년 11월 하순 경으로 생각됩니다. 날씨가 꽤 추워졌고 넓은 장평들에는 농사가 끝났을 때였습니다. 그날도 아버지께서는 예나 다름없이 주일예배를 위해 달지에 가셨습니다. 그런데 그날따라 돌아오실 시간이 훨씬 지났는데 오시질 않았습니다. 우리는 마중을 가 봐야 하는 것 아니냐며 걱정하고 있었는데 어둠이 깔리기 시작할 때쯤 아버지께서 돌아오셨습니다. 아버지께서는 비틀거리면서 간신히 자전거에 몸을 의지한 채 대문에 들어오셨습니다. 얼굴은 피투성이가 되었고, 하얀 와이셔츠에는 선혈이 낭자했습니다. 흙탕물에 구른 듯 양복은 진흙 투성이었습니다. 깜짝 놀라서 어머니와 가족들은 부랴부랴 아버지를 부축해서 방에 모셨습니다. 옷을 갈아입으시고 얼굴에 엉긴 피를 닦아내고 보니 이마를 비롯하여 곳곳에 찢어진 상처들이 드러났습니다. 손등은 깊이 까져서 피가 나고 있었고 다리 여기저기에는 시퍼렇게 멍이 들었습니다.

정신을 차린 연후에 아버지께서는 자초지종을 말씀하셨습니다. 교회에서 예배를 인도하고 돌아오는 길에 장평들 중간, 집에서 불과 2.5km 남짓한 곳에서 사고가 났습니다. 그날도 아버지께서는 북풍 맞바람과 힘겹게 싸우면서 간신히 자전거를 타고 오시다가 농로 중간에 있는 작은 다리 위에서 갑자기 중심을 잃었습니다. 성한 사람이라면 얼른 브레이크를 잡았을 터인데 손이 성하지 않은 분으로서는 뻔히 보면서 그냥 2.5m 깊이의 도랑으로 떨어지신 것입니다. 사람만 떨어진 것이 아니라 자전거도 뒤이어 떨어지면서 아버지를 내려쳤습니다. 농사도 끝났고, 읍내로 학교를 다니는 아이들도 없는 늦은 주일 오후라 지나다니는 사람들도 없었습니다. 아버지께서는 자전거에 깔린 채 오랜 시간을 허우적거리다가 간신히 자전거를 다시 길로 끌어올려 집에 오신 것이었습니다. 다행히 농사철이 지나 도랑에 물이 별로 없었으니 망정이지 그렇지 않았더라면 자칫 익사하실 뻔했습니다.

그렇게 아버지는 2-3년간 달지교회를 이끌었습니다. 그리고 인근 점촌읍교회(지금의 점촌시민교회)의 지원을 받아 동네 공터를 구하여 작은 벽돌 예배당을 건축했습니다. 처음에는 마루를 깔 돈이 없어서 거적때기를 깔고 예배를 드렸지만 나중에는 마루를 깔았습니다. 교인들 숫자가 어느 정도 되었을 때 아버지는 그 교회 사역을 점촌읍교회에서 파송한 전도사님에게 물려주셨습니다.

하지만 아버지의 열정은 이것으로 끝나지 않았습니다. 아버지는 다시 교회가 없던 인근 호계에 가서서 비슷한 방법으로 교회를 개척하기 시작하셨습니다. 호계는 창리교회에서 4km 정도 떨어진 곳이어서 힘들기는 하지만 걸어서 교회를 다닐 만한 곳이었습니다. 하지만 중간에 커다란 낙동강 지류가 가로막고 있어서 여름 장마철이 되면 그곳에 사는 분들이 아예 교회를 올 수가 없었습니다. 그래서 아버지께서는 늘 그것을 안타깝게 생각하셨는데 드디어 결단하신 것입니다. 달지교회처럼 호계교회 역시 사람들이 모이기 시작하자 얼마 후에는 마을 앞산 밑에 작은 예배당을 건축하신 후 어느 전도사님을 모셔서 맡긴 후 물러나셨습니다.

하지만 호계교회를 물러나신 후 아버지의 건강은 급속도로 나빠지기 시작했습니다. 속이 거북하고 배에 뭔가 덩어리가 느껴진다고 하시더니 병원에서 위암 진단을 받으셨습니다. 위를 2/3 가량 절제했지만 이미 너무 늦어서 곧 간으로 전이가 되었습니다. 세상에서 자신의 날이 많이 남지 않았다고 생각하신 아버지께서는 형님에게 호계교회 인근에 준비해 두신 선산에 미리 묘지를 만들게 하시고, 비석에는 찬송가 544장(잠시 세상에 내가 살면서)을 새겨 지나다니는 사람들이 읽고 예수를 믿게 하라고 하셨습니다. 세상을 떠나시기 얼마 전, 영락교회에서 열린 대한예수교장로회(통합) 총회에서는 아버지께 교회 설립 공로(5개 교회)를 인정하여 교회 개척 공로패를 수여했습니다. 물론 아버지 대신 서울에서 공부하고 있었던 제가 가서 대신 받았습니다. 그리고 몇 주 후인 1978년 10월 22일, 아버지는 63세를 일기로 파란만장한 인생을 마치셨습니다.

이제 아버지께서 별세하신 지 31년의 세월이 지났습니다. 오랜 세월이 지났지만 아버지에 대한 많은 추억들은 여전히 저의 기억 깊숙한 곳에 자리 잡고 있습니다. 하루 종일 들에서 피곤하게 일하신 후에도 늘 늦은 밤까지 책과 성경을 읽으시던 모습…. 한참을 자다가 실눈을 떠 보면 여전히 등잔불 아래서 책을 읽으시던 아버지의 모습을 잊을 수 없습니다. 날마다 보는 저녁놀이 뭐 그리 대단한지 아버지는 늘 감탄하셨습니다. 어린 우리를 데리고 산에 나무하러 가실 때 찬송을 부르시던 모습, 달구지를 끌고 가시면서 성경을 줄줄 외시던 모습…. 시편 1편, 23편, 잠언 1장 7-8절, 전도서 첫 부분, 죽은 압살롬을 애통해 하는 다윗의 울부짖음, 팔복을 포함한 산상수훈 등…. 감정을 넣어서 설교하듯이 줄줄 외시던 모습이 아직도 눈에 선합니다.

하지만 아버지에 대한 수많은 기억들 중 저는 아직도 39년 전 피투성이가 되어 비틀거리면서 대문을 들어서시던 그 아버지의 모습을 잊을 수가 없습니다. 산천이 근 네 번이나 변하는 긴 세월이 지났지만 그때 그 사건은 아버지께서 제게 물려주신 가장 소중한 유산이라고 할 수 있습니다. 스러지는 단풍의 계절을 맞아 돈과 재물로 환산할 수 없는 아버지의 유산을 생각하면서 나는 우리 아이들에게 어떤 아버지인지 그리고 어떤 유산을 물려줄 수 있는지를 다시 생각해 봅니다. 아버님 31주기를 맞아.

05. 지적설계운동

43. 지적설계운동

국제적으로 20세기 후반에 일어난 두 가지 중요한 창조론 운동을 든다면 창조과학운동과 지적설계운동(Intelligent Design Movement)이라고 할 수 있습니다. 전자는 1960년을 전후하여 헨리 모리스(Henry Madison Morris)나 듀엔 기쉬(Duane T. Gish) 박사, 팀 라헤이(Tim F. LaHaye) 목사 등 미국 남부 지역 근본주의자들을 중심으로 일어났으며, 이들은 세대주의적 종말론과 문자적 성경해석을 주장하였습니다. 이에 비해 후자는 1990년을 전후하여 필립 존슨(Phillip E. Johnson), 윌리엄 뎀스키(William Dembski), 마이클 비히(Michael Behe), 스티브 마이어(Stephen Meyer) 등 주로 북미주 복음주의 진영 학자들을 중심으로 시작되었습니다. 이 운동은 신학적으로는 윌리엄 페일리(William Paley) 등 18세기 영국 자연신학에 뿌리를 두고 있으나 신학적, 주경학적 함의보다는 과학적 함의, 특히 과학적 연구 프로그램으로서의 함의를 강조합니다.

창조과학운동은 용어의 뜻으로 본다면 성경에 나타난 창조의 과학적 증거를 찾으려는 운동이지만 여타 창조론 운동에 비해 크게 다음 두 가지 점에서 구분됩니다. 첫째는 창세기 1장 1-2절을 첫 날 창조사역에 포함시키고 이어지는 창조주간의 하루하루를 현재와 같은 태양일 하루, 즉 24시간으로 해석하여 전 우주와 지구, 지구상의 모든 인류와 생명체의 연대를 6,000년 내외로 보는 것입니다. 둘째는 노아의 홍수를 전 지구적 대격변으로 보고 캄브리아기 이후 모든 지층과 그 속에 들어 있는 화석들이 노아의 홍수에 의해 형성되었다고 보는 것입니다. 따라서 창조과학자들은 오랜 지구 연대를 보여 주는 방사능 연대를 부정하며, 오랜 우주 연대를 가정하는 대폭발 이론을 거부합니다. 창조과학에서는 오늘날 절대 연대측정법으로 널리 받아들여지는 방사능 연대를 부정하고, 나아가 표준 우주론으로 받아들여지고 있는 대폭발 이론을 거부하기 때문에 기존의 과학계와 정면으로 충돌하고 있습니다.

이에 비해 지적설계운동은 자연주의 혹은 무신론에 반대하여 일어난 운동입니다. 자연에는 우연이라고 볼 수 없는 지적 설계의 흔적이 있음을 주장합니다. 지적 설계는 성경이나 신학적, 종교적 주장에 근거한 것이 아니라 과학적 증거에 기초하고 있습니다. 이들은 자연주의적 메커니즘보다 설계를 가정하는 것이 훨씬 더 합리적이며 자연스럽다고 봅니다. 그래서 지적설계운동 지지자들은 지적설계 논지에 대한 반박을 신학이나 성경과 관련해서가 아니라 자연의 증거들을 통해 반박해 줄 것을 요청합니다. 사실 자연의 가해성(comprehensibility)이라는 자체가 바로 이 세계 뒤에 지성이 있음을 함축적으로 내포하고 있으며, 과학은 이 세계의 가해성을 가정하지 않는다면 불가능한 것입니다.

지적 설계의 기준으로서 뎀스키는 구체성과 복잡성, 이 두 가지를 결합하여 특정된 복잡성(specified complexity)을 기준으로 제시하고 있으며, 비히는 환원 불가능한 복잡성(irreducible complexity)을 제시하고 있지만 두 기준은 본질적으로 동일한 기준의 다른 표현이라고 할 수 있습니다. 이런 지적 설계의 기준은 창조과학에 비해 진화론자들과의 싸움에서 방어선을 대폭 완화한 것임을 쉽게 볼 수 있습니다. 여기서 완화했다는 말은 창조의 진리를 수호하는 데 있어서 타협했다는 의미가 아니라 창조론 진영의 다양한 목소리들을 아우를 수 있는 폭넓은 기준을 제시하고 있음을 의미합니다. 젊은 우주와 지구, 노아 홍수에 의한 모든 지층과 화석 설명 등 창조과학은 매우 좁은 주장들을 담고 있기 때문에 같은 창조론자들 내에서도 심각한 반대에 직면해 있음을 고려한다면 대부분의 창조론자들을 하나로 묶을 수 있는 지적설계운동이야말로 21세기를 열 수 있는 좋은 창조론 운동이라 생각됩니다. 지적 설계를 찬성한다고 반드시 기독교인이라고 할 수는 없지만 이를 반대하는 사람이라면 거의 확실히 불신자로 봐도 무방합니다!

지적 설계와 관련해 근자에 IVP에서 번역, 출간한 『지적 설계』(Intelligent Design)와 두란노에서 번역, 출간한 『창조설계의 비밀』(The Case for a Creator)은 가장 탁월한 입문서라 생각됩니다. 그중 《시카고 트리뷴》(Chicago Tribune)의 법률기자 출신의 리 스트로벨(Lee Strobel)이 쓴 『창조설계의 비밀』은 지적 설계에 대한 대중적인 책으로서는 매우 탁월한 책이라고 생각됩니다. 스트로벨은 지적 설계 분야의 대표적인 학자들을 인터뷰하면서 신문 독자들이라면 누구나 이해할 수 있는 수준으로 책을 썼습니다. 5장에 나오는 칼람(Kalam) 논증 등은 다소 철학적 소양이 있어야 이해할 수 있는 것이기는 하지만 나머지 내용들은 한국에서 고등학교를 정상적으로 졸업한 사람들이라면 읽는 데 별 어려움을 느끼지 않으리라 생각됩니다. 저는 지적 설계에 관한 상당한 사전 지식이 있는 분들이라도 가능하면 『창조설계의 비밀』을 먼저 읽고 『지적 설계』를 읽을 것을 권합니다. 『창조설계의 비밀』은 내용도 쉽게 썼을 뿐 아니라 현재 지적설계운동에 참여하고 있는 지도자들의 배경에 대한 소개와 더불어 이들과의 대화를 책으로 썼기 때문에 『지적 설계』를 이해하는

데 상당한 도움이 될 것이라 생각되기 때문입니다.

『창조설계의 비밀』이 일반인들을 위한 지적 설계 서적이라고 한다면 현 지적설계운동에서 가장 탁월한 이론가로 평가되는 뎀스키가 쓴 『지적 설계』는 다소 학문적인 독자들을 위한 책이라고 할 수 있습니다. 저자는 이 책의 제1부 전체를 지적설계운동의 역사적 배경을 자세히 소개하는 데 할애하고 있습니다. 저자는 이 운동이 결코 새로운 운동이 아님을 강조하면서도 20세기 후반에 시작된 지적설계운동이 종래의 자연신학운동과 어떻게 다른지를 날카롭게 대비하고 있습니다. 제2부에서는 자연주의의 문제점들을 지적하면서 지적설계운동의 중심적인 논지를 제시하고 있습니다. 그리고 정보이론의 관점에서 지적 설계 개념을 생물학 분야에 적용하고 있습니다. 따라서 지적 설계의 중심적인 내용들을 접하기를 원하는 독자들은 반드시 『지적 설계』의 정독을 권하고 싶습니다. 두 책 모두 번역이 상당히 잘 되었습니다. 『창조설계의 비밀』의 경우 지수 표기 등 편집 과정에서 오류가 있는 것이 흠이긴 하지만 전체적으로 번역은 매우 탁월합니다. 『지적 설계』는 내용이 상당히 난해함에도 불구하고 오랜 시간 동안 고심하면서 번역한 것이라 번역이 매우 정확합니다. 다소 표현상의 어색한 점이 있기는 하지만 책의 난이도를 생각한다면 탁월한 번역이라고 할 수 있습니다.

이 두 책을 소개, 추천하면서 이제는 우리 한국 교계에서도 가볍게 읽을 수 있는 간증집 못지않게 이렇게 무게 있는 책들이 베스트셀러가 되는 시대가 오기를 기대합니다. 감성 위주의 책들도 나름대로 교회에 기여하는 바가 없는 것은 아니지만 지성적인 책들은 교회의 기초를 든든하게 만듭니다. 한국 교회가 건강하고 균형 잡힌 신앙으로 나아가기 위해서는 『창조설계의 비밀』이나 『지적 설계』와 같은 책들이 성도들에게 좀 더 널리 읽혀지는 것이 필요하다고 생각되어 일독을 권합니다.

44. 하나님을 믿는 이유와 축복

제가 살고 있는 캐나다는 인구는 많지 않지만 땅이 매우 큰 나라입니다. 대한민국에 비해 인구는 2/3 정도에 지나지 않지만 100배가 넘는 땅을 가졌으니 대단한 크기지요. 하지만 지구에는 캐나다를 포함하여 수백 개에 이르는 나라들이 있으며, 이들이 차지하는 육지의 넓이는 지구 표면의 30%가 채 되지 않습니다. 이렇게 본다면 지구는 엄청나게 크다고 할 수 있겠지요.

하지만 우주로 나가면 지구는 태양계에서 별로 크지 않은 행성에 불과합니다. 행성의 하나인 목성 크기(부피)에 비한다면 1,300분의 1밖에 되지 않고, 태양의 130만분의 1에 불과합니다. 태양은 직경이 140만 km에 이르기 때문에 지구에서 달까지 거리의 4배 가까운 직경을 갖고 있습니다. 이렇게 큰 태양이지만 우주에서는 하나의 평범한 별에 불과합니다.

태양으로부터 가장 가까운 항성은 켄타우루스 자리의 프록시마성 (Proxima Centauri)인데 이것은 태양으로부터 4.2광년, 즉 빛의 속도로 4.2년을 가야 하는 거리에 있습니다. 태양에서 지구까지는 빛으로 불과 8분 20초, 태양계 맨 바깥에 있는 명왕성까지는 빛으로 4시간 반 정도 걸린다는 점을 생각한다면 4.2광년 떨어진 곳에 태양의 최인접 항성이 있다는 것은 놀라운 일입니다. 그 별까지의 넓디넓은 공간은 왜 존재하는지…. 그런데 놀랍게도 그런 태양과 같은 별들이 2,000억 개 정도가 모여 직경 10만 광년에 이르는 우리은하계를 이루고 있습니다.

그러면 우주에 우리은하계만 있을까요? 아닙니다. 우리은하계로부터 가장 가까운 은하는 250만 광년 떨어진 안드로메다은하입니다. 이 은하는 우리은하보다 두 배 정도 크기 때문에 아주 어두운 곳에서는 맨눈으로도 희미하게 보입니다. 이 우주에는 이 외에도 우리은하와 같은 것이 1,000억 개 이상 흩뿌려져 있습니다. 그렇다면 도대체 우주는 얼마나 클까요? 아니 우주의 끝이 있기는 할까요?

우리는 궁금하지만 아무도 우주의 정확한 크기를 모릅니다. 지금까지 허블망원경 등으로 관측되는 가장 먼 천체는 약 130억 광년 정도 떨어져 있습니다. 지금 우리가 보는 그 천체는 130억 년 전의 모습이라는 의미지요. 당연히 분해능이 더 좋은 망원경이 개발된다면 그보다 더 먼 천체도 보이겠지요. 지금까지 연구로 봐서 우주의 크기가 무한하지는 않은 것 같지만 현재로서는 그 크기를 정확하게 측정할 방법이 없습니다. 그렇다면 이 광활한 우주 속에서 인간이란 어떤 존재일까요?

저는 물리학도이자, 밤하늘의 별 관측하는 것을 좋아하는 '별 볼 일 있는' 사람으로서 늘 우주에서 점과 같은 태양계, 그중에서도 먼지같이 작은 행성 지구에 살고 있는 사람들 그리고 65억의 인구 중에서 저 자신을 생각해 봅니다. 그러면서 광대한 우주에 비해 인간이 너무나 작고 초라한 존재라는 생각을 지워 버릴 수가 없습니다.

우리 인생의 길이는 어떻습니까? 긴 우주의 나이에 비하면 인생이란 그야말로 눈 깜빡할 사이에 지나가는 존재입니다. 그래서 시편 기자는 인생을 가리켜 밤의 한 경점 같고, 우리의 일생이 일식(一息) 간에 다한다고 했습니다. 인생의 덧없음을 지적한 것은 신약 기자들도 마찬가지입니다. 야고보는 인생을 잠깐 보이다가 없어지는 안개와 같다고 했고, 베드로는 인생은 풀과 같고 그 영광은 풀의 꽃과 같다고 했습니다. 피조물로서 인간의 외적 면모만을 생각해 본다면 이 우주에서 인간은 티끌 같은 존재에 불과합니다.

어디 인간이 우주 속에서만 보잘것없는 존재일까요? 인간은 지구에서조차 작은 존재입니다. 지난 수년간 미국의 이라크 침략으로 죽은 수십만의 이라크인들 그리고 이어지는 수많은 자살 폭탄 테러와 그로 인해 죽은 헤아릴 수 없는 사람들, 지난번 사천성 지진으로 죽은 수많은 중국인들. 그들 한 사람 한 사람은 그들의 가족들에게 한없이 귀중한 존재지만 우리는 그들의 이름 하나 기억하지 못합니다. 자신에게는 천하와도 바꿀 수 없는 귀중한 생명이지만 자신을 모르는 전 세계 대부분의 사람들에게는 이름조차 기억되지 않는 존재인 것입니다. 혹 어떤 사람이 말기 암 진단을 받는다 한들 그의 가족과 주변의 가까운 몇몇 지인들 외에는 늘 듣는 소식 중의 하나일 뿐이겠지요.

하지만 그것이 '인간' 혹은 '어떤 사람'이 아닌 바로 '나'라면 어떨까요? 자신에게 죽음이란 모든 것의 블랙홀과 같습니다. 이 광대무변한 우주도 내 생명과는 비교할 수 없습니다. 이런 우주 1,000개를 준다 한들 자기 생명과 바꿀 수 있을까요? 내가 죽는다면 쌓아 놓은 돈이 무슨 소용이 있겠으며, 높은 지위나 명예가 무슨 의미가 있을까요? 우주가 아무리 광활하고, '인간'은 먼지 같을지라도 '자신'의 가치는 이 우주보다 훨씬 더 큽니다. 여기에서 모순이 생깁니다. 내가 죽는다 한들 우주는 눈도 깜짝하지 않겠지만 자신의 생명은 온 우주와도 바꿀 수 없이 귀중합니다.

우주 속에서 먼지만도 못한 자신의 객관적인 가치와 천하보다 더 귀한 주관적 가치 사이의 이 엄청난 괴리를 어떻게 조화시킬 수 있을까요? 어떻게 하면 자신의 주관적 가치가 곧 객관적 가치일 수 있음을 확신할 수 있을까요? '인간'은 우주에서 먼지만도 못한 존재일지 모르나 정작 '자신'은 온 우주를 주고도 바꿀 수 없는 소중한 존재라는 것이 일견 모순되는 듯이 보이지요. 시편 8편은 바로 이 모순적 상황을 해결해 주는 열쇠를 제시하고 있습니다.

시편 기자는 "사람이 무엇이기에 주께서 그를 생각하시며 인자가 무엇이기에 주께서 그를 돌보시나이까"(시 8:4)라고 고백합니다. 광활한 우주, 그런데 그 우주를 만드신 하나님이 먼지 같은 제게 관심을 갖고 계시다니요? 우주의 광대함과 인간의 연약함을 생각한다면 그리고 이 우주를 만드신 창조주를 믿는다면 우리 모두가(신, 불신을 막론하고) 다윗과 같은 고백을 하지 않을 수 없습니다. 게다가 하나님은 우리를 다만 생각하실 뿐 아니라 우리를 "영화와 존귀로 관을 씌우셨"(시 8:5)으니까요.

이 우주를 만드셨기에 우주보다 훨씬 더 큰 분이 제게 관심을 갖고 계신다는 사실이 놀랍습니다. 그분은 제게 단순히 관심만을 갖고 계시는 정도가 아니라 나 자신보다도 나를 더 잘 아시며, 우리 부모님보다도 저를 더 사랑하시는 분입니다. 저는 남을 위해 아들의 손가락 하나 자를 수 없지만 그분은 독생자를 죽이시기까지 저를 사랑하신 분입니다. 이 놀라운 사실은 성경이 그렇다고 하니 그런 줄 알지 솔직히 실감이 나질 않습니다. 아니 실감이 난다면 그게 도리어 이상한 일이 아닐까요?

저는 과학을 공부하면서, 생명에 대해서 그리고 지구와 우주에 대해서 알아 가면 갈수록 이 우주를 창조하시고 운행하시는 그 크신 분이 저를 개인적으로 사랑하신다는 사실로 인해 놀랍습니다. 하나님이 얼마나 큰 분인지 모를 때나 그분 앞에서 인간이 얼마나 미미한 존재인지 모를 때는 인간은 결심만 하면 무엇이든 다할 수 있는 존재인 줄 알았습니다. 칠팔십 년 사는 인생이 대단한 줄 알았지요. 하지만 피조세계를 공부하면 할수록 저는 미미한 존재지만 저를 사랑하는 그분 때문에 제가 얼마나 귀중한 존재인지를 깨닫습니다.

과학은 이 물질세계에 대한 학문이지만 결국은 그를 통해 이 세계를 만드신 하나님과 인간 그리고 자신을 알아 가는 학문이라고 할 수 있습니다. 그런 의미에서 과학은 신학이요, 인문학의 한 부분이라고도 할 수 있겠지요. 눈을 뜨면 우주에서 먼지만도 못한 것 같지만 눈을 감으면 온 우주를 가슴에 채울 수 있는 존재. 그게 바로 하나님의 형상이 자 그분의 사랑의 대상인 인간입니다. 그러므로 이 짧은 인생을 살 동 안 하나님께서 주신 소명을 따라 겸손히 그분을 섬기고 이웃을 사랑하 며 사는 것이 인생의 본분이요, 행복이라 생각됩니다. 우주와 인생 그 리고 인생의 주인 되신 분을 알아 가는 것, 이것이 바로 제가 과학자로 서 하나님을 믿는 이유이자 과학을 공부하는 축복입니다.

45. 하나님의 형상과 설계의 증거

1961년 4월 12일, 구소련의 우주인 가가린(Y. A. Gagarin)은 보스토크 1호(Vostok 1) 우주선을 타고 인류 최초로 지구를 떠나 외계에 나갔다가 성공적으로 지구로 귀환했습니다. 그는 현대 첨단 기술의 총아라고 할 수 있는 우주선을 타고 인류 역사 최초로 외계에 나갔다 왔지만 지구로 귀환한 후 기자들에게 자신은 외계에 나가서도 하나님을 보지 못했노 라고 했습니다.

이에 비해 지금부터 3,000여 년 전에 살았던 다윗은 망원경을 비 롯한 천문관측 시설이 전무했던 시절에 하늘을 보고 하늘이 하나님의 영광을 선포한디고 노래했습니다. 또한 독일 전문학자 케플러(Johannes Kepler)는 시편 19편의 성경말씀에 근거하여 일생 동안 자신을 천문학의 제사장이라고 생각하며 살았습니다. 그는 천체의 운행에 나타난 하나 님의 뜻을 발견하여 이를 사람들에게 전해 주는 것을 자신의 사명으로 생각했기 때문에 일생 동안 춥고 배고픈 천문학자의 길을 갔습니다.

케플러와 같이 제사장적 소명을 가지고 과학을 연구했던 16-17세기 과학혁명기 과학자들도 인간은 하나님의 형상대로 지음 받았기 때문에 하나님이 만든 피조세계를 이해할 수 있다는 믿음을 가지고 있었습니다. 자연은 이해할 수 없는 것이 아니라 이해할 수 있는 것이며, 인간에게는 자연의 질서에 동조할 수 있는 본래적인 능력, 즉 하나님의 형상이 있다고 믿었던 것입니다.

하나님의 형상을 따라 창조된 인간은 다른 동물들에 비해 대단한 능력을 갖고 있습니다. 날개가 없지만 어떤 새보다 멀리 그리고 높이 날 수 있을 뿐만 아니라, 아가미가 없지만 어떤 물고기보다 깊은 물속에서 빠르게 움직일 수 있습니다. 사람의 다리로 달리는 속도라야 기껏 초속 10m 정도로 타조에 비해 1/3 정도에 불과하지만 사람이 만든 초고속열차로는 초속 100m에 육박하며, 우주선으로는 무려 초속 10km를 넘고 있습니다. 인간의 귀는 개의 귀보다 둔해서 기껏 20-20,000Hz 영역의 진동수만 들을 수 있지만 특수 마이크를 사용하면 대부분의 진동수를 들을 수 있습니다. 또한 사람의 육안으로는 0.1mm 이하 크기의 물체를 분간하지도 못하지만 현미경을 사용하면 10^{-8}cm 정도의 원자까지도 볼 수 있습니다. 인간의 수명이라야 기껏 100년도 못되지만 수천 년의 인류 역사는 물론 그보다 훨씬 긴 지구나 우주의 역사까지도 연구할 수 있는 것이 인간입니다.

이 모든 인간의 능력은 인간이 하나님의 형상대로 창조되었기 때문에 갖게 된 것입니다. "하나님이 자기 형상 곧 하나님의 형상대로 사람을 창조하시되 남자와 여자를 만드시고"(창 1:27). 비록 인간은 "천사보다 조금 못하게" 창조되었지만 "영화와 존귀로 관을 쓴" 존재입니다(시 8:5). 하나님의 형상을 따라 지음 받았고 또한 하나님이 창조하신 모든 세계를 관리하는 청지기로 부름을 받았기 때문에 인간은 이 세계를 연구하고 이 자연계의 이면에 있는 수많은 규칙들을 발견할 수 있는 능력을 갖고 있습니다.

그러나 이러한 인간에게 하나님은 "가장 높은 구름에 올라 지극히 높은 자"와 비길 수 있도록 무한대의 능력을 주시지는 않았습니다(사 14:14). 인간은 하나님께서 창조하신 피조세계를 관리할 수 있는 충분한 능력을 부여받았지만 여전히 하나님의 피조물이며 창조주가 피조세계 내에 정해 놓은 일정한 한계와 틀 속에서 살아갑니다. 특히 타락으로 인해 인간에게 있는 하나님의 형상은 크게 훼손되었고 그 능력은 크게 제한되게 되었습니다. 그러나 이러한 한계 속에서도 인간은 피조세계에 대한 연구를 통해 창조주와 인간과 우주에 대한 "헤아리지 못할" 정도의 충분한 지식들을 습득할 수 있습니다.

이런 확신을 가졌던 대표적인 근대 과학자는 17세기 이탈리아의 과학자 갈릴레오(Galileo Galilei, 1564-1642)였습니다. 그는 하나님은 인간에게 두 권의 책, 즉 '성경'과 '자연'이라는 책을 주셨다고 했습니다. 그는 첫 번째의 책, 성경이 지난 수천 년의 세월 동안 수많은 사람들에게 하나님이 세상을 얼마나 사랑하시는지 그리고 그의 독생자 예수 그리스도를 통해 그 사랑을 어떻게 나타내셨는지를 증거한다고 했습니다. 또한 그는 성경은 인간이 "어떻게 천국에 가는지"(How to go to the heavens)를 보여 주는 책이라고 했습니다.

이에 비해 두 번째의 책, 자연은 우리에게 하나님의 솜씨를 증거하고 있습니다. 갈릴레오는 자연이라는 책은 하나님이 만든 '우주가 어떻게 운행되는가'(How the heavens go)를 보여 준다고 보았습니다. 이것은 자연의 증거만을 통해 인간이 성경에 나타난 여호와 하나님을 발견할 수 있다거나 인간의 죄성을 깨닫고 십자가의 대속을 받아들일 수 있다는 의미는 아닙니다. 자연에 나타난 많은 증거들은 하나님을 아는 것에 도움이 될 뿐 아니라, 하나님을 아는 것에 장애가 되는 것들을 제거한다는 것을 의미합니다.

지난 수백 년 동안 자연에 대한 연구, 즉 과학의 눈부신 발전과 이로 인한 기술 사회의 도래로 인해 과학에 대한 사람들의 신뢰가 폭발적으로 증가했습니다. 이러한 시대에 과학자들의 연구를 통해 밝혀진 다양한 증거들이 창조주를 어떻게 증거하고 있는지를 살펴보는 것은 매우 중요합니다. 자연에 나타난 수많은 설계의 흔적들은 창조주가 존재한다는 사실에 대한 부인할 수 없는 증거들입니다.

설계 논리를 이해하기 위한 예로 어떤 사람이 길을 가다가 숲 속에서 시계와 컴퓨터 하드디스크를 발견했다고 합시다. 시계와 하드디스크가 누구의 것이냐는 소유권 분쟁이 생기지 않는다면 사람들은 자연스럽게 이들이 어디서 왔는지에 관심을 갖게 될 것입니다. 이들이 어디서 왔는지를 알기 위해 분해해서 그 부속품들의 성분을 조사한다고 합시다. 그러면 사람들은 아마 철, 크롬, 니켈, 구리 등의 금속과 플라스틱, 자성체, 실리콘 등을 발견할 수 있을 것입니다. 그리고 이러한 성분들은 대부분 땅에서 온 것임을 알 수 있을 것입니다. 여기까지는 누구나 동일한 의견을 가질 수 있습니다.

그러나 이 성분들이 어떻게 땅에서부터 나와서 이렇게 정교한 장치를 만들게 되었느냐는 질문에 이르게 되면 사람들은 저마다 다른 대답을 할 것입니다. 사람들은 자신의 세계관에 따라 다른 답변을 할 것입니다. 어떤 사람들은 저절로 땅에 있는 원소들이 오랜 시간 동안 확률적 과정을 거쳐서 이런 기계들을 만들었다고 할 것이고, 어떤 사람들은 누군가가 이 원료들을 땅에서 캐내어 정제하고, 설계하여 만들었다고 주장할 것입니다. 물론 오랜 시간 동안 저절로 기계들이 만들어졌다는 것은 터무니없는 얘기지요.

하지만 생명이 저절로 생겼다고 생각하는 사람들은 마치 땅에 있는 원소들이 저절로 시계와 하드디스크를 만들었다고 주장하는 것보다 훨씬 더 불가능한 사실을 믿고 있는 것이라고 할 수 있습니다. 생명체를 이루고 있는 원소들은 자연에 존재합니다. 하지만 그런 물질들이 자연에 존재한다는 것과 그런 물질들이 모여서 생명체를 형성하는 것은 전혀 별개의 얘기입니다.

비록 시계와 하드디스크가 발견된 주변에 다른 사람들이 없을지라도 우리는 이러한 기계들이 누군가에 의해 설계되고 만들어졌다고 생각하는 것이 자연스럽습니다. 이 기계들의 외부에 표시된 제작 회사나 연도를 확인하지 않더라도 이 정도의 정교한 기계는 누군가 설계하여 만들지 않고는 존재할 수 없다고 생각할 것입니다. 그러면 자연계는 어떤가요?

사실 자연계는 우연히 존재하게 되었다고는 볼 수 없는 설계의 흔적으로 가득 차 있습니다. 하드디스크나 시계 정도가 아닙니다. 종교적 신앙의 유무와는 무관하게 많은 과학자들은 자연계 곳곳에 남아 있는 다양한 설계의 흔적들을 지적하고 있습니다. 거시적 세계나 미시적 세계에서 흔히 볼 수 있는 대칭성, 통일성, 한계성을 비롯하여, 물질계에서 나타나는 유사함, 조화로움, 정교함 그리고 지구상에 인간을 비롯한 다양한 생명체들이 살 수 있도록 세심하게 설계된 흔적들은 신앙인이 아니라고 해도 인정할 수밖에 없습니다. 이의 대표적인 한 예가 바로 물입니다.

46. 물, 창조의 증거

우리 주변에 가장 흔하게 볼 수 있는 물에 대하여 생각해 봅시다. 대부분의 물질은 냉각하면 수축하여 밀도가 높아집니다. 한 예로 알코올은 실온에서 부피팽창계수가 1.12×10^{-3}, 수은은 0.183×10^{-3}으로서 온도가 낮아지면 부피가 줄어듭니다. 알코올, 석유, 황산 등의 액체뿐 아니라 알루미늄, 금, 은, 동, 철, 다이아몬드 등 대부분의 고체들도 온도가 낮아지면 부피가 감소합니다. 온도가 낮아짐에 따라 부피가 줄어든다는 말은 밀도가 증가한다는 말이지요.

그러나 이러한 일반적인 성질과는 달리 온도가 낮아지면 도리어 부피가 증가하는 물질이 세 가지가 있는데 그것은 물(H$_2$O)과 갈륨(Ga) 그리고 비스무트(Bi)라는 물질입니다. 이중 갈륨과 비스무트는 흔하지도 않을 뿐더러 우리의 일상생활과 직접적인 관련도 없습니다. 그런데 우리 생활과 밀접한 관련이 있는 물은 4℃(정확하게는 3.98℃)까지는 다른 물질과 마찬가지로 온도가 낮아짐에 따라 부피가 감소하여 밀도가 증가합니다. 그러나 4℃에서는 밀도가 0.99820으로 가장 크고 그 이하나 이상의 온도에서는 도리어 부피가 증가하며 밀도가 감소합니다. 밀도가 감소한다는 말은 같은 부피의 무게가 줄어든다는 말입니다. 실제로 얼음은 4℃인 물보다 밀도가 오히려 작기 때문에 수면에 뜨며, 따라서 물은 표면에서부터 얼게 됩니다.

물의 이러한 특성은 생태계의 유지와 관련해서 대단히 중요한 의미를 갖습니다. 만일 물도 다른 대부분의 물질들처럼 온도가 낮아질수록 밀도가 증가한다고 가정해 봅시다. 물은 얼면서 강이나 바다 밑바닥으로 가라앉을 것입니다. 그러면 추운 한 겨울을 지나게 되면 물풀을 비롯하여 강이나 바다 밑바닥에 서식하고 있는 대부분의 동식물들은 얼어 죽을 것입니다. 그러면 생태계의 사슬이 끊어지게 되어 육상 생물들도 살 수 없게 됩니다. 그러나 다행히 얼음이 물 위에 뜨기 때문에 호수나 강, 바다의 생물들이 추운 겨울에도 살 수 있습니다.

물은 수면에서부터 얼기 때문에 일단 먼저 언 얼음이 그 아래 물을 덮어 보온 덮개 역할을 합니다. 지독하게 추운 날씨가 계속되더라도 두꺼운 얼음이 얼 뿐, 물 밑바닥까지 모조리 어는 일은 잘 일어나지 않습니다. 따라서 대부분의 물고기들은 아무리 추운 겨울이라도 생존할 수 있습니다. 얼음보다도 4℃의 액체 상태가 가장 밀도가 큰 물. 이 신기한 특성은 저절로 존재한 것일까요? 창조주가 설계했다는 것이 가장 적절한 설명이 아닐까요?

물은 밀도 외에도 다른 물질들보다 유전상수가 크고(즉 전기전도도가 낮고), 분자량이 작은 것에 비해 녹는점과 끓는점이 높으며, 임계압력과 임계온도가 높습니다. 이러한 모든 특성들은 하나같이 물속에 사는, 혹은 물과 밀접한 관계를 맺고 사는 대부분의 생물들의 생존을 위해 매우 긴요합니다. 만일 물이 유전 상수가 작고 전기전도도가 크다면, 한 번의 벼락이나 고압선의 누전으로도 엄청난 수중 생물들이 죽을 것입니다. 전 세계 대부분의 물들이 연결되어 있음을 생각한다면 이는 실로 엄청난 재앙이 될 것입니다. 현재보다 녹는점과 끓는점이 낮다고 하면 더운 지방이나 추운 지방은 어류들이 살 수 없을 것입니다.

우리에게 가장 중요하면서도 흔한 물이지만 그리고 많은 연구가 이루어진 물이지만 놀랍게도 아직까지 우리는 물에 관하여 모르는 바가 너무나 많습니다. 한 예로 우리는 흔히 관찰하는 물의 응고, 즉 얼음이 어는 현상조차 명쾌하게 이해하지 못하고 있습니다. 즉 사람들은 물이 액체에서 고체로 변하는 상전이(相轉移)조차 잘 설명할 수 없다는 말입니다. 그러나 하나님은 생명 유지의 기본 물질이요 지구상에서 가장 풍부한 물을 통해 자신의 사랑을 나타내고 있습니다. "물이 돌같이 굳어지고 해면이 어는 것"은 특별한 하나님의 섭리입니다.

사실 지구에 생명체가 존재한다는 것 자체가 물과 밀접한 관계가 있습니다. 지구에 액체 상태의 물이 있다는 것은 이것이 설계되었음을 보여 주는 분명한 증거라고 할 수 있습니다. 지금과 같은 크기, 위치, 대기가 아니라면 지구에 액체 상태의 물이 존재할 수 없기 때문입니다.

물이 존재한다고 해도 수증기나 얼음과 같은 상태로 존재해서는 생명체가 살 수가 없습니다.

지구의 위치를 생각해 봅시다. 만일 지구가 수성과 같이 태양에 더 가까이 있다면 어떻게 될까요? 강과 호수, 바다의 물은 끓어 수증기로만 존재할 것입니다. 반대로 지구가 천왕성, 해왕성, 명왕성 등과 같이 태양으로부터 멀리 떨어져 있다면 지구의 모든 물은 얼어서 고체로만 존재할 것입니다. 뿐만 아니라 태양으로부터 멀리 떨어진 행성에서는 지구에서 기체 상태로 존재하는 이산화탄소나 질소 등의 기체들이 고체나 액체 상태로 존재하게 되어 생물들이 광합성 작용 등에 사용할 수 없게 됩니다. 생명체가 존재할 수 있는 온도의 공간은 전체 태양계에서 불과 2% 정도인 것으로 추정되는데, 놀랍게도 바로 이 조건을 만족하는 공간의 한가운데 지구가 있다는 것은 우연일까요?

지구의 크기는 어떻습니까? 만일 지구가 화성과 같이 현재의 크기보다 작다면 앞에서 지적한 바와 같이 지구는 현재의 대기를 붙잡고 있을 만큼 충분한 크기의 중력을 가질 수가 없습니다. 그리고 현재보다 낮은 대기압을 갖는다면 액체 상태의 물은 쉽게 증발하여 수증기 상태로만 존재할 것입니다. 반면에 현재보다 크고 무겁다면 지구는 현재보다 더 높은 대기압을 가질 것이고, 앞에서 언급한 것의 반대 현상이 나타날 것입니다. 즉 물이 현재보다 더 높은 온도에서 증발할 것이므로 지구 표면의 물의 순환에 심각한 문제가 생깁니다.

현재와 같은 지구의 크기와 질량 그리고 이에 따른 적정한 중력의 크기로 인해 현재의 대기압과 액체 상태의 물이 존재하는 것을 우연이라고 할 수 있을까요? 태양으로부터 1억 5천만 km 떨어져 있어서 지나치게 덥지도, 춥지도 않은 것, 그래서 생명체들이 살아가는 데 필요한 원소들이 액체나 기체, 혹은 고체 상태로 존재하는 것을 우연이라고 할 수 있을까요? 지구와 태양의 거리가 현재보다 5%만 더 멀거나 가까워도 지구에는 사람이 살 수 없습니다. 만일 하나님께서 잠시라도 "그의 능력의 말씀으로 만물을 붙드시며"(히 1:3) 유지하고 계시지 않는다면 만물은 존재할 수 없습니다.

47. 태양과 달의 시각

앞에서 살펴본 물의 설계에 이어 태양과 지구와 달도 부인할 수 없는 설계의 증거를 보여 주고 있습니다. 우리가 보는 것처럼 지구는 전체가 생명체로 충만해 있습니다. 과학자들이 광활한 우주에서 생명체를 찾기 위해 그렇게 많은 노력을 해도 아직까지 그 흔적조차 찾을 수 없지만 지구에는 그런 생명체로 충만한 것입니다. 비록 맨눈으로 볼 수 없지만 물 한 컵, 흙 한 줌 속에도 엄청난 수의 생명체들이 살고 있음을 잘 알고 있습니다. 생명체에 대해서 적대적인 우주를 사막에 비유한다면 지구는 가히 생명이 넘치는 오아시스라고 할 만합니다. 그러면 지구에 이렇게 많은 생명체들이 살게 된 것이 우연이라고 할 수 있을까요? 지구를 우주의 오아시스라고 말할 수 있는 것은 지구에 생명체가 살 수 있도록 설계된 수많은 장치들 때문입니다. 그 장치들 중 하나가 바로 태양과 달과 지구의 정교한 설계입니다.

태양과 달의 시각(視角)

오늘날 우리는 누구나 태양이 달보다도 훨씬 더 크다는 사실을 상식적으로 알고 있습니다. 그러나 놀라운 사실은 지구에서 볼 때 태양과 달이 똑같은 크기로 보인다는 사실입니다. 지구는 태양의 위성이고 달은 지구의 위성에 불과하며, 크기를 보면 태양의 직경은 1,392,000km

이지만 달의 직경은 3,500km에 불과합니다. 그런데 이처럼 커다란 크기의 차이는 거리의 차이에 의해 정확하게 상쇄됩니다. 태양과 지구의 평균 거리는 149,680,000km인데 비해 달과 지구의 평균 거리는 370,000km입니다. 태양의 직경이 달보다 400배나 크지만 지구에서 태양까지의 거리가 달까지의 거리에 비해 약 400배에 이르기 때문에 지구에서 겉보기 크기가 같게 보이는 것입니다!

그러나 같은 크기로 보인다는 말만으로는 이들이 어느 정도 같게 보이는지에 대해 실감이 잘 나지 않을 것입니다. 지구-태양의 거리를 태양의 직경으로 나눈 값의 삼각함수의 역탄젠트(tan⁻¹)를 취하여 시각(視角)을 구해 보면 0.53도(度)입니다. 그런데 놀랍게도 지구-달의 거리를 달의 직경으로 나눈 값의 역탄젠트를 취하여 시각을 구하더라도 0.53도로서 일치합니다. 지구의 공전궤도와 달의 공전궤도가 정확하게 원이 아닌, 타원이어서 지구-태양, 지구-달까지의 거리가 약간씩 변하므로 소수점 이하 셋째 자리까지는 같을 수가 없음을 생각한다면 시각이 소수점 이하 둘째 자리까지 일치한다는 사실을 우연이라고 할 수 있을까요?

지구의 기원에 관해서는 여러 가지 주장이 있습니다. 어떤 사람은 태양이 자전하면서 원심력에 의해 지구가 떨어져 나왔다고 주장합니다. 또 어떤 이들은 우주진과 가스들이 응축되어 태양이 먼저 형성되고 그 후 수백만 년 동안 태양 주변에 남아 있는, 혹은 태양으로부터 떨어져 나온 우주진과 가스들이 중력에 의해 점점 커지면서 지구가 만들어졌다고 주장합니다.

또한 달의 기원에 관한 이론도 많습니다. 어떤 사람은 지구가 형성될 때 같이 만들어졌다고 하는가 하면, 어떤 사람은 우주 공간에 떠다니던 거대 운석이 포획(捕獲)되어 달이 되었다고 주장하기도 합니다. 어떤 사람은 지구 근처에 있던 다른 소행성이 지구의 중력에 끌려 들어와

달이 되었다고 하는가 하면, 어떤 사람은 태평양이 떨어져 나가서 달이
되었다는 재미있는 주장도 합니다.

어떤 주장이 맞는지는 제쳐 두고 지구와 달이 저절로 자연적인 원
인에 의해 독립적으로 만들어졌다면 현재의 정확한 시각의 일치를 어
떻게 설명할 수 있을까요? 아마 현재 학자들이 주장하는 어떤 모델을
따라 우주와 태양과 지구, 달이 만들어졌을지도 모릅니다. 그러나 만들
어지는 과정이 아무런 지혜의 개입 없이 저절로 이루어졌다고 한다면
이들의 완벽한 조화를 어떻게 설명할 수 있을까요?

도대체 일식과 월식이 어떻게

지구에서 본 태양과 달의 겉보기 크기가 완전히 같다는 사실과 더
불어 일식과 월식의 발생은 또 하나의 설계의 증거입니다. 월식은 태
양-지구-달이 일직선으로 배열되어 지구의 그림자 속에 달이 들어갈 때
일어나며, 일식은 태양-달-지구가 일직선으로 배열되어 달이 태양을 가
릴 때 일어납니다. 이러한 일식과 월식은 달과 지구의 공전 면이 완전
히 일치할 때만이 가능합니다. 특히 개기일식은 지구와 달의 공전 면이
단 0.1도라도 다르면 불가능합니다. 광활한 우주에서는 달과 지구, 심
지어 태양까지도 먼지나 점에 불과함을 생각할 때 이들이 같은 평면에
있으면서 일직선으로 배열되어 일식과 월식을 일으킨다는 사실은 무엇
을 말합니까? 이것은 천지를 지으시고 그 가운데 해와 달과 별을 만드
시고 이들을 한 평면에서 운행하도록 설계하시고 창조하신 창조주가
있음을 나타내는 것이 아닐까요?

만일 거대 운석이나 소행성이 지구의 중력에 우연히 포획되어 달이
되었다고 한다면 이러한 운석이나 소행성이 지구의 중력권에 진입하는
것은 어느 방향으로부터라도 가능했을 것입니다. 그런데 0.1도의 오차

도 없이 정확하게 달이 현재의 지구 공전면 상에서 지구의 중력권에 진입했다는 것을 어떻게 설명할까요? 그래서 지구와 달의 공전면이 완전히 일치하여 월식과 일식이 가능하게 된 것을 도대체 어떻게 설명할 수 있을까요? 물론 처음에는 달이 임의의 각도로 지구의 중력에 포획되었더라도 시간이 지나면서 중력적 '동조'가 일어나 지금처럼 완전한 공평면 상에 있게 되었다고 설명할 수 있겠지요. 하지만 지구와 달, 태양이 어떻게 생겼는지에 관계없이 이들의 상대적 위치를 생각해 본다면 불가피하게 이들을 창조하시고 이들을 현재의 위치에 정확하게 배치하신 (진입하게 하신) 창조주가 존재한다는 결론에 이를 수밖에 없습니다!

물론 이 모든 과정이 저절로, 우연히 일어났다고 주장할 수 있겠지요. 하지만 이 모든 과정이 저절로 일어났다고 한다면 그러한 일이 일어날 확률이 너무나 작습니다. 그렇게 작은 확률을 통해 현재의 태양, 지구, 달의 배열이 만들어졌다고 믿는 것은 사도신경을 고백하면서 초월적인 창조주 하나님을 믿는 것보다 훨씬 더 큰 믿음이 있어야 합니다! 솔직하고 객관적인 안목을 가진 사람들에게는 "만물이 인하고 만물이 말미암은"(히 2:10) 하나님을 믿는 것은 그렇게 큰 믿음을 요구하는 것이 아닙니다.

창세기 1장에서 하나님은 "…하늘의 궁창에 광명이 있어 주야를 나뉘게 하라 또 그 광명으로 하여금 징조와 사시와 일자와 연한이 이루라…. 하나님이 두 큰 광명을 만드사 큰 광명으로 낮을 주관하게 하시고 작은 광명으로 밤을 주관하게 하시며…. 저녁이 되며 아침이 되니 이는 넷째 날이니라."고 했습니다. 하나님은 큰 광명인 해로 하여금 낮을 주관하게 하시고 작은 광명인 달로 하여금 밤을 주관하게 하셨습니다. 비록 이것을 천문학의 기초로 사용할 수는 없지만 우주와 태양계는 이를 창조하신 창조주가 있음을 말해 주는 것입니다. 하나님은 해와 달을 만드시되 겉보기 크기는 같게, 밝기는 다르게 그리고 이들로 하여금 완전히 같은 평면에서 운행하도록 만드신 것입니다.

잘 조절된 지자기장

태양과 지구와 달의 위치나 크기에 더하여 지자기장도 다르게 설명할 수 없는 창조주의 설계의 증거입니다. 우리가 알다시피 태양은 수소가 헬륨으로 변환하는, 수소폭탄의 원리인 핵융합에 의해 에너지를 방출하고 있습니다. 즉 수소가 헬륨으로 융합되면서 생기는 질량결손이 상대성이론의 결론인 질량-에너지 등가원리($E=mc^2$)에 따라 엄청난 에너지로 방출되고 있는 것입니다. 태양이 1초 동안 방출하고 있는 에너지는 역사상 인류가 사용한 총 에너지보다도 더 많아서 태양은 핵융합을 통해 초당 5억 톤씩 질량을 잃고 있습니다!

하지만 이렇게 방출되는 태양에너지가 모두 지상의 생명체에게 유익한 것만은 아닙니다. 태양에너지의 많은 부분은 지구 생명체에 치명적입니다. 하지만 지구에 태양에너지 중에서 유용한 부분만을 선별해서 받아들일 수 있는 기능이 있기 때문에 지구에 생명체들이 살 수 있는 것입니다. 이 선별 메커니즘 중의 하나가 바로 지구자기장입니다.

1600년 영국의 길버트(W. Gilbert)는 처음으로 지구가 거대한 자석임을 가정했으며, 1959년 골드(T. Gold)는 처음으로 오늘날 우리가 사용하는 자기권(磁氣圈)이라는 용어를 만들었습니다. 오늘날에는 누구나 지구는 북극이 N극, 남극이 S극인 거대한 자석이며, 지구 주변에는 자기장이 형성되어 있음을 알고 있습니다. 지자기장의 세기는 적도에서는 32가우스(Gauss), 극지방에서는 62가우스로서 극지방이 거의 두 배 정도로 더 큽니다.

이러한 지자기장으로 인해 공기 중에 전기를 띠고 있는 대전입자들은 지자기의 영향을 받습니다. 물론 공기의 밀도가 높은 지표면에서는 대전입자라고 해도 다른 입자들과의 충돌로 인해 지구 자기장의 영향을 별로 받지 않는, 중성 입자처럼 행동합니다. 그러나 공기의 밀도가 희박한 고도 200km 이상에 있는 대전입자들은 뚜렷하게 지자기의 영향을 받습니다. 이처럼 대전입자들이 지구자기장의 영향을 뚜렷이 받는 영역을 자기권이라고 부릅니다. 자기권의 범위는 태양을 향한 방향, 즉 낮에는 100-60,000km에 이르며 태양을 등지는 방향, 즉 밤에는 300,000km 이상에 이릅니다.

지난 세기 후반에 들어와 자기권과 관련된 가장 중요한 연구 업적은 반알렌대(Van Allen Belt)의 발견이었습니다. 반알렌대는 자기권의 일부로서 1958년 미국의 반 알렌에 의해 발견되었습니다. 반알렌대는 대체로 지구를 도넛 형태로 둘러싸고 있으며, 반알렌대 내에서는 고에너지 대전입자들이 자력선을 따라 나선형을 그리면서 남북반구 사이를 왕복합니다. 이때 양으로 대전된 입자는 서쪽으로 이동하게 되고 음으로 대전된 입자는 동쪽으로 이동하게 되어 마치 입자들이 지구 자기장에 갇혀 있는 것같이 보입니다.

그러면 이러한 지구 자기장의 역할은 무엇일까요? 물론 우리는 지자기가 수백 년 전부터 나침반을 통해 먼 거리 항해에 응용되어 왔음을 알고 있습니다. 그러나 금세기 후반에 들어와 지구 자기장의 새로운 역할이 속속 밝혀지고 있는데 그중의 대표적인 것은 외계로부터 쏟아지고 있는 다양한 우주선(宇宙線)을 차폐해 주는 역할을 한다는 것입니다. 우주선은 지구상의 어떤 입자 가속기로도 만들 수 없는 고에너지(고속) 대전(帶電) 입자선으로서 이것이 직접 지상에 쏟아진다면 어떤 생명체도 살아남기가 어렵습니다. 무서운 우주선으로부터 지구 위의 생명체를 보호하는 자기장의 존재는 우연히 존재하게 된 것일까요?

그러면 우주선을 더욱더 효과적으로 차폐하기 위해 지자기장의 세기는 무작정 커질 수 있을까요? 그렇지 않습니다. 지구 내부는 금속으로 이루어진 일종의 도체(導體)이며, 도체가 자기장 내에서 회전하거나 움직이면 줄열(Joule Heat)이 발생합니다. 줄열은 자장 내에 있는 도체의 회전속도가 빠를수록, 자기장이 강할수록 많이 발생합니다. 그러므로 우주선을 차폐하기 위하여 무한정 지구 자기장의 세기가 강해지면 줄열이 발생하여 지상의 생명체들이 살 수 없게 됩니다.

여러 증거로 미루어 볼 때 현재의 지구 자기장의 세기는 지상의 생명체들에게는 아무런 해를 끼치지 않으면서도 무서운 우주선을 효과적으로 차폐할 수 있는 적당한 크기입니다. 만일 지구 자기장의 세기가 현재보다 크다면 줄열은 물론 지구에는 엄청난 전자기 폭풍이 몰아칠 것이고, 현재보다 작다면 태양풍으로부터 지구가 차폐될 수 없어서 지표면의 모든 생명체는 전멸할 것입니다.

지자기와 동조된 태양의 활동

지구 자기장이 고에너지 대전입자들을 차폐하는 메커니즘은 전자기학의 기초 이론으로 쉽게 설명할 수 있습니다. 하지만 더욱 놀라운 것은 지구 자기장의 세기가 외계에서 유입되는 우주선의 세기에 따라 변한다는 사실입니다. 우주선 중에는 은하로부터 오는 은하우주선(銀河宇宙線)도 있지만 태양으로부터 오는 태양풍이 가장 강합니다. 아직 자세한 이유를 알 수는 없지만 태양은 11년마다 자기장의 극성, 즉 자기력선의 방향이 180도로 바뀝니다. 그리고 이렇게 자기장의 극성이 역전될 때 태양의 활동이 가장 강하며, 가깝게는 지난 2000년 1월에 일어났습니다.

태양풍은 일반적으로 11년을 주기로 폭발하는 태양의 흑점과 밀접한 관련이 있습니다. 흑점은 망원경으로 겨우 보이는 지름 1500km 정도의 작은 것으로부터 시작하여 지구 크기의 몇 배가 되는 10만여 km에 이르는 것까지 다양합니다. 흑점은 태양의 자전 속도가 부위에 따라 달라짐으로 인해 태양 표면의 자기력선이 한 곳으로 집중되면서 발생합니다. 흑점을 형성하는 강한 자기력선은 태양 내부에서 분출되는 고온 고에너지 대전입자들을 가두게 되고 따라서 흑점의 온도는 다른 지역보다 2000℃ 정도 낮습니다. 태양의 나머지 부분의 표면 온도는 약 6000℃ 정도인 데 비해 이곳은 주변에 비해 40% 정도 어둡기 때문에 흑점이라고 부릅니다. 그러나 시간의 경과에 따라 자기장에 의해 갇혀 있는 고에너지 대전입자들의 압력은 점점 커지고 불안정한 정도도 누적됩니다. 그리고 이것이 어느 한계에 이르면 흑점은 풍선이 터지듯이 폭발하며, 이때 생물들에게 치명적인 X-선, 극자외선, 수소 이온, 전자 등을 포함하는 태양풍이 대규모로 방출됩니다.

흑점 활동이 강해져서 우주선이 많이 방출되면 1억 5천만 km나 떨어진 지구의 자기장도 따라서 강해지고 우주선을 차폐하는 기능이 강화됩니다. 비록 그 이유를 과학적으로 설명할 수 있다고 해도 이것은 참으로 놀라운 설계의 흔적입니다. 양파 껍질처럼 자기장으로 겹겹이 싸서 무서운 태양풍으로부터 지구를 눈동자와 같이 보호해 주는 자기 차폐막이 존재하는 것이 우연이라고 할 수 있을까요?

태양과 지구와 달의 위치나 크기 그리고 지구를 보호하는 지구 자기장의 존재는 창조주 하나님이 지구상에 인간을 포함한 아름다운 생명 세계를 창조하시고 유지하시기 위해 치밀한 계획 하에 창조하신 설계의 결과입니다. 그리고 이런 것을 깨달을 수 있는 '가슴속의 지혜'와 '마음속의 총명'은 창조주 하나님으로부터 말미암은 것입니다!

48. 지구의 중력과 대기의 설계

하나님께서 지구를 창조하신 여러 증거들 중 하나는 지구의 중력입니다. '중력은 두 물체의 질량을 곱한 값에 비례하며 두 물체의 떨어진 거리의 제곱에 반비례 한다.'는 만유인력법칙은 지금부터 약 300여 년 전, 영국의 물리학자 뉴턴(Isaac Newton)에 의해 발견되었습니다. 이 법칙에 의하면 천상계나 지상계에 있는 모든 물체는 '萬有하는'(universal) 동일한 인력 법칙에 의해 지배됩니다. 그러므로 우주를 천상계와 지상계로 나누고 각각의 영역을 지배하는 법칙이 다르다고 보았던 플라톤(Platon), 아리스토텔레스(Arstoteles)의 이원론적 우주관은 틀린 것으로 판명되었습니다.

만유인력법칙은 뉴턴 이전 2,000여 년 동안 서구인들의 마음을 사로잡아 왔던 이원론을 부정하고 새로운 우주관을 제시했다는 점에서 중세의 종언을 알리는 조종(弔鐘)이었으며, 동시에 근대의 시작을 알리는 종소리였습니다. 그리고 운동법칙과 더불어 과학혁명의 양대 지주의 하나가 되었습니다. 뉴턴 이후 중력에 대한 많은 연구가 이루어졌으며, 이것은 1916년 아인슈타인의 일반상대론의 출현으로 절정에 이르렀습니다.

그동안 중력의 본질에 대한 많은 연구가 이루어졌는데, 이중 지구 중력이 지상의 생명체와 관련하여 갖는 의미가 밝혀지면서 우리는 다시 한 번 인간과 생명체의 거처인 지구를 위한 창조주의 배려를 발견하게 됩니다. 현재 지구 표면에서의 중력가속도는 $9.8m/s^2$입니다. 만일 중력가속도(중력)가 현재보다 더 크거나 작다면 어떤 일이 일어날까요?

만일 중력의 크기가 현재보다 크다면 지구의 대기는 평균 분자량이 28.8인 현재의 대기(질소 78%, 산소 21%, 기타 1%)보다 분자량이 작은(가벼운) 암모니아(NH_3, 분자량 17)와 메탄(CH_4, 분자량 16)을 다량 포함할 가능성이 높아집니다. 말할 필요도 없이 암모니아는 유독 기체로서 잠시라도 호흡하게 되면 사람이나 동물은 질식하여 죽게 되며 메탄 역시 생물들이 호흡할 수 없는 기체입니다.

그러면 만일 현재보다 중력이 더 작다면 어떤 일이 일어날까요? 그러면 지구 표면에는 산소가 존재할 수 없고 대신 현재의 대기보다 무거운 이산화탄소(CO_2, 분자량 44)가 많아질 것이며, 따라서 허파로 호흡하는 모든 동물은 질식하고 말 것입니다. 뿐만 아니라 대기 중에 포함된 수증기(H_2O, 분자량 18)의 함량이 현재보다 현저하게 줄어들 것입니다. 수증기가 줄어들면 전반적인 생태계의 변화가 일어날 뿐 아니라 일교차나 연교차가 커져서 지구에는 생물이 살기가 어렵습니다.

중력의 크기는 행성의 크기, 좀 더 정확히 말하면 행성의 질량과 직접적인 관련이 있습니다. 지구는 태양계 내의 여덟 개의 행성 중에서 중간인 다섯 번째로 크고 무거운 별입니다. 별의 크기와 무게는 바로 중력의 크기를 결정하기 때문에 지구의 크기와 무게는 지구의 중력을 결정합니다. 실제로 지구보다 중력이 작은 화성의 대기는 대부분 공기보다 무거운 이산화탄소로 이루어져 있으나 지구보다 중력이 큰 목성과 토성의 대기는 공기보다 가벼운 메탄이나 암모니아 등으로 이루어져 있는 것으로 알려져 있습니다.

대기의 조성에 더하여 대기의 고도에 따른 분포도 설계의 흔적을 보여 줍니다. 언뜻 보기에 대기는 단순히 지표로부터 올라갈수록 점점 더 희박해질 뿐이며, 동일한 상태로 존재할 것으로 생각될 수 있습니다. 그러나 근래에 들어와 다양한 연구가 진행되면서 대기의 구조가 생각보다 단순하지 않음이 밝혀지고 있습니다. 대기 구조의 가장 특징적인 점은 이것이 층상구조(層狀構造)를 갖고 있다는 사실입니다.

지표면에서 약 10km 정도까지는 기상 현상들이 일어나고 대류현상이 활발하게 일어나는 대류권(對流圈, Troposphere)입니다. 대류권은 극지방에서는 지면으로부터 약 6km까지고 적도 지방에서는 16km까지로서 차이가 있습니다. 또한 대류권은 같은 위도에서라도 여름에는 더 높아지고 겨울에는 낮아집니다.

대류권은 전체 대기권 높이의 수십 분의 일에 불과하지만 지구 전체 공기량의 75%와 대기권 수증기의 대부분이 포함되어 있습니다. 대부분의 구름도 대류층에서 형성됩니다. 또한 태양으로부터 오는 대부분의 광선들은 쉽게 대류권을 통과하지만 적외선에 해당하는 열선은 대류권에서 흡수되어 지면을 따뜻하게 하는 역할을 합니다. 대류권에서는 고도가 높아질수록 평균 6.5℃/km의 비율로 급격히 온도가 내려갑니다.

대류권 꼭대기로부터 위로 50km에 이르는 영역은 '층이 형성되어 있다.'고 하여 흔히 '성층권'(成層圈, Stratosphere)이라 부릅니다. 이곳에는 매우 빠른 대기의 흐름이 있지만 소용돌이 따위가 없이 대기가 안정되어 있기 때문에 장거리 제트 여객기들이 대부분 이 영역을 비행합니다. 성층권 중간, 20-35km 영역에는 매스컴에 자주 오르내리는 오존층이 있습니다. 오존층은 그 두께가(표준온도, 대기압으로 환산했을 때) 불과 수 mm에 불과하지만 태양으로부터 오는 자외선을 흡수하여 성층권의 온도를 일정하게 유지해 줄 뿐 아니라 지상의 생명체를 보호하는 중요한 역할을 합니다.

성층권 위에는 다시 온도가 하강하는 중간권(中間圈, Mesosphere)이 있습니다. 지면으로부터 50-80km에 해당하는 중간권의 온도는 -2℃에서부터 -90℃에 이르러 대기권 중 가장 기온이 낮습니다. 여기에는 성층권과는 달리 구름이 생기기도 하지만 공기가 희박하여 기상 현상이 일어나지 않습니다. 때때로 맑은 날씨의 일몰 직후에 볼 수 있는 야광운

(夜光雲)은 중간권에 있는 구름입니다. 외계로부터 유입되는 수많은 별똥별의 대부분은 이 중간권에서 타서 없어지고 인간을 포함한 지상의 생명체들에게 이르지 못합니다.

위에서 살펴본 대기권의 층상구조 중에서 특히 이온권은 태양의 복사에너지에 의해 공기 분자들이 이온화, 즉 전리(電離)되어 있습니다. 이온화된 공기 분자들은 전리층을 형성하여 지상으로부터 발사된 전자파들을 반사시켜 줌으로 지상의 원거리 통신을 가능하게 합니다. 전리층은 크게 아래로부터 D층, E층, F1층, F2층 등으로 나뉘어져 있으며 아래층에서는 주로 장파, 중파를 반사하고, 위층에서는 단파를 반사합니다. 인간이 무선통신 기술을 발명하기 오래전에 이미 하나님은 이온층을 만들어 20세기 통신시대를 준비하고 계셨던 것입니다!

어떤 사람들은 왜 하나님이 지구를 목성이나 토성처럼 크게 만들지 않고 이렇게 작게 만들었을까 불평할지도 모릅니다. 그러나 지구가 지금의 크기로 창조된 것은 이보다 커서도, 작아서도 안 되기 때문입니다. 지구의 중력과 이를 결정하는 지구의 질량은 하나님이 지구상에 인간을 포함한 아름다운 생명 세계를 창조하시고 유지하시기 위해서 치밀한 계획 하에 창조하신 설계의 결과입니다. 주로 산소와 질소로 이루어진 현재의 대기는 바로 이 중력의 크기와 직결되어 있습니다. 양파껍질과 같이 지구를 겹겹이 둘러싸고 있는 대기의 층상구조를 생각하면 "암탉이 그 새끼를 날개 아래 모음같이", "자기 눈동자같이" 지키시는 창조주 하나님의 섭리와 사랑을 생각하지 않을 수 없습니다! 이러한 창조주의 섭리와 사랑은 다만 지구 환경에서만 나타나는 것이 아니라 생물들의 번식 과정에서도 잘 나타납니다.

49. 양성생식의 뜻

하등동물들을 제외한, 대부분의 생물들은 양성생식, 즉 암컷과 수컷의 결합을 통해 번식합니다. 전능하신 하나님께서는 얼마든지 간편한 단성생식으로 번식하게 할 수 있으셨을 텐데 왜 사람을 포함한 대부분의 다세포생물들이 많은 문제가 야기될 수 있는 양성생식의 방법으로 번식하게 하셨을까요? 양성생식의 영적인 의미는 무엇일까요?

양성생식의 첫 번째 의미는 생물학적인 이유라고 생각됩니다. 즉 양성생식에는 유전적 다양성(genetic diversity) 유지라는 창조주의 뜻이 숨겨진 것이라 생각됩니다. 암컷과 수컷의 DNA가 재조합될 수 있는 경우의 수는 거의 무한대에 가깝습니다. 그러므로 한 부모 밑에서 태어나는 자녀들이 아무리 많아도 (일란성 쌍생아가 아닌 한) 이들의 유전적 정보는 모두 다릅니다. 한 종에 속한 개체들이라도 그 수많은 개체들의 DNA 지문이 단 하나도 같지 않다는 것을 두고 하나님은 "보시기에 심히 좋았더라"고 하지 않으셨을까요? 유전적 다양성이라는 말을 뒤집어 생각해 보면 다름의 아름다움, 다양성의 미학이라고도 표현할 수 있습니다.

성경은 구체적인 과학적 근거를 제시하지는 않지만 이미 오래전에 근친결혼을 금하고 있습니다. 모세는 "너희는 골육지친을 가까이하여 그 하체를 범치 말라."(레 18:6)고 하시면서 레위기 18-20장의 긴 지면을 할애하여 근친결혼을 금하고 있습니다. 하지만 아담과 하와의 결혼으로부터 이복 여동생과 결혼한 아브라함(창 20:12) 때까지는 근친결혼이 하나님의 법을 어기는 것이 아니었습니다. 하나님께서 근친결혼을 금지하신 것은 모세 때부터인데 이는 가까운 친족일수록 유전병에 걸리거나 정상적이지 못한 자손을 낳을 가능성이 많기 때문입니다.

하나님께서 처음에 사람을 창조하셨을 때는 완전하게 창조하셨지만 인간의 타락과 이로 인한 돌연변이로 인해 사람들의 유전자에는 결함이 포함되기 시작했습니다. 처음 세대들은 아직 결함이 있는 유전자가 문제를 일으킬 정도로 많이 누적되지 않았고, 사람들도 많지 않았기 때문에 근친결혼이 큰 문제가 되지 않았으나, 세월이 지나면서 결함 있는 유전자가 점점 많아지고, 사람들의 수도 충분히 늘어나자 하나님은 근친결혼을 금지하신 것입니다. 그러나 "생육하고 번성하여 땅에 충만하라."는 하나님의 명령의 목적이 단순히 유전적 다양성 유지뿐이었을까요?

양성생식의 두 번째 이유는 온 세상을 양성생식의 과정에 개입되는 사랑으로 묶으려는 창조주의 보이지 않는 계획이 있었다고 봅니다. 하나님은 다름을 아름다움으로 보셨지만 타락한 이후 인간은 다름을 미움과 다툼의 이유로 보았습니다. 사람들은 "왜 너는 나와 같지 않느냐?" "왜 너는 나와 동일한 생각을 하지 않느냐?"면서 서로를 미워합니다. 어떤 의미에서 지역감정도, 인종차별도, 국수주의도, 세대 간 갈등도, 심지어 남녀 간의 성차별도 다름에 대한 증오라고 할 수 있습니다.

이런 미움을 누그러뜨리기 위해 하나님은 결혼이라는 제도를 세우셨습니다. 원래 결혼은 인간의 타락 이전에 주어진 창조명령이자 하나님의 축복이었지만 인간의 타락으로 인해 그 의미가 하나 더 추가된 것입니다. 흔히 결혼을 이성지합(二姓之合), 즉 성이 다른 두 남녀의 결합이라고도 말합니다. 한 남자와 여자가 결혼을 한다는 것은 한 가문과 다른 가문과의 결합이라고 할 수 있습니다. 증오로 가득 찬 세상에서 두 남녀의 결혼을 통해 두 가문이 화해한 것이라고 한다면 지나친 말일까요? 피는 물보다도 진하다는 우리의 속담처럼 혈연은 다른 어떤 관계보다도 더 강합니다.

하나님은 결혼을 통해 두 가문을 화해하게 하셨습니다. 그리고 부부의 하나 됨을 통해 생명보다 귀중한 자녀들을 생산하게 하셨습니다.

그리고 그 자녀들을 키워 또 다른 가정의 자녀들과 결합하게 하심으로 온 세상이 사랑으로 하나 되도록 계획하셨다고 할 수 있습니다. 하나님께서 증오와 미움으로 점철되는 이혼을 미워하시는 것도 이 때문이라고 할 수 있습니다. 이혼은 결혼과 정반대의 결과를 가져온다는 점을 생각한다면 하나님이 원하시는 바가 아님이 분명합니다.

단성생식만을 한다면 끝없는 증오를 쌓아갈 수도 있었을 텐데 하나님은 양성생식을 통해 생물학적 다양성을 유지하시면서 동시에 세상을 사랑의 띠로 묶으시기를 원하셨습니다. 인간의 타락으로 인해 사람들 사이의 관계가 타락 전과 같지 않게 된 후에 결혼, 즉 양성생식의 제도는 사랑으로 세상 사람들을 묶는 더 중요한 띠가 되지는 않았을까요? 세상을 사랑의 띠로 묶으시려는 하나님의 섭리를 생각하면서 다름을 증오와 미움의 이유가 아니라 아름다움의 원천으로 생각한다면 우리가 사는 세상이 얼마나 더 살기 좋아질까요….

하나님은 결혼만으로는 인간의 죄성을 모두 조절할 수 없음을 아셨습니다. 하나님은 양성생식만으로도 죄의 모든 영향을 차단할 수 없음을 아셨습니다. 범람하는 이혼 문화, 부부 간의 끝없는 갈등은 그 한 예라고 할 수 있습니다. 하나님은 서로 다름으로 인해 생기는 미움과 긴장의 담을 헐기 위해 예수님을 십자가에 죽게 하셨습니다. 궁극적인 화해는 예수 그리스도의 희생뿐임을 아신 것입니다. 다름의 아름다움을 회복할 수 있는 유일한 방법은 예수님의 대속의 죽음뿐이었습니다. 결혼은 예수 그리스도를 통해 새로운 사랑의 가족을 만드는 그림자라고 할 수 있을 것입니다. 새로운 사랑의 가족들이 모여 사는 아름다운 모습을 저는 제가 일하고 있는 대학에서도 봅니다.

50. 연구회 후기

2011년 가을 학기 들어서서 VIEW가 소재한 Trinity Western 대학에는 '과학과 기독교 연구회'라는 새로운 교직원 연구회 모임이 시작되었습니다. 연구회 목적은 과학과 기독교의 관계를 연구, 발표하는 것이지만 역시 중심적인 주제는 창조론과 진화론 논쟁에 초점이 맞추어져 있습니다. 모임에 오기 전 회원들은 미리 학교 인트라넷을 통해 배포된 논문이나 책을 읽어 오고, 모임은 미리 정해진 한 사람이 20분 정도 자신의 전공과 관련된 주제로 발제를 한 후 한 시간 정도 자유롭게 토론하는 순서로 진행됩니다.

연구회는 지난 5월에 준비모임을 가졌고, 2학기에 들어서서는 다섯 번 모임을 가졌습니다. 모일 때마다 25명 내외의 교직원들이 모이는데 구성원들의 면모가 다양합니다. 대부분 교수들이지만 직원들도 몇 명 참여하고 있고, 대부분 남자들이지만 여자 교수들도 서너 명 있습니다. 대부분 개신교인들이지만 인근 가톨릭 기관에 속한 가톨릭 교수도 두어 명 있습니다. 교수들의 전공 분야를 보더라도 과학이나 신학 분야를 전공하는 사람들이 많지만 다른 인문, 사회과학 분야, 심지어 예술을 하는 사람까지 있습니다.

몇 차례 모이다 보니 사람들의 전공이나 배경만 다양한 것이 아니라 과학과 기독교, 창조론과 진화론에 대한 생각도 천차만별임을 알게 되었습니다. 6천 년 우주를 주장하는 창조과학부터 진행적 창조론이나 지적 설계는 물론 유신 진화론까지 사람들마다 생각이 다양했습니다. 저는 이렇게 다양한 배경과 입장을 가진 사람들이 모인다면 창조론과 진화론 같은 뜨거운 주제를 제대로 논의할 수 있을까 내심 염려했습니다. 특히 세 번째 모임에서는 생물학과 학과장인 베네마(Dennis Venema) 교수가 발제를 한다고 하니 정말 뜨거운 모임이 될 것이라는 예감이 들었습니다. 베네마 교수는 미국국립보건원(NIH)의 원장이자 이전에 인간 게놈프로젝트(HGP)의 책임자였던 콜린스(Francis Collins)가 창설한 바이오로고스(BioLogos) 재단의 선임연구원이면서 공공연하게 진화론을 주장하는 사람이었습니다.

비록 짤막한 발제였지만 예상대로 베네마 교수는 근래 기독교계의 뜨거운 감자로 떠오르고 있는 역사적 아담(Historical Adam)에 대한 자신의 입장을 잘 요약해서 발표했습니다. 2011년 6월 미국《Christianity Today》에서 특집 기사로 다루었고, 8월에는 한국《크리스채너티 투데이》에서도 특집기사로 다루었던 역사적 아담 논쟁은 근래 인간 유전자 연구 결과를 기초로 하고 있습니다. 이 이론의 지지자들은 인간의 유전자를 추적해 거슬러 올라가면 인간은 한 부부로부터 시작된 것이 아니라 1만 명 내외의 한 집단에서 시작된 것이라는 결론에 이르게 된다고 주장합니다. 이 주장은 아담을 역사적인 한 인물이 아니라 한 유전자 집단을 대표하는 상징으로 본다는 점에서 신학적 함의가 매우 큽니다.

인간이 다른 유인원, 나아가 다른 동물들과 공통조상(Common Ancestry)을 갖는다는 진화론적 주장은 당연히 복음주의 신학을 표방하고 있는 Trinity Western 대학 내 신학과 교수들이나 대부분의 다른 교수들의 반발이 있을 수밖에 없는 주장이었습니다. 베네마 교수는 대학의 일반적인 정서와 다른 주장을 하는 것을 의식한 듯 자신은 이 대학에 반진화론자로 부임했지만 인간 유전자 연구를 진행하면서 입장을 바꿀 수밖에 없었다는 간단한 개인적인 간증과 더불어 진화에 대한 자신의 생각은 성경의 무오성을 믿는 복음주의적 신앙과 충돌하지 않는다고 말했습니다.

예상대로 발제에 이어 한 시간 정도 뜨거운 토론이 진행되었습니다. 하지만 토론은 혹시나 했던 저의 예상을 빗나갔습니다. 끝없이 이어지는 질의응답 시간에 사람들은 다양한 주장을 제기했지만 제가 예상했던 흥분과 분노는 어디에서도 찾아볼 수 없었습니다. 약속이나 한 듯 사람들의 발언하는 톤은 일상적인 대화의 수준을 넘지 않았습니다. 인내심 있게 상대방의 의견을 경청하고, 자신의 주장을 조심스럽게 제시하는 저들의 성숙한 토론 문화는 진리에 대한 독점적 특허를 가진 듯이 분노하고 정죄하는 우리의 토론 문화와는 너무나 달랐습니다. 물리학을 전공한 부총장 우드(Bob Wood) 교수도 참석해서 경청하고 질문과 토론에 참여했지만 그의 참석이나 주장이 아무에게도 위협이 되지 않았습니다.

서로 상반되는 주장을 하는 사람도 얼굴을 붉히거나 정죄하는 분위기가 아니라 웃으면서 유희하듯 토론하는 것을 보면서 저는 부럽다는 생각을 넘어 어쩌면 이것이 오늘의 서구를 이토록 강하게 만든 원동력일지 모른다는 생각도 들었습니다. 어쩌면 이후 베네마 교수는 자신의 주장으로 인해 학교나 교단과 갈등을 겪게 될지도 모르고, 최악의 경우 학교를 떠나야 할지도 모릅니다. 하지만 한 가지 분명한 점은 서로 다른 의견을 가진 사람들일지라도 형제의 사랑과 믿음의 진실함은 아무도 의심하지 않는다는 사실이었습니다. 이 땅에 사는 동안 우리의 생각과 지식이 부족해서 서로 이해하지 못할 수도 있지만 천국에서 영원히 다시 만나게 될 형제라는 것에 대해서는 믿어 의심치 않는 것입니다!

뜨겁지만 톤을 절제할 줄 알고, 다르다는 것을 나쁜 것으로 보지 않는, 그래서 상대방의 의견에 찬성하지 않지만 분노하지 않는, 자신의 주장은 분명하지만 서로를 존중하는 성숙한 그리스도인 학자들의 토론을 보면서 이것이 신앙과 학문과 인격이 어우러진 기독교 대학의 참모습이 아닐까 생각해 봅니다. 신앙과 학문과 교육의 공동체로서 기독교 대학은 거창한 구호를 통해 만들어지는 것이 아니라 예수 그리스도의 인격을 닮고자 하는 조용하면서도 겸손한 구성원들의 끊임없는 노력에 의해 이루어지는 것입니다. 그것이 진정한 기독교 대학에서 추구하는 바른 제자도요, 건강한 영성이라고 할 수 있습니다.

그나저나 이렇게 여러 사람들이 발언권을 얻기 위해 손을 들고 기다리는데 어떻게 이 토론을 불과 한 시간 15분 만에 마칠 수 있을까…. 하지만 진행을 맡은 물리학과 시크마(Arnold Sikkema) 교수는 뜨거운 토론이 이어지는데도 칼같이 예정된 두 시 반에 토의를 마쳤습니다. 깔끔하다 못해 통쾌하고 시원한 느낌까지 주는 연구회 모임이었습니다. 다음번 모임에는 어떤 감동이 기다리고 있을까! 그러면서 언젠가는 저도 다중격변모델이나 이와 관련된 타락 이전의 죽음과 같은, 사람들이 잘 이해하지 못하는 저의 얘기를 기쁜 마음으로 나눌 수 있는 기회가 있을 것이라고 생각하니 벌써부터 기대가 됩니다.

51. 타락 이전의 죽음

2005년 저의 가정이 학교 가까이 있는 현재의 VIEW 센터로 이사 오면서 고양이를 키우기 시작했습니다. 이는 늦둥이로 혼자 자라는 막내의 소원이기도 했지만 넓이가 15,000평, 건평만도 300여 평에 이르는 큰 센터에 '출몰하는' 쥐들을 퇴치하려는 실용적인 목적도 있었습니다. 그것도 암놈 한 마리만으로는 심심할 것 같아서 암수 한 쌍을 구해서 차고 한 켠에서 기르기 시작했습니다.

얼마 지나지 않아 생육하고 번성하라는 창조주의 명령대로 암놈이 임신을 했습니다. 그러자 며느리의 출산을 기다리는 시어머니의 마음으로 막내는 도서관과 인터넷을 뒤지며 고양이 공부를 시작했습니다. 이어 배가 남산처럼 부풀었던 어느 날 드디어 암놈이 다섯 마리의 새끼를 낳았습니다. 모든 새끼들이 그렇듯이 고양이 새끼들도 얼마나 귀여운지 모릅니다. 태어나자마자 눈도 못 뜨는데 새끼들이 코로 더듬어 엄마의 젖을 찾아 빨아 대는 것을 보면서 본능의 무서움을 다시 한 번 확인할 수 있었습니다.

시간이 지나니 새끼들은 비틀거리면서 조금씩 걷기 시작했습니다. 막내는 디지털 카메라로 그 귀여운 새끼 고양이들의 걸음마 모습을 사진에 담기에 바빴습니다. 막내만이 아니라 우리도 마치 오래전에 아이들이 걸음마를 배우던 시절의 전설을 생각하면서 기뻐했습니다.

조금 더 크자 어미 고양이의 '홈스쿨링'이 시작되었습니다. 어미 고양이는 작은 쥐를 잡아다가 적당히 기운을 빼놓은 후에 새끼들에게 사냥하는 법을 가르치기 시작했습니다. 쥐가 도망을 가면 어미가 달려가서 새끼 쪽으로 밀어주었습니다. 사람이나 짐승이나 모두 자녀 교육에는 관심이 많았습니다! 이렇게 엄마의 치맛바람 속에서 새끼들은 무럭무럭 자라갔고, 드디어 어느 날 새끼들은 자기 능력으로 쥐를 잡기 시작했습니다. 처음에는 바깥에 나오면 비틀거리면서 잘 걷지 못하는 작은 두더지들을 잡아오더니만 나중에는 쥐도 잡기 시작했습니다.

점점 사냥하는 실력이 늘더니만 나중에는 가끔 숲 속에서 작은 뱀을 잡아오기도 하고, 때로는 놀랍게도 새를 잡아오기도 했습니다. 어떻게 고양이가 날아다니는 새를 잡을까 신기했습니다. 그런데 어느 날 그 궁금증이 풀렸습니다. 고양이가 울타리 위에 낮게 앉아 있는 새를 향해 자세를 바짝 낮추고 조심스럽게, 천천히 다가가는 게 아닙니까! 그리고 마지막 순간에 발톱을 세우고 번개처럼 뛰어오르는 것은 하나의 예술이었습니다. 아쉽게도 그 사냥은 실패했지만 저는 왜 생물학자들이 고양이를 표범, 사자, 호랑이, 재규어, 치타, 살쾡이, 퓨마 등과 같은 맹수들과 같은 과(科)에 속한 것으로 분류하는지 알게 되었습니다.

얼마 지나지 않아 어미 고양이는 두 번째 출산을 했고 얼마 후에는 새끼들도 임신을 했습니다. 불과 얼마 만에 우리가 처음 길렀던 고양이들은 엄마가 되면서 동시에 할머니, 할아버지가 된 셈입니다. 문제는 새끼 고양이와 어미 고양이가 함께 계속 새끼를 낳는 것이었습니다. 주변 사람들에게 팔기도 하고 주기도 했지만 어느새 고양이는 열 마리를 넘어섰고 큼직한 주차장에는 새끼 고양이들이 발에 채이기 시작했습니다. 차를 뺄 때도 여간 신경이 쓰이는 게 아니었습니다.

그뿐 아닙니다. 차고에 차를 세워 놓으면 앞 유리는 말할 것도 없고, 차 지붕 위, 따뜻한 본네트 위에는 온통 고양이 발자국으로 가득했습니다. 처음에는 몇 차례 닦아 보기도 했지만 결국 포기했습니다. 높고 깨끗한 곳을 좋아하는 고양이의 본능을 제가 어떻게 막을 방법이 없었습니다. 잘 닦아 놓은 남의 차 위에 더러운 발로 올라가서 발자국을 남기는 것은 아주 나쁜 짓임을 가르칠 방법이 없었습니다.

고양이 발자국보다 더 실제적인 문제는 사료 값이었습니다. 고양이들이 쥐를 잡기는 하지만 쥐를 잡아 '생계'를 해결할 정도는 아니었습니다. 그러니 도리 없이 월마트에 가서 고양이 사료를 사올 수밖에 없었습니다. 문제는 가장 싼 사료라도 한 포에 20불 가까이 하는데, 한 포를 사와도 두 주 정도 먹이면 바닥이 나니 보통 일이 아니었습니다. 막내는 계속해서 사료 값이 지출되는 것을 미안해 했지만 별 다른 방법이 없었습니다.

물론 막내는 고양이 새끼를 팔아서 사료 값에 보태려고 애를 썼습니다. 퀴지지 같은 무료 인터넷 몰에 고양이 사진을 올려서 팔고 있기는 하지만 새끼를 판 돈은 사료 값의 절반에도 미치질 못했습니다. 자기는 고양이 새끼를 50불은 받아야 한다고 큰소리치지만 지금까지 가장 비싸게 판 것은 30불 정도였습니다. 인터넷 광고를 보고 찾아온 모르는 사람들에게는 그렇게 받기도 했지만 대부분 그렇지 않았습니다. 학교 친구들이나 선생님들에게는 5불, 10불에 팔기도 하고, 자꾸만 조르는 친구들에게는 무료로 주기도 했습니다. 때로 VIEW 센터에 들락거리는 원우들의 차에 치여 죽는 놈도 있었습니다. 하지만 이렇게 '소모되는' 고양이의 숫자보다 늘어나는 숫자가 훨씬 더 많았습니다!

고양이가 기하급수적으로 늘어나면서 사료 값도 문제지만 배설물을 치우는 것도 보통 일이 아니었습니다. 막내는 플라스틱 통에 (상점에서 사온) '특수 모래'를 채워 고양이 변기통을 만들고, 고양이들에게 배변 훈련을 시킨다고 애를 썼습니다. 하지만 고양이가 너무 많다 보니 변기통이 금방 차버리곤 했습니다. 나름 깨끗한 동물이라는 자부심이 강한 고양이들은 변기통이 지저분해지면 더 이상 그곳에서 볼일을 보지 않습니다. 그렇다고 완벽한 프라이버시가 보장되는 VIEW 센터의 원시림 속에 들어가 볼 일을 본다면 (거름도 되고) 얼마나 좋겠습니까! 하지만 똑똑한 척하는 이 고양이들도 자기가 급하면 눈치코치 없이 깨끗한 차고 바닥에 그대로 볼일을 봅니다.

한번은 잠시 차문을 열어 놓은 사이에 큰 고양이 한 마리가 차 속에 들어가 뒷좌석에 앉아 있는 것을 모르고 제가 문을 닫았습니다. 그 다음날 아침에 보니 창자의 압력을 견디다 못한 고양이가 제 차를 자기 화장실로 생각하고 큰 볼일을 두 차례나 보았습니다. 경험해 본 분들은 알겠지만 고양이 배설물 냄새는 정말 지독합니다. 고양이가 스컹크와 같은 과에 속한 놈인데 생물학자들이 잘못 분류한 것은 아닌가 싶을 정도입니다. 너무 냄새가 지독해서 고양이 배설물이 있었던 곳을 카펫 청소기로 두 차례나 철저하게 청소를 했지만 이미 차 속에 밴 냄새는 쉽게 없어지질 않았습니다. 도리 없이 몇 달 동안 비가 오나 눈이 오나 창문을 열고 운전하지 않을 수 없었습니다!

　고양이들이 애물단지로 변해 가면서 점점 새끼를 낳는 것이 기쁘지 않게 되었습니다. 귀여웠던 새끼 고양이들의 기억은 이미 오래전에 사라졌습니다. 언제 임신을 했고, 언제 새끼를 낳는지도 관심이 없었습니다. 어느 날 차고 귀퉁이에서 새끼들이 발발거리면서 기어 나오면 또 새끼를 낳았음을 아는 정도였습니다. 그래도 막내는 고양이가 또 새끼를 낳았다고 기뻐하지만 저는 시큰둥하게 "또 낳았니?"라고 할 뿐이었습니다. 그렇다고 이미 있는 고양이를 어떻게 할 수도 없고 새끼를 배는 고양이의 '사생활'을 따라다니며 일일이 감독할 방법도 없었습니다!

　그러던 중 매우 기쁜 소식을 듣게 되었는데 고양이 불임수술에 대한 소식이었습니다. 불임수술을 한다면 두통거리가 원천적으로 사라지겠지요. 하지만 문제는 비용이었습니다. 그렇지 않아도 캐나다에서는 수의사 비용이 엄청나게 비싸다는데 만일 고양이 불임수술이 사람처럼 비싸다면 의료보험도 되지 않는 여러 고양이들을 어떻게 수술할 수 있을까? 비용을 알아보니 다행히 한 마리당 수놈은 30불, 암놈은 35불 정도였습니다. 그것도 적은 비용은 아니었지만 고양이로 인해 진절머리를 내고 있었던 터라 저는 속으로 쾌재를 불렀습니다. 지난 몇 년간 분위기를 파악한 막내도 하는 수 없이 불임수술에 동의했습니다.

　당연히 수술은 암수 모두에게 할 필요는 없었습니다. 수놈을 거세하든지, 암놈의 태를 막으면 되니까요. 결국 수술은 수놈에게만 하기로 했습니다. 이유인 즉 수놈을 수술하면 암놈이 그대로 있지만 암놈을 수술하면 소망이 없어진 수놈들이 모두 가출한다나요…. 그래서 드디어 두 마리 수놈의 불임수술을 했습니다. 수놈을 수술한 후 지난 몇 달 동안 VIEW 센터에는 더 이상 고양이 새끼들이 태어나지 않고 있습니다. 이제 혹이라도 있을지 모르는 도둑고양이의 바람기만 잘 감시하면 더 이상 두통거리는 없을 것입니다!

지난 몇 년 동안 '고양이 재난'을 경험하면서 저는 인간의 타락 이전에도 사람의 죽음은 없었을지라도 동식물의 죽음은 있었을 거라는 확신을 재확인하게 되었습니다. 창세기 1장에서 하나님은 모든 동물들을 축복하시면서 "생육하고 번성하여 여러 바닷물에 충만하라 새들도 땅에 번성하라."(창 1:22)고 했는데 만일 동물들이 죽지 않고 계속 번성만 했다면 에덴동산은 얼마 지나지 않아 낙원이 아니라 지옥이 되었을 것입니다. 창조주 하나님께서 천적과 먹이사슬, 환경의 변화 등을 통해 그 생태계가 감당할 수 있는 동물의 개체수를 조절하지 않으셨다면 에덴동산에는 사람조차 살 수 없었을 겁니다.

제가 몇 년 전에 제안했던 다중격변 창조론에서는 인간의 타락 이전, 창조주간에 수없이 많은 격변들이 전 지구적으로 일어났고, 따라서 많은 동물들의 죽음이 있었다고 가정하고 있습니다. 수많은 화석과 엄청난 화석연료는 대부분 그런 격변들을 통해 형성되었다고 봅니다. 이에 대해 일부에서는 타락 이전에는 인간은 물론 어떤 동물의 죽음도 없었다고 주장하면서 다중격변 창조론을 비판하고 있습니다. 하지만 에덴동산과 같이 완벽한 생태계에서 아무런 죽음도 없이 모든 동물들이 무한정 번식만 하는 것이 어떤 결과를 가져올지를 생각한다면 절대로 그런 주장을 할 수 없을 것입니다. 저는 그런 분들에게는 꼭 한 번 고양이를 키워 보라고 권하고 싶습니다.

52. 외계 생명체와 기독교 - 글리제 581g 발견에 즈음하여

타락 이전의 죽음과 같이 외계 생명체 문제는 많은 그리스도인들에게 또 다른 논쟁을 몰고 다닙니다. 지구 외에도 생명체가 살고 있을까요? 이것은 수백 년 전부터 사람들의 마음에 흥분을 불러일으키는 질문이었습니다. 유사 종교집단인 UFO 추종자들과는 무관하게 전 세계적으로 외계 생명체의 존재를 연구하는 주류 천문학자들이 많이 있습니다. 이들의 연구에 큰 획을 그었던 것은 바로 최초로 태양계 외의 행성, 즉 외부 행성(exoplanet)을 확인한 것이었습니다. 1995년, 주계열성에 속한 페가수스 자리의 항성(51 Pegasi) 주변을 공전하는 거대 행성(51 Pegasi b)이 처음으로 확인된 것입니다.

태양계 이외의 별에서 첫 행성이 발견된 이후 지난 2012년 6월 15일까지 총 778개의 외부 행성이 발견되었습니다. 하지만 이들은 대부분 거대한 가스 행성이거나 생명체가 살 수 있는 조건을 갖추지 못하고 있었습니다. 그래서 천문학자들은 생명체들이 거주할 수 있는 거주가능대(habitable zone) 혹은 골디락스존(Goldilocks Zone)에 위치한 행성을 찾기 위해 부단히 노력해 왔습니다.

그런데 지난 2010년 9월 29일, 캘리포니아대 산타크루즈 분교(University of California-Santa Cruz)의 스티븐 보그트(Steven Vogt)와 카네기연구소(Carnegie Institution of Washington D.C.)의 폴 버틀러(Paul Butler)가 이끄는 6명의 천문학자들은 하와이 켁천문대(W.M. Keck Observatory)에서의 관측 결과를 토대로 처음으로 생명체들이 거주할 수 있는 골디락스존에 위치한 행성을 발견했다고 발표했습니다.[15]

이들이 《천체 물리학 저널》(Astrophysical Journal) 온라인 판 최근호에 발표한 바에 의하면 지구로부터 20.3광년(약 193조 km) 떨어진 천칭(Libra) 자리의 적색왜성(red dwarf) 글리제 581(Gliese 581) 주위를 돌고 있는 행성 글

---

15) Steven S. Vogt, R. Paul Butler, Eugenio J. Rivera, Nader Haghighipour, Gregory W. Henry, Michael H. Williamson, "The Lick-Carnegie Exoplanet Survey: A 3.1 M_Earth Planet in the Habitable Zone of the Nearby M3V Star Gliese 581," APJ (Submitted on 29 Sep 2010). 온라인 논문은 http://en.wikipedia.org/wiki/ArXiv에 게재되었으며, 이 발견과 관련된 기자회견 내용은 http://keckobservatory.org/news/keck_observatory_disco vers_the_first_goldilocks_exoplanet에서 볼 수 있다.

리제 581g가 물이 존재하기에 적합한 환경을 갖추고 있는 것으로 보인다고 합니다. 만일 물이 확인되면 581g는 생명체가 존재할 가능성이 있는 최초의 행성이자 지구와 가장 닮은 외부 행성이 되는 셈입니다. 과학자들은 581g는 너무 뜨거운 금성형 행성 581c와 너무 차가운 화성형 행성 581d 사이에 존재하는 지구형 행성이라고 보고 있습니다!

글리제 581g는 공전주기가 37일이어서 열흘마다 정신없이 계절이 바뀌는 게 문제(?)이긴 하지만, 중심 별(항성)과 적절한 거리에 있어서 너무 뜨겁지도 차갑지도 않은 거리에 위치하고 있으며, 평균 온도는 섭씨 영하 31도~영하 12도 정도일 것으로 추정됩니다. 과학자들은 581g의 밀도, 성분, 대기는 불확실하지만 질량은 지구의 3~4배로, 행성이 지구와 같은 암석질이라면 지름이 지구의 1.2~1.4배 정도일 것이라고 합니다. 또 대기를 붙잡아 두기에 충분한 질량을 갖고 있으며, 사람이 똑바로 서서 걸을 수도 있는 정도의 중력이 존재한다고 합니다. 다만 581g이 자전을 하지 않아 중심별 쪽으로 항상 같은 면을 향하고 있기 때문에 중심별을 향하는 쪽은 매우 뜨겁고 반대편은 꽁꽁 얼어 있을 것이므로 생명체가 살 만한 곳은 '명암경계선'으로 불리는 양지와 음지의 중간 지대가 될 것이라고 합니다. 이러한 결과를 바탕으로 2010년 9월 30일, 이번 581g의 발견자 중 한 사람인 스티븐 보그트는 "지구와 비슷한 환경의 행성 '글리제 581g'에서 생명체가 살고 있을 확률이 100%"라고 했습니다.

과연 외계 생명체는 존재하는 것일까요? 존재한다면 그것이 기독교 신앙과 어떤 관련이 있을까요? 외계 생명체의 존재와 관련해서 그리스도인들은 어떤 태도를 가져야 할까요?

첫째, 그리스도인들은 외계에 생명체가 없다고 미리 단정 짓지 말아야 합니다. 성경은 어디에서도 외계 생명체의 존재에 관해 언급하고 있지 않습니다. 어떤 사람들이 창세기, 에스겔서, 다니엘서, 이사야서, 요한계시록 등에서 외계 생명체와 관련된 언급을 한다고 주장하지만 그런 주장은 말 그대로 '내가복음'에 불과합니다! 자기 마음대로 성경을 해석한 것이지요. 외계 생명체가 존재한다면 기독교가 무너질 것처럼 호들갑을 떠는 사람들도 있지만 그런 종류의 종교라면 일찌감치 무너지는 것이 하나님 나라를 위해 유익할 것입니다!

둘째, 성경으로부터 직접적인 과학의 내용을 유추할 때는 극히 조심해야 합니다. 성경은 하나님께서 인간에게 구원의 도리를 계시하시기 위해 주신 책입니다. 물론 성경에는 구원에 관한 직접적인 내용이 아닌 언급들도 많지만 어디까지나 구원 얘기가 중심이라는 점을 기억해야 합니다. 성경에는 과학적인 듯이 보이는 언급들이 많이 있지만 그렇다고 하나님께서 성경을 과학 교과서로 사용하라고 주신 것은 아닙니다. 성경에 역사적인 내용들이 많이 있지만 오늘날 학교에서 사용하는 모든 역사 교과서를 성경으로 대체해서는 안 됩니다. 성경에 보건, 위생에 관한 언급들이 많지만 성경만을 보건, 위생 분야의 교과서라고 우겨서도 안 되는 것입니다. 땅에 건물을 지을 때도 정부가 지정한 용도에 따라 건축해야 되는 것처럼 성경도 하나님께서 주신 용도에 따라 활용해야 합니다.

셋째, 외계 생명체에 대해 우리는 긍정도, 부정도 할 수 없지만 적어도 지금까지는 발견되지 않았다고 말하는 것이 정확합니다. 분명한 증거가 드러날 때까지 확정적으로 말해서는 안 되는 것입니다. 아무리 생명체가 있을 가능성이 높다고 해도 분명한 증거가 발견될 때까지는 다만 가능성만을 언급해야 합니다. 앞에서 인용한 보그트의 주장도 과학자의 적절한 어투라고 볼 수 없습니다. 영국 그리니치 왕립 천문대의 엘리자베스 커닝햄이 언급한 것처럼 "'글리제 581g' 표면에 물이 있을 가능성이 있다."는 조심스런 표현이 적절한 것입니다.

넷째, 언젠가 외계 생명체가 발견된다면 그것도 창조주 하나님의 피조물이라고 말해야 합니다. 무생물로부터 생명체가 발생하는 것을 연구하는 화학진화의 연구 결과는 명확합니다. 지난 60여 년 동안 수많은 과학자들이 확인하고 또 확인한 바에 의하면 생명체는 자연계에서 저절로 발생할 수 없습니다. 그러므로 외계에 생명이 존재한다면 그것은 진화의 결과가 아니고 창조의 결과가 분명합니다. 오늘날 골디락스존에 있는 행성을 찾기 위해 과학자들이 노력하는 1차적인 이유는 진화의 증거를 찾기 위해서가 아니라 그곳에 생명체가 계속 생존할 수 있는 여건이 갖추어져 있는지를 알기 위한 것입니다. 앞에서 언급한 581g에 과학자들이 주목하는 이유도 지금까지 발견된 많은 행성에 비해 생명체가 생존할 수 있는 조건들이 갖추어져 있을 가능성이 높기 때문입니다.

지금으로서는 581g에 대한 후속 연구가 어떻게 진행될지, 어떻게 외계 생명체 존재를 확인할지 아무도 모릅니다. 우주에서 20광년이란 별로 먼 거리가 아니지만 이제 겨우 태양계 바깥으로 우주선을 보내고 있는 인간에게는 거의 무한대의 거리라고 할 수 있기 때문입니다. 하지만 인간은 하나님의 형상을 따라 지음 받았기 때문에 언젠가 직접 그곳에 우주선을 보내지 않고도 생명체 존재 여부를 확인할 수 있는 방법을 고안해 낼지도 모릅니다. 우리는 다만 "모든 진리는 하나님의 진리"라는 선배들의 오랜 지혜를 생각하면서 과학자들의 연구를 지켜보아야 합니다. 과학 연구는 그리스도인 과학자에 의해 이루어지든, 비그리스도인 과학자에 의해 이루어지든 하나님의 창조세계에 대한 연구이기 때문입니다.

창조주를 믿는 사람은 새로운 사실이 발견될 때마다 창조주의 지혜에 놀라지만 그렇지 않은 사람들은 다만 새로운 사실의 발견과 인간의 능력에 놀랄 것입니다. 581g에 생명체 존재를 확인할 수 있는 새로운 방법이 개발되어 그곳에 생명체 존재 여부가 확인될 때까지 우리는 처음으로 설경(雪景)을 구경하러 떠나는 열대지방 소녀처럼 흥분된 마음으로 천문학자들의 연구 결과를 기다립시다. 새로운 과학적 발견이 이루어질 때마다 혹시나 외계 생명체가 발견되면 어떻게 하나 생각하면서 과학자들을 의혹의 눈초리로, 불안한 마음으로 바라보는 것은 그리스도인의 바른 태도가 아닙니다!

53. 창조를 증거하는 돌연변이

이러한 태도는 창조-진화 논쟁의 핵심적 이슈의 하나인 돌연변이 문제를 논의할 때도 마찬가지입니다. 진화론자들이 다윈의 자연선택설 다음으로 중요한 진화 메커니즘이라고 제시하는 것은 돌연변이(突然變異)입니다. 돌연변이란 말 그대로 생물계에서 갑자기 새로운 형질이 나타나는 것을 말합니다. 돌연변이가 진화의 메커니즘으로 등장한 것은 1901년 드프리스(Hugo de Vries, 1848-1935)가 처음으로 달맞이꽃의 연구에서 돌연히 나타난 형질이 자손에게 유전된다는 돌연변이 형질의 유전을 발견한 이후였습니다. 돌연변이의 발견과 더불어 제안된 진화론을 흔히 신다윈설(Neo-Darwinism)이라고 하는데 이 이론에서는 다윈의 자연선택설과 드프리스의 돌연변이를 결합하여 진화를 설명합니다.

하지만 돌연변이를 진화의 원인으로 인정하는 데 있어서 가장 큰 문제는 자연계에서의 관찰이나 실험실에서의 증거가 없다는 사실입니다. 개를 가지고 여러 가지 돌연변이 실험을 해도 역시 개는 개로 끝났고, 박테리아를 가지고 실험을 해도 종 내에서의 변이를 보일 뿐 끝까지 박테리아였습니다. 줄리안 헉슬리(Julian Huxley, 1887-1975)의 말처럼 작은 변이들이 있기는 하지만 파충류의 다리가 새의 날개로 되었다던가 하는 것을 보여 주지는 않습니다. 개는 언제나 개이며 초파리는 여전히 초파리, 조개는 조개로 남아 있을 뿐입니다. 야생동물들은 자연 상태로 내버려 두어도 자기 종류들 내에서만 번식해 갑니다. 간혹 잡종이 생길 수 있으나 이들은 당대에서 끝이 나고 더 번식하지 못합니다. 예를 들어 수말과 암탕나귀를 인공적으로 교배시켜 노새가 생기게 할 수 있지만 노새는 번식하지 못합니다.

돌연변이의 두 번째 문제는 자연계에서 일어나는 돌연변이의 빈도입니다. 일반적으로 돌연변이는 자연계에서 외계로부터 쏟아지는 우주선이나 자연방사능 등이 생식세포 내의 대사 과정 또는 유전자 복제 과정에서 실수를 유발시키면서 일어납니다. 대표적인 실수를 보면 염색체 일부가 잘려져 나가거나 여분으로 들어 있는 경우, 잘려진 일부가 다른 염색체에 부착되는 경우, 잘려져서 거꾸로 된 경우 등을 들 수 있습니다. 하지만 이런 유전적 실수는 자연계에서 극히 드물게 일어납니다. 자연에서 돌연변이는 10억분의 1 정도의 확률로 일어납니다. 게다가 대진화가 일어나려면 한 세포에서 수많은 연속적 돌연변이가 일어나야 하므로 자연계에서 돌연변이를 통한 대진화란 확률적으로 불가능합니다.

물론 과거에는 현재보다 자연 돌연변이의 빈도가 높았을 것이라는 추측도 가능합니다. 진화론자들은 원시 지구에서는 현재보다 자외선, 우주선 등이 더 강했을 것이므로 돌연변이가 더 많이 일어났을 것으로 봅니다. 일반적으로 돌연변이는 쬐어 준 X-선의 양에 비례하여 일어나기 때문입니다. 그러나 원시 지구에 오늘날보다 더 많은 자외선, 우주선이 들어왔다고 해도 그러한 상황은 오늘날 실험실에서 얼마든지 재현해 볼 수 있지만 오늘날 인공 돌연변이 실험도 절대 새로운 종을 만들지 않습니다.

돌연변이의 빈도와 더불어 돌연변이를 대진화의 메커니즘으로 주장하는 데 대한 세 번째 문제는 돌연변이의 유해성입니다. 즉 돌연변이가 일어난다 할지라도 대부분의 돌연변이는 생물체에 해롭게 나타나기 때문에 돌연변이는 진화의 실질적 메커니즘이 될 수 없습니다. '진화'(進化)라는 것은 말 그대로 유익한 변이들의 축적으로 개체가 점점 더 고등한 상태로 변화하는 것이므로 돌연변이가 진화의 메커니즘이 되려면 변화가 유익한 방향으로 일어나야 합니다. 그러나 대부분의 돌연변이는 이와 반대 방향으로 일어납니다. 즉 생존에 불리한 기형이 나타나는 것입니다.

물론 보는 관점에 따라 생존에 유익한 돌연변이라고 할 수 있는 것이 관찰되기도 합니다. 진화론자들은 박테리아가 항생제에 내성(耐性)을 갖는 것이나 곤충들이 살충제에 내성을 갖는 것을 유익한 돌연변이의 예라고 말합니다. 하지만 박테리아의 내성은 대진화의 기준이 되는 형태적, 구조적 변이가 아니라 생화학적 변이일 뿐입니다. 생화학적 변이만으로는 생명의 역사에서 나타나는 대진화를 설명할 수가 없습니다.

자연선택이나 자연도태는 현존하는 개체 중에서 좋은 것이 살아남게 된다는 것이지 새로운 종을 만들어 낸다는 뜻은 아닙니다. 개체가 환경에 잘 적응해야 살아갈 수 있다는 것은 진화론뿐 아니라 자연계에서 생물 존속의 기본 원리라고 할 수 있습니다. 자연도태, 환경에의 적응 등은 환경이 생물체에 영향을 미칠 수 있음을 보여 줄 뿐, 아메바에서 사람까지 진화했다는 대진화와는 아무런 관련이 없습니다.

이처럼 진화론적 시각에서 해석되던 종래의 여러 증거들에 대한 반론이 제기되자 하버드대학 교수였던 스티븐 굴드(Steven J. Gould, 1941-2002) 교수는 오랜 세월에 걸친 점진적 진화를 명백히 보여 주는 중간 형태의 화석이 없다는 사실로부터 종래 진화 개념과는 전혀 다른 이론을 제안했습니다. 그는 생물진화는 장기간에 걸친 점진적 변이의 축적을 통해 일어난 것이 아니라 수백만 년 동안 서서히 변화하다가 몇 세대 동안 갑작스럽게 도약하여 새로운 종류의 생물이 생긴다는 이론을 제시하였습니다. 급격한 유전인자의 변화로 '괴물'이 나올 수도 있으므로 굴드 교수의 이론을 '괴물 이론'(Monster Theory)이라고도 부릅니다. 그러나 이러한 '괴물'은 지금까지 한 번도 관측되거나 실험실에서 만들어진 적이 없었습니다. 진화론자들은 이 괴물을 '유망한 괴물'(Hopeful Monster)이라고 불렀지만 실은 '있기를 바라는' 괴물이었을 뿐이었던 것이지요.

이처럼 많은 사람들이 진화론의 문제점을 지적하였는데도 왜 오늘날 진화론은 사라지지 않고 있을까요? '천(千)의 얼굴'을 가진 것처럼 끊임없이 '진화'되고 있는 진화론이 어떻게 그처럼 많은 사람들에 의해 지지되고 있을까요? 여기에 대해서는 이미 오래전에 프린스턴대학(Princeton University)의 생물학 교수였던 콩클린(Edwin Grant Conklin, 1863-1952)이 지적한 바가 답이 될 것입니다. 그는 "다른 생물학 분야에서 채택되는 혹독한 방법론적 비판이 진화론적 사변에는 왜 적용되지 않는지 그 이유는 아마도 종교적 헌신이…그 이유일 것이다."라고 하였습니다. 많은 사람들이 진화론은 과학적이고 창조론은 종교적이라고 믿지만 진화론 역시 강한 신앙적 헌신에 의해 지지되고 있다는 것입니다.

결론적으로 다른 여러 주장들처럼 돌연변이의 자연선택에 의한 진화는 줄리안 헉슬리의 말처럼 작은 변이들이 있기는 하지만 파충류의 다리가 새의 날개로 되었다던가 하는 것을 보여 주지는 않습니다. 물론 유전학적 한계 내에서, 즉 종 내에서의 변이는 다양하여 초파리 종류(亞種)만 해도 600여 가지나 되고, 조개 종류도 250여 가지나 되며, 사람도 60여 인종으로 다양하게 구분할 수 있습니다. 요약하면 지금까지의 연구 결과는 유전적 변이가 가능하기는 하나 분명히 한계가 있어서 한 종류의 생물이 다른 종류로 진화되지 않음을 보여 주고 있으며, 이는 생물은 처음부터 그 종류대로 창조되었음을 증거합니다.

하지만 모든 생명체들이 저절로 진화의 과정을 통해 오늘날과 같은 생명 세계를 이루었다고 하는 주장은 역사적으로 깊은 뿌리를 갖고 있습니다. 현대 생물 진화론의 척추를 만들었던 대표적인 인물을 든다면 아마 다윈과 라마르크라고 할 수 있을 것입니다. 이 두 사람은 비슷하지만 약간 다른 진화 메커니즘을 제시하고 있습니다.

06. 다윈과 라마르크

54. 다윈과 라마르크

현대 생물진화론을 제창한 영국의 다윈(Charles Darwin, 1809-1882)은 지금부터 200여 년 전, 1809년 2월 12일, 미국의 제16대 대통령 링컨(Abraham Lincoln)과 같은 날에 태어났습니다. 그의 아버지 로버트 다윈(Robert Darwin)은 그 지방의 존경받는 의사였으며, 그는 자기 아들이 자기의 뒤를 이어 의사가 되기를 바랐습니다. 하지만 다윈은 수술하는 광경을 지켜본 첫날 질려서 의사의 길을 포기하고 말았습니다. 그 후 그는 생물학과 바물학 등에 관심을 가지고 많은 관찰을 했으며, 이로 인해 그는 의사가 되기를 바랐던 아버지와의 관계가 극도로 나빠졌습니다. 언젠가 다윈의 아버지가 다윈에게 쓴 편지를 보면 그의 아들에 대한 실망과 분노가 그대로 나타나 있습니다.

"너는 도대체 사냥이나 하고 개나 데리고 다니며 쥐나 잡으니 너 자신에게나 우리 가문에 큰 망신거리가 되겠구나."

그러나 아버지의 예언과는 달리 다윈은 22세가 되던 1831년 12월 27일, 열 문의 대포를 장착한 쌍돛대 범선(ten-gun brig) 비글호(H.M.S. Beagle)를 타는 행운을 얻었습니다. 1836년, 비글호 항해를 마치고 하선한 다윈은 자료 수집과 연구에 박차를 가하였습니다. 드디어 1859년, 다윈의 이론을 담은 『종의 기원』(On the Origin of Speices by Means of Natural Selection)은 출판되었고, 초판은 발행 당일 매진되었습니다. 계몽주의와 낭만주의 시대의 열매라고 할 수 있는 『종의 기원』에 대한 독자들의 반응은 엄청났으며, 특히 당시 유럽 지식인들에 의해 폭발적인 반향을 일으켰습니다.

이 책의 영향은 단순히 생물학의 영역에만 머물지 않았고 사람들의 근본적인 세계관을 변화시켰습니다. 미국 교육철학자 존 듀이(John Dewey)가 지적한 것과 같이 "『종의 기원』은 하나의 사고방식을 도입했는데 결국 그것은 지식의 논리, 나아가 도덕과 정치 그리고 종교를 변화시키게 되어 있었습니다." 다윈은 일종의 새로운 종교를 시작하였다고 할 수 있습니다. 런던왕립협회 회원 톰슨(W. R. Thompson, FRS)이 지적한 것같이 "… 『종의 기원』은 대부분의 독자들에게 하나님의 뜻에 의한 지배의 증거를 사실상 없어지게 하였습니다." 이처럼 엄청난 반향을 불러일으켰던 다윈의 이론은 과연 과학적으로 잘 증명된 이론일까요?

먼저 진화론의 문제점은 다윈에게 가장 큰 영향을 미쳤던 라마르크(Jean Baptiste Pierre Antoine de Monet de Lamarck, 1744-1829)를 통해 볼 수 있습니다. 긴 이름이 보여 주는 바와 같이 라마르크는 프랑스의 귀족 가문에서 태어났으나 경제적으로는 가난했습니다. 그는 이런저런 일들을 하다가 결국 루이 16세(Louis XVI)의 식물학자로 임명되었습니다. 다행히 그는 프랑스 혁명의 와중에서도 죽지 않고 살아남아서 파리에서 동물학 교수가 되었으며, 이때에 자신의 이론을 고안했습니다.

라마르크는 새로운 기관이 만들어지는 것은 각 생명체가 자신의 삶의 방식을 성취하기 위해 노력하는 과정에서 각 생명체의 필요에 의해 일어난다고 설명하였습니다. 그는 생명체들이 환경이나 연습에 의해 획득된 형질을 다음 세대에 전달한다는 소위 '획득형질의 유전'을 믿었습니다. 이러한 획득형질의 유전은 후에 다윈도 받아들였습니다. 다윈은 홍수와 가뭄 따위가 반복되면 그 속에 살고 있는 생물은 그런 환경의 변화에 적응할 수 있도록 변화되며 이때 일어난 변화는 다음 세대에 전달된다고 믿었습니다.

그러면 자연선택의 개념은 증명된 것일까요? 사실 라마르크 역시 다윈과 흡사한 자연선택의 개념을 제시했습니다. 그러나 라마르크는 다윈과는 달리 자연선택을 새로운 종이 만들어지는 메커니즘으로 보지 않았습니다. 그는 자연선택을 환경에 적응하지 못하는 부적자(不適者, the least fit)를 도태시키는 메커니즘으로 보았습니다. 즉 그는 자연선택을 통해 환경에 잘 적응하는 적자(適者, the fittest)에게는 창조된 모습 그대로 아무런 변화도 일어나지 않는다고 보았습니다. 여기에 반해 다윈은 자연선택은 변화를 일으키는 힘이라고 보았습니다. 다윈은 부적자를 도태시킴으로 후대들의 특성은 끊임없이 환경에 적응되었다고 가정했습니다. 그러므로 엄격히 구별하자면 다윈은 자연선택설을 주장했고 라마르크는 자연도태설을 주장했다고 할 수 있습니다. 결국 다윈의 자연선택 메커니즘의 선구자는 라마르크였다고 할 수 있습니다.

라마르크는 자신의 이론을 설명하기 위하여 기린의 목을 예로 들면서 기린의 긴 목을 이렇게 설명했습니다. 그는 원래 기린도 목이 짧았을 것이라고 가정했습니다. 그런데 언젠가 아프리카 대륙에 큰 가뭄이 들었고 이로 인해 모든 풀들이 말라죽었고, 이로 인해 기린은 나뭇잎을 따 먹기 시작했다고 가정했습니다. 처음에는 낮은 곳에 있는 잎을 먹었지만 점점 더 높은 곳에 있는 잎을 먹어야 했고, 그러는 과정에서 목을 점점 더 높이 뻗다 보니 목이 길어졌다는 것입니다. 그리고 이렇게 길어진 목을 가진 어미 기린이 새끼를 낳았을 때 역시 목이 긴 새끼가 태어났고, 그 새끼 역시 높은 곳에 있는 나뭇잎을 따 먹기 위해 목을 뻗게 되어 더욱 목이 길어졌다고 했습니다. 그 결과 목은 더욱더 길어지게 되었고 또한 더 길어진 목을 가진 새끼를 낳게 되었다는 등의 논리를 제시했습니다. 라마르크는 이런 과정을 거듭하면서 기린은 오늘날과 같이 긴 목을 갖게 되었다고 설명했습니다.

다윈은 라마르크가 제시한 이 '기린 시나리오'를 약간 수정했습니다. 그의 이론은 아프리카에 큰 가뭄이 든 것까지는 같았습니다. 하지만 그는 그 후 긴 목을 가진 기린이 높은 나무로부터 식물을 구하는 경쟁에서 이겨 생존하게 되었다고 주장했습니다. 그리고 그들의 후손에게 약간 더 긴 목을 유전시켜 주어 이것이 여러 세대 반복됨으로 목이 긴 오늘의 기린이 나오게 되었다고 했습니다. 다윈의 주장도 결국 개체변이 혹은 획득형질의 유전에 기초를 두었다고 할 수 있습니다.

그러면 이러한 자연도태설은 과연 진화의 메커니즘이 될 수 있을까요? 먼저 우리는 유전학의 진보에 따라 개체변이나 획득형질은 유전되지 않음이 밝혀졌음을 지적할 수 있습니다. 후천적인 훈련에 의해, 혹은 환경적 영향으로 변화된 생물의 특성은 유전되지 않음이 증명된 것입니다. 한 예로 19세기 말엽 독일의 바이스만(August Weismann)은 교미하기 전에 생쥐의 꼬리를 잘라 줌으로써 꼬리 없는 생쥐를 만들어 보려는 실험을 하였습니다. 그는 연속적으로 20세대에 걸쳐 생쥐의 꼬리를 잘라 주었지만 마지막 세대까지도 조상과 똑같은 길이의 꼬리를 가진 생쥐가 태어남을 보았습니다. 이러한 그의 실험은 후천적 획득형질이 유전되지 않는다는 것을 증명한 최초의 시도였습니다.

획득형질이 유전되지 않는다는 것 외에도 라마르크나 다윈의 이론은 가뭄이 끝난 후에는 왜 길고 불편한 기린의 목이 줄어들지 않았는지를 설명할 수 없습니다. 오늘날 기린은 심장이 높은 곳에 위치하고 있기 때문에 물을 마시기 위해 고개를 앞으로 기울일 때는 과도한 혈압으로 머리로 가는 동맥이 파열되지 않도록 혈액순환을 잠시 멈추게 되어 있습니다. 이처럼 위험하고 불편한 듯이 보이는 기린의 커다란 키가 가뭄이 끝나서 더 이상 필요치 않는데도 왜 아직까지 그대로 있을까요? 이것은 진화론적 논리로서는 설명하기가 어렵습니다. 또한 아프리카의 모든 풀들이 말라죽을 정도의 심한 가뭄이 들었다면 어찌하여 나무들은 멀쩡하게 살아있었는지? 그리고 기린 외에도 초식동물들이 얼마든지 있는데 왜 하필 기린의 목만이 길어졌는지? 기린에 대한 라마르크나 다윈의 설명은 동화나 이솝우화와 같은 가치는 있을지 모르나 과학적인 이론으로서는 별 가치가 없는 것으로 보입니다.

55. 진화의 증거?

다윈이 『종의 기원』을 발표해서 현대적인 생물진화론을 주장한 지 150년이 지났습니다. 그의 이론으로 인해 수많은 사람들이 지구상에 존재하는 다양한 생물 세계가 하나나 혹은 몇몇 조상으로부터 진화의 과정을 통해 형성되었다는 것을 믿게 되었고 해당 분야 학자들은 진화 자체를 의심하지 않고 당연한 패러다임으로 받아들이기에 이르렀습니다. 그래서 진화를 믿지 않으면 사이비 과학자 취급을 받는 시대가 되었습니다. 이제는 진화가 생물학 영역만이 아니라 사회학, 경제학, 정치학, 심지어 문학이나 신학에까지 하나의 세계관으로 자리매김하고 있습니다.

그런데 흥미로운 것은 그렇게 많은 사람들이 당연하게 받아들이는 진화론이 아직까지 단 하나도 진화를 보여 주는 확실하고 직접적인 증거를 갖고 있지 않다는 사실입니다. 믿기 어려울지 모르겠지만 거시적인 생물종의 진화를 보여 주는 어떤 증거도 존재하지 않습니다. 진화를 보여 주는 듯한 단편적인 증거, 간접적인 증거는 많이 있지만 결정적으로 대진화를 보여 주는 증거는 자연에서나 실험실에서나 한 번도 관찰된 적이 없었습니다. 어느 누구도 다윈 진화론의 핵심이랄 수 있는 자연선택을 통해 새로운 종이 만들어지는 것을 본 적이 없습니다.

이에 대해 진화론자들은 진화는 분명한 사실이지만 진화가 인간의 수명과는 비교할 수 없이 오랜 시간에 걸쳐 일어나기 때문에 우리가 관찰할 수 없을 뿐이라고 말합니다. 다시 말해 종의 변화 속도가 느리기 때문에 종이 변화한다는 결정적인 증거를 확보하기가 쉽지 않기 때문이라고 변명해 왔습니다. 그런데 이러한 진화론자들에게 희소식이 될 만한 연구 결과가 발표되었습니다. 그동안 자연선택에 의한 새로운 종의 출현이 느리게 일어난다는 통념을 뒤집을 수 있는 증거가 사바이(Savai'i)와 우폴루(Upolu)라는 사모아의 두 섬에서 발견되었다는 것입니다.

이 두 섬에는 그레이트 에그플라이(Great Eggfly, Hypolimnas bolina) 혹은 블루문(Blue Moon)이라고 불리는 나비들이 서식하고 있습니다. 그런데 2001년, 학자들이 이 나비들의 개체수를 조사해 보니 수컷이 매우 희귀하여 전체 개체들의 1%에 불과했습니다. 원인을 살펴보니 수컷들이 암컷들을 통해 전해지는 월바키아(Wolbachia)라는 기생 박테리아의 공격을 받았기 때문이었습니다. 이 박테리아는 에그플라이가 알에서 부화하기도 전에 수컷들만 골라서 공격하여 죽였습니다. 그래서 학자들은 수컷이 곧 전멸할 것이고, 이어 에그플라이 전체가 멸종할 것이라고 생각했습니다.

그런데 놀랍게도 2007년 조사에 의하면 수컷 개체가 40%에 이르렀다고 합니다. 그 이유를 조사한 학자들은 흥미롭게도 수컷 나비들의 체내에 박테리아의 활동을 억제하는 유전적 돌연변이가 일어났다는 사실을 알게 되었습니다. 즉 수컷 나비들은 돌연변이를 통해 월바키아의 활

동을 제어하는 새로운 유전자를 갖게 되어 살아났고, 재빨리 번성할 수
있게 되었다는 것입니다. 이를 두고 학자들은 멸종 위기에 처하게 되
자 자연이 재빨리 이를 스스로 벗어날 수 있는 유전적 방어기제를 개
발했다고 발표했습니다. 이 연구진의 한 사람이었던 런던대학(University
College London) 생물학과의 챨라트(Sylvain Charlat)는 "이것이야말로 자연선
택을 통해 가장 분명하고 빠르게 진화가 일어난 케이스의 하나이다."라
고 했습니다.

　하지만 수컷 나비들이 번성한 것이 나비에서 일어난 유전적 변화
때문인지, 기생 박테리아에서 일어난 유전적 변화 때문인지를 어떻게
확인할 수 있을까요? 이를 확인하기 위해 연구진들은 월바키아 박테리
아를 가진 암컷 나비를 유전적 돌연변이가 없는 다른 섬에서 가져온 수
컷 나비들과 함께 사육했습니다. 그런데 놀랍게도 불과 세 세대를 지나
는 동안 수컷들이 박테리아에 감염되어 완전히 전멸했습니다. 이를 통
해 연구진들은 일반적으로 자연선택은 매우 천천히, 때로는 수백 년에
걸쳐 점진적으로 일어나지만 적들의 공격으로 인해 심각한 멸종의 위

ⓒ 위키백과

〈블루문나비 수컷〉

〈블루문나비 암컷〉

기에 처하게 되면 자연선택이 급격히 일어나 수컷 나비들의 번성을 돕는다고 결론지었습니다. 그리고 이러한 자연선택이 반복되면 다른 종으로 진화가 일어난다고 했습니다.

우리는 이 연구로부터 무엇을 알 수 있을까요? 과연 이 연구 결과가 자연선택으로 인한 종의 진화를 증명할까요? 이 연구로부터 우리는 외적인 도전으로부터 수컷 나방의 체내에 유전적 변이가 생겼다는 것과 이를 통해 자연선택이 분명히 일어났다는 결론을 내릴 수 있습니다. 하지만 이 자연선택으로부터 한 종이 다른 종으로 진화한 것이 증명되었다고는 말할 수 있을까요? 전혀 그렇지 않습니다. 자연선택은 기존의 종을 보존하는 것이지 새로운 종을 만들어내는 메커니즘이 아닙니다. 아마 나비들의 생존을 위협하는 또 다른 환경이 조성되면 나비들의 체내에 이를 극복할 수 있는 또 다른 유전자가 발현될 수도 있겠지만 이런 환경에의 적응이 다른 종을 만들어 낸다고 생각하는 것은 순수한 사변이요, 유추입니다. 다윈이 진화론을 처음 제창했을 때 (종교적인 이유가 아니라) 과학적인 이유로 이를 적극 반대한 사람들의 주된 이유도 바로 진화가 순수한 사변이요 유추였기 때문이었습니다.

한 개체 내에서 일어나는 이러한 새로운 형질의 발현으로부터 새로운 종의 탄생을 가정하는 것은 지나친 외삽입니다. 수컷 나방의 체내에 형성된 새로운 유전적 특성은 적응(適應, adaptation), 소진화(小進化, micro-evolution) 혹은 변이(變異, variation)의 증거라고 말할 수는 있지만 이를 종의 한계를 뛰어넘는 대진화(大進化, macro-evolution)의 증거라고 할 수는 없습니다. 수컷 나비의 체내에 일어난 박테리아 저항 특성은 박테리아의 항생제 내성과 큰 차이가 없습니다. 이러한 적응이 누적되어 다른 종으로 진화한다는 것은 날아다니는 파리가 부지런히 연습만 한다면 점점 비행 능력을 향상시키는 유전자가 발현될 것이고, 결국에는 달까지도 날아갈 수 있다고 말하는 것과 흡사합니다. 한 생물 종이 생존의 위협을 받을 때 다양한 생존 메커니즘이 작동하는 것을 왜 창조주의 세심한 설계의 결과라고 말할 수 없을까요!

다윈은 획득형질의 유전을 믿었지만 그의 진화론은 라마르크와는 조금 달랐습니다. 라마르크는 개체가 환경에 따라 적응된 형질을 다음 세대에 전달함으로써 다른 형태로 진화한다고 보았지만 다윈은 집단 내에서 환경에 적응하지 못한 개체들은 후손을 남기지 못하거나 남길 확률이 점점 더 줄어들게 되며, 더 잘 적응하는 개체들일수록 점점 더 후손을 남길 가능성이 많아지고, 그러한 과정이 여러 세대 반복되면서 자연의 선택을 받아 다른 종으로 변한다고 보았습니다. 이런 진화론의 핵심은 자연선택이었고, 자연선택의 목적은 적응이었고, 적응의 대상은 개체가 아니라 집단이었고, 적응의 결과는 다른 종으로 진화한다는 것이었습니다. 하지만 이것은 순전히 다윈의 머릿속에만 있었던 논리였습니다. 많은 사람들이 진화를 그렇게 확실한 사실인 것처럼 말하지만 저는 공부를 하면 할수록 사변과 유추에 근거하고 있음을 발견하게 됩니다.

다윈의 이론은 논리적으로는 매우 치밀하지만 자연계에서나 실험실에서는 단 한 번도 자연선택에 의해 새로운 종이 출현하는 것이 관찰된 적이 없습니다! 다윈의 생전에 시조새의 화석이 발견되었고, 말의 진화계열도 만들어졌지만 진화하고 있는 중간 형태의 화석 시리즈는 찾을 수 없었습니다. 다윈은 상동기관이나 흔적기관 등도 진화의 증거라고 했지만 그것들은 얼마든지 다르게도 해석할 수 있습니다. 초파리를 대상으로 하는 인공돌연변이 실험, 박테리아에 나타나는 항생제 내성, 불나방 실험 등도 간접적이고 제한된 진화의 증거는 될 수 있겠지만 대진화의 직접적인 증거는 되지 못합니다. 인류 역사상 어느 시대보다도 확실함을 추구했던 이성의 시대에 이론적 구조만 치밀하고 순수한 사변과 유추에 근거한 진화론이 사람들의 마음에 그렇게 널리 어필했다는 것은 아이러니가 아닐 수 없습니다.

56. 이데올로기와 진화론

라마르크의 주장에 이어 다윈으로 하여금 진화에 대한 확신을 갖는데 도움을 준 것으로는 19세기에 유행하던 품종개량 연구였습니다. 자연선택과 비교하여 '인위선택'(artificial selection)이라고 할 수 있는 품종개량 기술은 다윈으로 하여금 개체가 종의 한계를 뛰어넘는 변이를 일으킬 수 있다는 확신을 심어 주었습니다.

근대적인 품종개량은 1760년대부터 영국에서 시작되었습니다. 끊임없는 노력으로 인해 다윈이 살고 있던 시절에는 레스터서(Leicestershire)라는 양과 디쉴리(Dishley)라는 소가 생산되었습니다. 다윈은 이 기술에 큰 감명을 받아 자신의 이론을 지지하는 예로 채택하였습니다. 그러나 이렇게 개량된 양과 소는 더 이상 개량되지 못했기 때문에 품종개량은 명백한 한계를 갖고 있음이 일찍이 증명된 셈입니다.

농작물 등에서도 품종개량을 하는 것은 현대 농업에서 흔히 있는 일이었습니다. 그러나 유전학은 품종개량, 즉 인위적 형질 변화에는 분명한 한계가 있음을 보여 줍니다. 한 예로 사탕수수의 설탕 함량을 증가시키기 위한 품종개량을 생각해 봅시다. 1800년부터 1878년 사이에 사람들은 사탕수수의 설탕함량을 증가시키기 위하여 많은 노력을 하였습니다. 그 결과 설탕함량을 6%에서 17%로 증가시킬 수 있었습니다. 그러나 그 후 계속 더 실험했으나 20% 이상 올릴 수는 없었습니다. 분명한 유전적 한계가 있음을 말해주는 것입니다. 옥수수도 지난 7천여 년 동안 품종개량을 했으나 옥수수의 기본 특성은 그대로 있습니다. 이는 유전적 변이에는 한계가 있으며, 따라서 품종개량을 통한 대진화는 불가능한 것임을 시사해 줍니다.

돼지의 크기, 닭의 산란율, 젖소의 유량 등에서 가축의 품종개량이 분명한 어떤 한계를 갖는 것도 개체변이의 한계, 나아가서는 유전적 변이의 한계를 보여 주는 것이라고 할 수 있습니다. 또한 운동경기에서 개인 기록의 향상이 거의 벽에 부딪힌 것이나 인간의 신장이나 체구의 증가가 어떤 한계를 갖는 것도 역시 유전적 변이의 한계를 보여 주는 것이라고 할 수 있습니다. 이런 것들은 모두 인위적이든, 자연적이든 일정한 종의 한계를 넘는 유전적 변이가 불가능함을 보여 줍니다.

인공돌연변이의 실험에 많이 사용되는 과일 초파리 실험도 유전적 변이의 한계를 명백히 보여 줍니다. 과일 초파리의 몸에 있는 털의 수를 늘리기 위해 노력한 결과 평균 36개의 털을 가진 과일 초파리들로부터 시작하여 56개의 털을 가진 초파리를 만들어 낼 수 있었습니다. 그러나 아무리 노력해도 그 이상의 털을 가진 초파리는 도무지 만들어 낼 수 없었습니다. 또한 초파리의 털을 줄이기 위해 노력함으로 25개의 털을 가진 초파리를 만들어 낼 수 있었지만 그 이하의 털을 가진 초파리는 만들 수가 없었습니다. 이러한 털의 숫자를 벗어나면 초파리의 줄들이 희박해지고 결국은 죽어 버렸습니다. 이러한 사실을 두고 버뱅크는 자연에는 "모든 생물들을 다소 간의 고정된 한계점들 내에서 유지시키는, 즉 평균치로 이끄는 어떤 인력이 작용한다."고 하였습니다. 정리한다면 품종개량은 전혀 대진화의 과학적 근거가 될 수 없다는 것입니다.

돌연변이에 더하여 다윈 진화론의 또 하나의 문제는 유전법칙과의 충돌이었습니다. 오스트리아(현재의 체코) 부린(Brünn 혹은 Brno)의 수도원장이었던 멘델(Gregor Mendel, 1822-1884)은 1856년부터 1864년 사이에 수도원 뜰에서 완두로 식물의 유전에 관한 연구를 했습니다. 그는 이 연구 결과를 1865년, 부린에서 열린 작은 학회에서 「식물 잡종에 관한 연구」라는 제목의 논문으로 발표하였습니다. 그러나 유명한 식물학자도 아닌, 일개 시골 수도원장이, 그것도 국제적인 학술회의도 아닌, 지방 식물학회에서 발표한 이 논문에 대해 당시에는 아무도 관심을 갖지 않았습니다. 오늘날에는 유전학의 기초라고 인정받고 있는 대단한 업적이었지만 멘델이 세상을 떠날 때까지 아무도 이 연구의 중요성을 인정하지 않았습니다. 1884년 아쉽게도 멘델은 "언젠가 나의 날이 올 것이다."라는 말을 남기고 죽었습니다.

멘델의 예언대로 그의 업적은 그가 세상을 떠난 지 16년 뒤인, 즉 그가 논문을 발표한 지 35년 뒤인 1900년에 이르러 비로소 널리 알려지게 되었습니다. 네덜란드의 드프리스(Hugo Marie de Vries, 1848-1935), 독일의 코렌스(Carl Erich Correns, 1864~1933), 오스트리아의 체르막(Erich von Tschermak, 1871-1962) 등 세 사람의 식물학자에 의해 독립적으로 멘델의 유전법칙의 놀라운 정확성이 재발견된 것입니다. 이들의 발표를 통해 사람들은 멘델의 유전법칙의 위대함을 알게 되었습니다. 오늘날 멘델의 법칙은 생물학의 최초의 정량적 법칙이자, 19세기 3대 생물학 혁명의 하나로 평가되고 있습니다.

멘델법칙을 요약하면 한 세대에서 다음 세대로 유전정보가 전달되는 데는 일정한 질서가 있으며, 그 종의 유전인자에 포함된 정보 내에서만 변이가 가능하고 새로운 것은 생기지 않는다는 것입니다. 얼룩송아지는 얼룩 엄마소로부터만 나올 수 있다는 말입니다. 오늘날 지구상에 엄청난 종류의 생물들이 존재하는 것은 그 종류들 내에서의 변이가 엄청나게 다양하다는 유전학적 가능성으로 설명될 수 있는 것입니다.

유전법칙에 비해 비슷한 시기에 제시된 진화론은 어떻습니까? 멘델의 유전법칙은 수많은 실험으로 잘 증명된 과학적 사실임에 반해 진화론은 아직까지도 가설의 단계를 벗어나지 못하고 있습니다. 만일 어떤 가설이 증명된 다른 과학적 법칙과 상치된다면 우리는 당연히 가설이 틀렸다고 할 수밖에 없습니다. 유전 '법칙'과 상치되는 진화 '가설'은 잘못된 것입니다. 영국의 생물학자 베이트슨(William Bateson, 1861-1926)은 말하기를 "멘델의 실험결과를 다윈이 보았더라면 『종의 기원』이란 책을 내놓지 않았을 것"이라고 했습니다.

어떤 사람들은 진화는 몇 십만 년 단위로 이루어지는 데 비해 유전은 몇 십 년, 혹은 몇 백 년 단위로 일어나는 것이기 때문에 그대로 비교할 수 없다고 주장합니다. 그러나 이것은 과학 연구에 있어서 흔히 사용하는 외삽(外揷)의 원리에 어긋납니다. 외삽의 원리란 알려진 영역의 자료를 근거로 알려지지 않은 영역의 사실을 유추, 추리하는 것을 말합니다. 이 원리에 의하면 몇 백 년 동안 생명의 진화가 일어나는 것을 전혀 관측할 수 없다면 몇 백만 년이 지나도 역시 진화는 일어나지 않는다고 보는 것이 타당합니다. 짧은 기간 동안에 일어나지 않은 것이 긴 세월 동안에는 일어난다고 말하려면 분명한 과학적 근거가 있어야 합니다. 다윈의 진화론은 처음부터 그 시대의 이데올로기에 근거한 것이며, 과학적으로 바르지 않은 기초에서 출발했다고 할 수 있습니다.

57. 나쁜 이론

현대 생물 진화론의 효시라고 할 수 있는 다윈은 자신의 저서 『종의 기원』(1859)에서 인류의 기원에 대해서는 언급하지 않았습니다. 하지만 후에 출간한 『인간의 유래』(1871)에서는 인류 진화를 얘기하고 있습니다. 그렇다고 인간이 원숭이로부터 진화했다고는 얘기하지 않고 다만 원숭이와 인간이 공통의 조상을 가졌다고 말합니다. 다윈의 주장은 곧이어 다른 사람들에 의해 다양한 형태로 확산, 적용되기 시작했습니다. 다윈은 인류의 기원에 대해 조심스런 몇 가지 주장을 했지만 자신의 이론이 끔찍한 여러 이데올로기들의 원조가 될 것이라는 점은 미처 생각하지 못했던 것 같습니다. 진화론에서 배태된 어떤 사상들이 있는지 몇 가지 살펴보도록 하겠습니다.

사회진화론

진화론 중에서도 다양하고 유해한 이데올로기가 출현하는 데 직접적인 영향을 미친 이론은 사회진화론(Social Darwinism)이라고 할 수 있습니다. 이 이론은 1870년대 영국과 미국에서 진화론을 사회학과 정치학에 적용한 일종의 사회 이론입니다. 여기서 출발한 것이 주어진 환경에 적응하는 데 있어서 적자(適者, the fit)와 부적자(不適者, the unfit)의 무한경쟁을 허용하는 자유방임 자본주의(laissez-faire capitalism), 제국주의, 공산주의, 파시즘, 나치즘, 우생학 등입니다.

사회진화론에서는 사회적 약자가 도태되고 강자가 살아남는 것이
나 강대국이 약소국을 침략하는 식민주의를 자연스럽고 불가피한 것으
로 봅니다. 이 이론에서는 강대국은 적자이기 때문에 부적자인 약소국
의 땅과 자원을 수탈하고 사람들을 억압하는 것을 자연의 원리요, 역사
가 발전하는 원리라고 봅니다. 일본의 한반도 침탈이나 2차 대전을 일
으킨 전범 국가들의 침략주의가 자연의 법칙으로 둔갑하여 정당화되는
것입니다.

사회진화론의 폐해는 여기서 그치지 않습니다. 이 이론은 적자인
기업가들의 생존을 방해하고, 부적자인 노동자들의 생존을 위해 일하
는 노동조합을 거부합니다. 뿐만 아니라 악덕 기업인들이 적은 임금과
과도한 노동을 통해 부적자인 노동자들을 착취하는 것도 정당화합니
다. 적자인 부자들 혹은 사용자들이 부적자인 노동자들 혹은 약자들을
위해 돈을 기부하는 것도 적자생존의 원리를 거스를 수 있기 때문에 거
부합니다. 적자생존이라는 메커니즘을 내세우며 약자들의 생존을 송두
리째 부정하는 진화론은 누가 보더라도 나쁜 이론이 분명합니다!

나쁜 우생학

적자들은 생존하게 하고 부적자들은 생존하지 못하게 하는 우생
학(優生學)은 어떻습니까? 우생학이란 1883년 다윈의 사촌 갈톤(Francis
Galton)이 제안한 개념입니다. 원래 우생학이란 단어 'eugenics'는 그리스
어에서 '좋은 출생', '고귀한 혈통'을 의미하지만 이는 우수하고 건강한
인종의 번식을 장려하는 것은 물론 정신병, 정박아 등을 제거하는 것도
포함하고 있습니다. 이 이론은 곧 열등한 인간 혹은 인종은 없애야 한
다는 무서운 이데올로기가 되어 부적자들이 후손을 남기지 못하도록
강제 불임수술을 하거나 아예 인위적으로 멸종시키는 끔찍한 범죄의

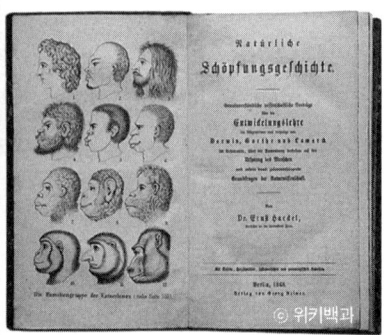

〈우생학의 광신자 헤켈과 그의 우생학적 편견을 보여 주는 그림〉

근거가 되었습니다. 실제로 미국에서 우생학 운동이 한창이던 1910년
부터 1930년 사이에 24개 주가 부적자들에 대한 강제불임법을 통과시
켰고, 연방의회는 부적자(열등자)라고 생각되는 특정 지역의 사람들의 이
민을 받아들이지 않는다는 이민제한법을 통과시켰습니다.

우생학에 근거한 가장 참혹한 범죄의 원조가 된 사람은 바로 19
세기 독일의 대표적인 생물학자이자 열렬한 진화론자였던 헤켈(Ernst
Haeckel)입니다. 그는 고대 그리스와 스파르타에서 우수 종족 보존을 위
해 열등한 영아들을 살해한 것을 적극 지지한 사람이었습니다. 그는
『생명의 신비』(1904)라는 책에서 사회에 부담만 주는 고아, 과부, 불구
자, 유전 질환자, 알코올중독자 등은 독가스로 살해해야 한다는 끔찍한
주장을 펴기도 했습니다. 사실 인류 역사상 등장했던 수많은 악한 이론
들 중에 우생학 이론보다 더 나쁜 이론을 찾는 것도 쉽지 않습니다!

나치의 대학살

헥켈의 영향을 받은 히틀러와 나치는 1933년 전당대회에서 진화론을 당 강령으로 받아들였습니다. 그리고 친위대(SS)와 경찰의 부인, 약혼자, 애인 등에 대해서는 낙태나 피임을 금지시키고, 반면에 200만이 넘는 소외 계층에 대해서는 강제로 불임수술을 하였으며, 결함이 있는 영아들은 안락사시켰습니다. 그리고 '지클론 B'(Zyklon B)라는 독가스를 만들어 수많은 사람들을 학살했습니다.

나치 독일은 유대인 외에도 공산주의자, 동성애자, 집시, 정신지체 장애인을 포함한 장애인, 소련의 전쟁 포로, 여호와의 증인, 프리메이슨 등 여러 '원치 않는 부류'를 유대인과 함께 마구 학살했습니다. 이들은 대부분 집단 수용소에 옮겨져 조직적으로 학살되었으며, 장애인의 경우는 의사에 의해 안락사시키는 방법으로 5만 명이나 학살당했습니다. 홀로코스트로 인해 사망한 유대인의 수는 대략 6백만 명 정도이며, 나치의 탄압에 의해 죽은 비유대인을 포함시킬 경우 총 사망자 수는 9백만에서 천만까지 올라갑니다. 나치의 대학살이 우생학적 환상에 의해 저질러진 반인륜 범죄였으며, 우생학이 바로 진화론의 직접적인 결과임을 생각한다면 진화론은 정말 악한 이론입니다!

공산주의의 만행

또한 다윈의 진화론은 후에 공산주의 사상의 기초가 되었습니다. 『종의 기원』이 발표된 지 8년 후인 1867년에 마르크스의 『자본론』 초판이 동일하게 런던에서 발표되었습니다. 그런데 마르크스는 1873년 독일어판 앞부분에 자필로 "진심으로 존경하는 다윈 선생께 드립니다."라는 헌정사를 썼습니다. 다윈이 생물 진화의 메커니즘으로 제시한 자연선택을 마르크스는 인간 사회에 적용하여 계급투쟁이라는 말로 바꾸었을 뿐입니다. 마르크스의 이론은 곧 레닌, 스탈린 등에 의해 20세기의 가장 잔인하고도 끔찍한 공산주의 혁명으로 이어졌습니다.

공산주의의 이름으로 자행되었던 잔혹한 만행에 대한 종합 학술 보고서인 『공산주의의 검은 책』(Le livre noir du communisme, 1997)은 공산주의 이데올로기의 잔혹상을 낱낱이 고발하고 있습니다. 이 책이 폭로하는 공산주의 정권의 살상 규모를 보면 구소련에서 2천만 명, 중국의 마오쩌둥(毛澤東) 치하에서 6,500만 명, 베트남에서 1백만 명, 북한에서 2백만 명(3백만 명의 아사자 제외), 캄보디아의 폴 포트 정권 하에서 2백만 명, 동구 공산정권 하에서 1백만 명, 아프리카에서 1.5백만 명 등 총 1억 명에 달합니다. 인류 역사상 가장 많은 희생자를 가져온 공산주의 이데올로기가 명백히 진화론에 기초하고 있다면 진화론은 끔찍한 이론입니다!

나쁜 이론

지금까지 진화론의 몇 가지 나쁜 결과를 살펴보았습니다. 그동안 창조-진화 논쟁에 참여한 많은 학자들은 진화론이 맞는지, 틀리는지에 집중했습니다. 하지만 기원 논쟁에서 우리가 간과하지 말아야 할 것은 진화론의 열매입니다. 앞에서 살펴본 침략주의, 우생학, 나치즘, 대학살, 공산주의, 식민주의 등은 대표적인 진화론의 열매들입니다. 이것은 창조론자들이나 종교인들이 진화론을 비판하기 위해 억지로 만든 주장이 아닙니다. 사회진화론 분야의 책이나 강의를 통해 진화론자들이 당당하게 얘기하는 것들입니다.

우리는 어떤 이론의 좋고 나쁨에 집중할 필요가 있습니다. 이론의 정오보다 이론의 유익함과 도덕성이 더 우선되어야 한다는 말이지요. 지금까지 살펴본 것처럼 진화의 메커니즘을 생물세계가 아니라 의도적으로 인간 사회에 적용하는 것은 그 자체가 무서운 범죄라고 할 수 있습니다. 그냥 악한 정도가 아니라 인류가 고안한 가장 끔찍한 악행이라고 할 수 있습니다. 지금도 인간이 스스로의 진화 과정을 제어하려고 한다면 제2, 제3의 홀로코스트가 생기지 않으리란 보장이 없습니다. 어떤 의미에서 진화론은 인간의 악한 본성을 가장 잘 반영하는 이론이라고 할 수 있습니다. 게다가 진화론이 무신론과 결탁하게 되면 세상은 진화의 날카로운 이빨과 발톱을 제어할 방법이 없습니다.

옳고 그름을 떠나서 어떤 이론이 나쁘다면 더 이상 그 이론은 학교나 그 외 교육기관에서 장려되어서는 안 될 것입니다. 절대 실수하지 않는 탁월한 사기 수법이나 절대 잡히지 않는 소매치기 기술이 있다고 해도, 살인을 하고도 절대 발각되지 않는 방법이 있다고 해도 만인들에게 해가 되는 그런 범죄의 방법을 TV나 교과서에서 공공연히 가르치거나 장려해서는 안 되는 것처럼 말입니다. 어떤 이론이 옳고 그른가도 중요하지만 그보다 더 중요한 것은 그 이론이 좋은 열매를 맺는가, 나쁜 열매를 맺는가 하는 점입니다. 진화론의 열매가 얼마나 악하고 인류를 불행하게 만들었는지는 새삼 사례를 열거할 필요도 없습니다. "…그 열매로 나무를 아느니라."(마 12:33)고 한 예수님의 말씀은 진화론에도 그대로 적용될 수 있습니다. 진화론의 나쁜 특성은 이를 지지하는 사람들에게도 나타납니다.

58. 탐욕의 희생양

자바인(Java Man)은 19세기 후반, 네덜란드 해부학자이자 의사였던 듀보아(Eugene Dubois, 1858-1940)가 자바에서 찾은 화석입니다. 그는 다윈의 진화론에 매료되어 원숭이와 인간의 진화 고리를 찾기 위해 당시 네덜란드가 식민 통치하고 있던 인도네시아에 갔습니다. 자바에서 화석 발굴 작업을 시작한 지 1년이 지난 1890년, 드디어 그는 트리닐(Trinil) 가까이에 있는 솔로 강(Solo River) 언덕에서 아래턱뼈(下顎骨) 조각을 발견했습니다. 그리고 그 다음해에는 그 주변에서 어금니 하나를, 다음 달에는 1m 떨어진 곳에서 두개골 윗부분을 발견했습니다. 이어 1892년 8월에는 두개골 윗부분을 발견했던 곳으로부터 15m 정도 떨어진 곳에서 사람의 골반과 무릎관절을 연결하는 대퇴골(넓적다리뼈)을 발견했습니다. 10월에는 또 다른 어금니를, 이어 동시에 두 개의 어금니를 더 발견했습니다. 그 후 1898년에 그는 먼저 발견했던 동물의 어금니에 해당한다고 추측되는 앞어금니 하나를 더 발견했습니다.

이렇게 만들어진 것이 자바인이며 진화론자들은 이 뼈들의 연대를 50만 년 정도 되었다고 추정했습니다. 듀보아는 "자바인은 인간도, 원숭이도 아닌, 인간과 원숭이의 특징을 공유하는 진짜 중간 형태"라고 주장했으며, 이로 인해 그는 일약 세계적인 명사가 되었습니다. 그리고 1899년, 공식적인 지질학 훈련이 전무했지만 그는 암스테르담대학의 지질학 특임 교수(Prof. of Extraordinary of Geology)가 되었고, 1907년에 정교수가 되어 1921년까지 그곳에서 가르쳤습니다.

하지만 한 무명 의사를 세계적인 지질학 교수로 만들었던 자바인은 정말 진화 중간 형태였을까요? 듀보아는 자바인을 기초로 인간은 홍적세 중기로부터 진화했다고 주장했지만 그의 화석은 처음 발표되었을 때부터 격렬한 논쟁을 일으켰습니다. 토론에 참여한 많은 사람들은 화석에 대해 회의적이었으며 의견도 여러 갈래로 나뉘었습니다. 독일의 병리학자 피르호(Rudolph Virchow, 1821-1902)는 대퇴골과 두개골이 너무 멀리 떨어져 발견되었으므로 한 개체의 것으로 볼 수 없다고 주장했습니다. 자바인에 대해 대체로 영국 학자들은 인류의 화석으로, 독일 학자들은 원숭이의 것으로, 프랑스 학자들은 원숭이와 사람의 중간 형태로 보았습니다. 켐브리지대학의 해부학자 키이쓰(Arthur Keith, 1866-1955)는 자바원인의 두개골은 분명히 사람이라고 하였고, 터너(William Turner)는 자바원인의 대퇴골은 병에 걸린 것 같으며 두개골도 앞이마가 평평한, 소두증(小頭症)에 걸린 여자의 두개골과 매우 흡사하다고 지적했습니다.

자바인에 대한 논쟁과 이 논쟁이 쉽게 끝나지 않은 이유의 상당 부분은 듀보아의 탐욕과 관련이 있습니다. 1900년까지만 해도 그는 자바인이 인류 진화의 빠진 고리라고 선전하면서 사람들에게 화석들을 보여 주었지만 그 후 20년 동안 자바인에 대한 어떤 공식적인 토론에도 참가하지 않았고 화석도 공개하지 않았습니다. 듀보아는 자바인이 빠진 고리로 받아들여지기를 원했지만 이미 발표 초기에 자바인에 대한 그의 해석을 두고 많은 논쟁이 일어나자 화석에 대한 논의와 공개를 중지한 것입니다. 혹자에 의하면 듀보아가 자바인을 발견하기 전이었던 1889년, 슈발브(G. Schwalbe)가 자바인 두개골 윗부분을 가지고 자기보다 훨씬 탁월한 업적을 발표한 것으로 인해 위협감을 느꼈기 때문에 계속 화석을 공개했지만 나중에는 자기에게 돌아올 명예가 다른 사람들에게 돌아갈 것 같아서 화석 공개를 중지했다고 했습니다.

듀보아는 일평생 자신이 발견한 자바인의 두개골 윗부분과 대퇴골은 같은 개체의 것이며, 자신의 화석이 유일한 것이라고 주장했습니다. 다른 사람이 자바인과 비슷한 화석을 발견했다고 하면 그는 즉각 이를 비판하고 부인했습니다. 새로 발견된 화석과 자신의 화석을 면밀히 연구하여 조그마한 차이라도 보이면 자신의 화석은 그 화석과는 다른 유일한 것임을 주장하였습니다. 후에 자바에서 듀보아의 것과 비슷한 화석을 많이 발굴했던 쾌니그스발트(Gustav Heinrich Ralph von Koenigswald, 1902-1982)는 듀보아에 대해서 "…그는 질투하는 애인과 같이 설명할 수 없는 사람이었다. 피테칸트로푸스(Pithecantropus, 자바인)에 대하여 자기와 조금만 다른 해석을 하는 사람은 누구라도 그의 개인적인 원수가 되었다."
고 했습니다.

사실 듀보아의 연구는 처음부터 의문 투성이었습니다. 그는 자바인의 두개골을 발견하기 직전에 이미 자바인과 같은 지층에서 와드잭 두개골(Wadjack Skull)이라는 두개골을 발견했는데 이 두개골의 용적은 각각 1,650cc로서 1,000cc 정도였던 자바인의 두개골보다 훨씬 컸고 형태상으로도 현대인과 다를 바가 없었습니다. 하지만 자바인의 뼈를 발굴하고 이것이 인간과 원숭이를 이어 주는 진화 조상의 것이라고 발표하면서 듀보아는 와드잭 두개골을 숨겼습니다. 1895년, 듀보아는 와드잭 두개골들을 자바에서 자신의 집으로 후송한 후에는 아무에게도 보여 주지 않았습니다. 그러다가 1920년 5월, 스미스(Stuart A. Smith)가 '탈가이인'(Talgai Man)의 유골을 발표하면서 이들이 최초의 '호주 원주민의 조상'이라고 주장하자 듀보아는 즉각 자신은 이미 30년 전에 그 뼈들을 찾았노라고 발표했습니다!

왜 듀보아는 와드잭 두개골의 발견을 그렇게 오랫동안 숨겼을까요? 이는 와드잭 두개골은 '빠진 고리'(missing link)가 되기에는 두개골 용적이 너무 컸기 때문이었습니다. 자바인을 발표할 때 직전에 발견된 와드잭 두개골들을 함께 발표하면 자바인은 '빠진 고리'로 인정받지 못할 것이 분명했습니다. 와드잭 두개골 외에도 듀보아는 '빠진 고리'로서 자바인의 유일성을 강조하기 위해 의도적으로 이보다 더 현대적인 화석들이 발견되면 자바인과 같은 연대를 지정하지 못하도록 했습니다. 그가 와드잭 두개골을 숨긴 것은 고생물학계에 자신이 발견한 자바인을 유인원으로 받아들이도록 하기 위해서였습니다. 결과적으로 듀보아는 의도적으로 자바인을 인류 진화의 증거로 제시하기 위해 수많은 사람들을 속였다고 할 수 있습니다. '과학의 이름으로!!'(In the name of science….)

듀보아의 얘기는 학문 활동에 있어서 학자의 탐욕이 어떤 영향을 미치는가를 보여 주는 예라고 할 수 있습니다. 학자들은 불편부당을 철칙으로 삼고 진실과 사실 앞에 자신의 전 존재를 내맡길 거라는 일반인들의 기대와는 달리 학문 활동에도 개인의 탐욕이 얼마든지 개입될 수 있음을 보여 줍니다. 자바인의 화석뿐 아니라 다른 많은 고생 유골들도 대체로 발견자의 해석과 동일한 해석을 한다는 조건으로만 원본 화석에 접근을 허용하거나 원본 사진을 사용하도록 허락합니다. 고생 인류에 대한 연구가 어려운 이유 중의 하나가 바로 이 원본 화석에 대한 접근이 쉽지 않다는 것과 더불어 원본 화석에 대한 해석의 자유가 매우 제한적임을 들 수 있습니다.

학자의 탐욕은 다만 일반 학문의 분야에만 국한된 것이 아닙니다. 하나님의 말씀을 연구한다는 성경 연구에도 인간의 탐욕이 넘실거리고 있습니다. 제가 근무하는 TWU는 사해사본(Dead Sea Scroll) 연구로 유명합니다. 그런데 저는 늘 그렇게 중요한 사본이 왜 발견된 지 60년이 지나도록 전 세계에 그렇게 많은 구약학자들이 있는데, 아직도 연구가 완전히 끝나지 않았는지 궁금했습니다. 그래서 전공하는 동료 교수에게 물어봤더니만 놀랍게도 인류 진화 연구와 비슷한 탐욕이 그곳에도 개입되어 있었습니다. 즉 사본은 극히 제한된 사람들에게만 공개될 뿐 아니라 그것을 소유한 사람의 해석 이외의 해석은 허용하지 않는다는 기가 막힌 얘기를 들었습니다. 성경 연구에서 20세기 최대의 발견이라는 사해사본이지만 그곳에도 어김없이 인간의 탐욕이 개입되어 있었습니다.

인간은 본래 하나님의 형상대로 지음을 받았지만 타락한 후에는 삶의 전 영역에서 부패한 본성이 드러나고 있습니다. 많은 분들이 탐욕이라고 하면 흔히 물질이나 명예, 권력 따위만을 생각하지만 학문을 포함하여 세상에 있는 모든 것이 탐욕의 대상이 될 수 있습니다. 하나님을 떠난, 혹은 하나님과 무관한 어떤 것, 아니 하나님의 절대주권 아래에 두지 않은 것은 무엇이든 탐욕의 대상이 될 수 있습니다. 기업뿐 아니라 교회에도, 정치 활동만이 아니라 선교 활동에도 탐욕이 섞일 개연성이 상존합니다. 종교적인 냄새가 나는지 여부와 무관하게, 겉으로 내세우는 요란한 구호와 무관하게 인간의 모든 활동에는 탐욕이 개입될 수 있습니다. 그러므로 정치인이나 기업인만이 아니라 세계적인 대학자도 탐욕의 희생양이 될 수 있습니다. 큰 교회를 만들어서 말도 안 되는 변명을 하면서 자식에게 세습하는 사람이 있는가 하면 종종 신학대 총장도, 교단 총회장도 탐욕의 제물이 되는 것입니다. 탐욕은 거침이 없고 탐욕의 희생양에는 제한이 없습니다.

59. 하나님의 형상과 진화론

이러한 인간의 죄성이 있지만 인간에게는 또한 아름다움과 추함을 구분할 수 있는 능력이 있으며, 아름다움을 추구하는 것은 인간에게 보편적인 현상입니다. 왜 사람은 어떤 것은 아름답고 어떤 것은 그렇지 못하다고 생각할까요? 때때로 문화에 따라 미추를 구분하는 기준이 다소 다르기는 하지만 대체로 아프리카의 미인은 유럽에서도, 아시아에서도 미인입니다. 추한 행동은 어디에서도 눈살을 찌푸리게 합니다. 아름다운 자연의 모습은 세계 어느 곳에 있더라도, 어느 나라 사람들이 보더라도 아름답습니다. 어떻게 모든 사람들에게 이런 보편적 미추의 기준이 있을까요? 미의 기준이 환경이나 교육에 의해 후천적으로 형성된 것이라면 서로 다른 문화에서 자란 사람들은 미의 기준이 동일할 수가 없습니다. 인간에게 보편적인 미적 감각이 있는 것은 그것이 후천적이 아니라 선천적이며, 인간 내적이 아니라 초월적 기원을 가진다는 것을 말해 줍니다.

미적 기준에 더하여 자연적으로 이해하기 어려운 것은 인간의 양심입니다. 이 세상의 어느 누구도 양심을 본 적이 없지만 인간에게 양심이 있음을 부정하는 사람은 아무도 없습니다. 인간이라면 누구에게나 선과 악을 구분할 수 있는 양심이 있으며, 본능적으로 선을 선호하는 마음이 있습니다. 물론 때로 어떤 문화에서는 선한 행동이 다른 문화에서는 악한 행동이 될 수 있는 경우가 있습니다. 하지만 그것은 문화의 껍데기, 즉 표현 양식에 관한 것이고 속을 들여다 보면 선과 악의 개념은 보편적임을 알 수 있습니다. 공자는 효(孝), 인(仁), 예(禮) 등을 내세웠지만 그렇다고 그리스인들이 귀중하게 생각했던 절제, 용기, 정의, 희생, 지혜 등을 낮게 평가하지 않았습니다. 어느 문화에서나 선은 시대를 초월하여 귀중하게 여겨졌습니다. 그러면 어떻게 인간에게 선을 추구하려는 본능이 있을까요? 이것의 기원은 무엇일까요?

선을 추구하는 마음과 직결된 것은 인간의 양심입니다. 양심은 다른 동물들에게서는 볼 수 없는, 인간만이 가진 독특한 현상입니다. 인간은 양심을 따라 움직이지만 동물은 본능에 따라 움직입니다. 때로 '짐승보다 못한 인간' 혹은 '인면수심'(人面獸心) 따위의 표현을 쓰기도 하지만 이것은 양심이 없는 것이 아니라 무뎌졌거나 마비된 것을 표현하는 것이며, 그런 경우는 대체로 후천적인 이유 때문입니다. 인간은 날 때부터 악한 본성과 더불어 선한 양심을 갖고 태어납니다. 그래서 칸트는 인간의 양심을 밤하늘에 반짝이는 별과 같다고 했습니다. 비록 구름으로 인해 밤하늘의 별이 보이지 않을 때조차 별이 없어진 것이 아니듯 인간의 죄성이 양심의 소리를 짓밟아서 그 세미한 음성을 들을 수 없을 때조차 여전히 인간에게는 양심이 있습니다.

진화론자들이 당면하는 가장 큰 문제는 인간이 가진 윤리성입니다. 인간의 보편적 양심에 근거한 윤리 개념은 진화론적 가설로는 설명할 수 없습니다. 현대 생물 진화론이 등장한 이후 진화론자들은 어떻게든 진화와 윤리를 연결하려고 많은 노력을 했습니다. 미국 사회심리학자 에드워드 윌슨(Edward O. Wilson, 1929-)은 근친상간 행위를 배제하지 않는 유전자보다 배제하는 유전자가 번식 가능성이 높기 때문에 인간의 유전자는 근친상간 행위를 배제하는 방향으로 진화했다고 주장합니다. 유전자 진화, 즉 생물학적 진화의 원리가 윤리 규범과 같은 문화적 진화의 방향을 결정한다는 것입니다.[16] 하지만 그런 주장들을 가만히 살펴보면 순수한 억측임을 금방 알 수 있습니다. 진화를 기정사실로 두고 현재 인간에게 있는 윤리 의식을 설명하기 위해 만들어 낸 허무맹랑한 시나리오입니다. 사실 그렇게라도 우기지 않으면 도대체 윤리 개념이 어떻게 인간에게 본래적으로 존재하는지를 설명할 수 없습니다.

　진화론자들은 자연에는 내적인 진화의 압력이 있다고 주장합니다. 그리고 그 압력에 의해 생물 진화와 더불어 문화 진화, 즉 윤리의 진화가 이루어졌다고 주장합니다. 하지만 진화 메커니즘은 역사 속에서 형성된 윤리 개념에 비추어 보더라도 그 자체가 악입니다. 오늘날 어느 누구도 진화와 관련된 개념들을 선하다고 말하지 않습니다. 다윈이 말했던 자연선택이나 적자생존, 그와 비슷한 개념이지만 다윈의 선구자였던 라마르크가 말한 자연도태, 역시 다윈에게 많은 영향을 미쳤던 맬더스의 생존경쟁 개념 등은 모두 그 자체가 '악한' 혹은 '윤리적이지 않은' 개념들입니다. 그러므로 진화론의 직접적인 적용이라 할 수 있는 마르크스의 계급투쟁이나 히틀러의 우생학적 신념도 당연히 그 자체가 악입니다. 그러므로 생물 진화를 통해 윤리가 만들어졌다고 하는 것은 '악한 진화 메커니즘을 통해 선한 윤리가 진화했다.'는 모순적인 명제를

16) Edward O. Wilson, *On Human Nature* 『인간 본성에 관하여』

받아들이는 것입니다. 진화와 관련된 개념들은 흔히 말하는 윤리하고
는 정반대입니다.

정상적인 사고를 하는 사람들이라면 오늘날 누구도 강한 자가 약
한 자를 짓밟는 적자생존을 선하다고 생각하지 않을 것입니다. 자연이
강자를 선택하는 것을 윤리적이라고 말할 사람은 아무도 없습니다. 사
실 진화적 윤리라고 한다면 악한 윤리라는 말과 동의어라고도 할 수 있
습니다. 이는 무신론적 유신론, 잔인한 친절처럼 그 자체가 모순어법
(oxymoron)에 속합니다. 그런데도 진화론자들은 "…윤리가 진화의 산물
이며 적자생존의 원리에 의해 조탁된 것"이라고 주장합니다.[17] 그런데
어떻게 해서 윤리가 진화의 산물이라고 할 수 있습니까?

결국 심미적 감각, 양심, 윤리 규범 등은 진화의 과정에서 자연적
으로 발생한 것이 아니라 외부로부터 주어진 것임을 받아들여야 합니
다. 성경은 여기에 대해 인간은 하나님의 형상을 따라 지음을 받았다고
분명하게 말합니다. 물론 그러면 왜 세상에 악한 일을 하는 사람들이
그렇게 많으냐고 반문할 수 있습니다. 선한 인간에게 악한 본성이 있
는 것을 설명할 수 있는 가장 합리적인 이론은 인간의 타락입니다. 비
록 악한 일을 하는 사람일지라도 선에 대한 끌림은 있습니다. 예수님은
"너희가 악할지라도 너희 자녀에게 좋은 것들을 줄 줄" 안다고 했습니
다(눅 11:13). 극악무도한 사람이라도 선한 사람을 존경합니다. 이것은 인
간에게 있어서 선함의 본성이 있음을 의미합니다. 그리고 악에 대한 경
향은 후천적으로 생성되거나 이입된 것임을 의미합니다. 선한 본성이
악한 본성보다 먼저 있었음을 의미합니다.

인간에게 생득적으로, 혹은 본성적으로 선악을 구분하는 양심이나
아름다움에 대한 보편적 기준이 있다는 것은 자연적 진화로는 도저히

---

17) 정연보, "윤리의 기능,"「인간의 사회생물학」, pp.344-50.

설명할 수 없습니다. 이것은 오로지 인간이 하나님의 형상대로 지음 받았다는 사실을 가정하지 않는다면 설명하기가 어렵습니다. 오늘 우리 인간이 가지고 있는 선악이나 미추(美醜)에 대한 기준은 희미하게나마 하나님의 형상을 반영하고 있는 것입니다. 인간이 갖고 있는 하나님의 형상을 생각한다면 하나님이 아담과 하와를 지으실 때 자신의 형상대로 지으셨다는 창세기의 기록은 신뢰할 수 있는 역사적 기록이 분명합니다.

60. 역사적 아담의 진실?[18]-인류 기원 논쟁으로 우리가 잃지 말아야 할 것

근래 일부에서 아담과 하와가 인류의 시조가 아니라 인류의 시조 그룹을 통칭하는 것이라 주장하여 논란이 되고 있습니다. 이는 보는 관점에 따라 '역사적 예수'(Historical Jesus) 운동을 연상케 하기 때문에 '역사적 아담' 운동이라 할 만합니다. '역사적 예수'가 신경(信經)이나 복음서 저자들의 신학으로 해석된 그리스도가 아니라 1세기 팔레스타인에서 역사적 인물로 실재했던 '예수'를 회복하자는 운동이라면 '역사적 아담'은 교리화된 아담과 하와가 아니라 인류학적, 유전학적 관점에서 실재했던 인류의 조상들을 찾자는 운동이라 할 수 있습니다.

사실 '역사적 아담'은 새로운 이론이 아니라 현생 인류의 기원과 관련하여 근래에 나온 몇몇 이론들 중 하나일 뿐입니다. 근래 제기된 이와 비슷한 주장 중 하나는 소위 '아프리카 하와'로 불리는 이론입니다. 이 주장에 의하면 살아 있는 모든 사람들은 20여 만 년 전 아프리카에서 살았던 한 여자로부터 출발했습니다. 하지만 여기서 한 여자란 단한 사람의 여자를 의미하는 것이 아니라 적어도 수천 명 이상의 유전자

18) 《Christianity Today Korea》 (2011.8.)에 게재된 글

그룹을 의미한다는 점에서 '역사적 아담'과 크게 다르지 않습니다.

또 다른 이론은 소위 '선아담인류론'(Preadamism)입니다. 복음주의자 존 스토트(John Stott, 1921-2011)가 공개적으로 지지해 유명해진 이 주장에 의하면 아담 이전에도 많은 사람들이 존재했으며, 아담은 다만 하나님의 형상을 가진 첫 번째 사람일 뿐이라는 것입니다. 이와 비슷한 주장으로 '다중아담인류론'(Coadamism)도 있는데 인간이 창조될 때 아담 외에 다른 많은 부부들도 함께 창조되었다고 말합니다. 영국 복음주의자 데릭 키드너(Derek Kidner, 1913-2008)가 오래전에 유전자 조성이 같은 '아담 이전 인간'과 '아담 이후 인간'이 동시에 존재했고, 대신 "동물에서 인간으로 이어지는 자연적 연결고리는 없었을" 것이라고 한 주장도 이 부류에 속한다고 할 수 있습니다.

그러면 '역사적 아담' 주장이 새로운 주장도 아닌데 왜 이렇게 문제가 될까요? 이는 첫째, 이 논쟁이 근래에 종료된 인간유전자프로젝트(Human Genome Project, HGP) 결과에 기초하고 있기 때문이며, 둘째, 이 논쟁의 중심에 HGP의 책임자였다가 지금은 미국 최대의 생명과학 연구기관인 미국립보건원(National Institute of Health)의 수장이 된 프랜시스 콜린스(Francis Collins, 1950-)가 있기 때문입니다. 현대의 새로운 우상으로 등장한 과학과 이의 제사장인 과학자들에게 부여된 과도한 권위가 '역사적 아담'을 더 크게 부각시키고 있는 것이라 할 수 있습니다.

그러면 '역사적 아담'이 복음주의 진영에 주는 의의는 무엇일까요? 창조론을 공부하는 사람으로서 저는 '역사적 아담'을 논의하면서 다음 몇 가지를 염두에 두어야 한다고 봅니다.

첫째, '역사적 아담'은 종래의 진화론 운동의 연장선상에서 보아야 합니다. '역사적 아담'의 중심 논객들은 대부분 유신론적 진화론자들인데 이들의 주장은 자연주의 진화론과 별 차이가 없습니다. 그런데 진화론 자체가 극히 사변적이라는 것은 잘 알려져 있는 사실입니다. 이 운동의 지도자들은 진화에 엄청난 확신을 가지고 목청을 높이지만 사실 진화론은 다윈이 1859년에 『종의 기원』을 출간했을 때나 지금이나 사변적이라는 점은 변함이 없습니다. 즉 증거를 가지고 진화를 주장하는 것이 아니라 진화의 선입견을 가지고 증거를 해석하는 것입니다. 그런 의미에서 진화는 귀납적이기보다 다분히 연역적 해석 패러다임이라고 할 수 있습니다.[19]

둘째, '역사적 아담' 논쟁에서 창조론자들이 창조 연대 문제로 발목이 잡혀서는 안 된다는 점입니다. 그동안 창조론 운동은 젊은 지구/우주(Young Earth Creationism) 운동 때문에 너무나 많은 지적 영토를 잃어버렸습니다. 이제는 창조론 운동을 젊은 창조 연대의 족쇄로부터 해방시키는 일이 필요합니다.

수년 전 저는 '창조론 오픈포럼'을 통해 아담으로부터 예수 그리스도에까지 이르는 계보는 '영웅들'만 기록하고 있다는 소위 '영웅계보설'(Heroic Genealogy)을 제시한 적이 있습니다. 이 이론에 의하면 아담의 연대는 최소 6천 년에서 최대 20만 년까지 확장할 수 있습니다. 그렇게 하면 석기를 근거로 한 인류의 출현 연대, 네안데르탈인이나 크로마뇽인의 출현 연대, 유전학에 근거한 '아프리카 하와'(African Eve) 출현 연대 등을 수용할 수 있습니다. 당연히 콜린스 등이 제시하는 현생 인류의 출현 연대와도 양립할 수 있습니다.[20]

셋째, '역사적 아담'의 신학적 함의에 한시도 눈을 떼서는 안 된다는 점입니다. 저는 오랫동안 창조-진화 논쟁에 참여하면서 이 논쟁이 쉽지 않은 이유 중 하나가 토론 참가자들의 신학적 소양 때문임을 알게 되었

---

19) 진화론의 사변성에 대해서는 이 책의 다른 글들을 참고하기 바람.
20) 양승훈, "성경의 영웅족보와 창조론 연구", 《창조론 오픈포럼》 2(1) (2008), pp.19-28..

습니다. 특히 기원 논쟁에 참여하는 과학자들이나 공학자들은 신학적 함의가 큰 주장을 하면서 이를 잘 인지하지 못하는 경우가 많습니다. 콜린스도 자신은 늦게 예수를 믿었을 뿐 아니라 신학적 훈련을 받은 적이 없음을 고백하고 있습니다. 자신의 주장에 대한 과학적 확신은 강하지만 그 배경에 있는 신학적 함의에 대해서는 별로 반성이 없었다는 말이지요.

이러한 신학적 소양의 문제는 비단 콜린스의 문제만이 아닙니다. 그의 주장에 적극 동조하는 캐나다 태생의 물리학자 기버슨(Karl Willard Giberson, 1957-)은 아담과 하와가 사라진다 해도 그것은 "부수적이거나 지엽적인 의견 차이"일 뿐이라고까지 했습니다. 신학적 무지를 그대로 드러내는 말입니다. 아담을 역사에 실존한 인물이 아니라고 본다면 창세기에 기록된 창조 교리는 물론 원죄와 타락 교리, 아담을 예수 그리스도를 통한 구원과 연결 짓는 바울의 구속론에도 문제가 생길 것은 불문가지입니다. 사우스 캐롤라이나에서 목회를 하고 있는 리처드 필립스(Richard Phillips)가 '역사적 아담'과 같은 "유신론적 진화 뒤에 있는 성경해석학은 트로이의 목마 같아서, 일단 문 안으로 들어서면 기독교 믿음이라는 요새 전체가 무너질 게 뻔하다."고 한 것은 기우가 아닙니다.

결론적으로 신앙은 과학을 두려워할 이유가 없으며, 도리어 이성적 노력을 응원해야 하지만 과학이라는 허울 밑에서 새로운 이데올로기가 만들어지는 것은 경계해야 합니다. '과학의 이름으로'(In the name of science) 틀린 신앙을 주장하는 것을 분별하는 지혜와 혜안은 반드시 필요합니다. 미국과학자협회(ASA)의 랜들 아이작(Randall Isaac)은 창세기에 나오는 아담은 오래전부터 과학의 도전을 받았지만 지난 10여 년 사이에 "인간 게놈 서열이 그 여지를 없애 버렸다."고 했습니다. 정말 그럴까요? 제가 이해하는 바로는 인간 게놈 서열에 대한 지식이 아담에 대한 구체적인 결론을 내리게 하지는 않습니다!

'역사적 아담' 논쟁은 이제 얼마 지나지 않아 과학자, 신학자들의 테이블에서 일반인들의 영역으로 확산될 것입니다. 그럴 때 이 논쟁은 학자들의 테이블에 있을 때보다 훨씬 더 뜨거워질 것입니다. 다른 창조-진화 논쟁 때보다 더 원색적인 언어들이 난무할 것입니다. 그때를 대비해서 꼭 한 가지 미리 기억해야 할 것은 서로 의견이 다르더라도 적대시하거나 '폭력'을 행사해서는 안 된다는 점입니다. 구약학자 월트키(Bruce Waltkie)의 지적처럼 '성경해석의 무오성'과 '성경의 무오성'은 엄연히 구분해야 합니다. 그가 지적했듯 "성경이 나타내는 것과 과학이 나타내는 것은 다릅니다." 성경해석이 서로 다르더라도 "그 문제로 서로 믿음을 의심하며 비난을 퍼부어서는 안 될" 것입니다. 어쩌면 '역사적 아담'의 진실보다 형제들을 향한 이해와 겸손이 더 중요할지도 모르기 때문입니다. 그러한 태도는 공룡과 같이 성경이 직접적으로 언급하고 있지 않는 이슈를 다룰 때도 동일하게 적용됩니다.

61. 공룡이 버거운 한국 교회?[21]

근래 지질학이나 지구과학에서는 지구 역사를 수많은 격변의 역사로 해석하려는 학자들이 늘어나고 있습니다. 그 격변들 중 많은 부분은 대규모 운석 충돌이나 그로 인해 일어난 이차적인 격변들이었다고 할 수 있습니다. 운석 충돌이 과거에 일어난 대표적인 격변들이었다는 점은 지구에 남아 있는 수많은 운석공은 물론 태양계 내에 있는 많은 행성들과 위성들에 남아 있는 운석공들로부터 쉽게 유추할 수 있습니다.

이러한 운석 충돌 중에서 가장 대표적이고 근래에 와서 가장 많은

21) 《복음과 상황》(2009.11.)와 《미주 뉴스앤죠이》(2009.11.6.)에 게재된 글.

ⓒ 위키백과

〈다양한 공룡. 많은 공룡들이 중생대에 갑자기 등장했다가 말기에 갑작스럽게 멸종했다.〉

연구가 이루어진 운석은 바로 중생대를 마감하고 신생대를 열었던 칙술룹 운석이라고 할 수 있습니다. 이 운석으로 인해 K-T(중생대-신생대) 경계 멸종이라 부르는 대규모 멸종이 일어났고, 이로 인해 지구는 파충류가 지배하던 중생대를 마감하고 포유류가 지배하는 새로운 생명의 시대, 즉 신생대를 맞게 되었습니다.

중생대 말기에 일어난 대멸종에서 가장 우리의 관심을 끄는 것은 단연 공룡의 멸종입니다. 공룡은 지금부터 2억 2천 5백만 년 전부터 6천 5백만 년 전까지 중생대에 번성했다는 파충류의 일종입니다. 작은 것은 닭 정도의 크기로부터 큰 것은 길이가 30m, 무게가 90여 톤에 이릅니다. 930여 속(屬), 1,500여 종(種)에 이르는 다양한 형태의 공룡 화석은 흔히 중생대의 표준화석(標準化石)으로 사용될 만큼 중생대 지층에만 독특하고 풍부하게 발견됩니다.

이렇게 많은 공룡 화석들이 발견되고 있음에도 불구하고 K-T 경계 면을 중심으로 거대한 운석이 떨어져 공룡이 멸종하고 지구 역사의 새로운 장이 열렸음을 구체적으로 이해하게 된 것은 불과 지난 30여 년 전의 일입니다. 지구 역사상 수많은 운석이나 소행성들이 지구에 충돌했지만 역시 가장 유명한 운석은 중생대 말기에 멕시코 유카탄 반도의 칙술룹에 떨어진 운석이었습니다. 이 운석공에 대해 처음에는 많은 사람들이 반신반의했으나 미항공우주국(NASA), 내셔널 지오그래픽, 스미스소니언박물관 등의 지원으로 본격적인 탐사가 이루어지면서 이제는 학계의 정설이 되었습니다. 그리고 해저 시추를 통해 운석 속에 포함된 이리듐이 발견되는 지층의 생성연도가 6,498만 년 전임이 밝혀지면서 이 운석공이 바로 중생대 말기의 대멸종을 초래한 흔적임이 최종적으로 확인되었습니다.[22]

중생대와 신생대의 경계면은 화석 연구를 통해 오래전부터 알려졌지만 이 경계면에 대한 격변적 해석은 비교적 최근인 1970년대 후반에 이루어졌습니다. 백악기와 제3기 지층을 나누고 있는 K-T 지층은 전 세계적으로 곳곳에서 볼 수 있는 두께 1cm 정도의 얇은 진흙층이며, 지질학자인 캘리포니아대학 버클리 분교의 월터 알바레스(W. Alvarez), 그의 아버지이자 노벨물리학상 수상자인 루이스 알바레스(L.W. Alvarez), 핵화학자인 아사로(F. Asaro)와 미셸(H.V. Michel) 등 네 명의 과학자들이 1978년에 처음 발견하였습니다.

소행성 충돌의 가장 중요한 증거는 바로 이 K-T 경계면에 존재하는 얇은 진흙층에 이리듐의 밀도가 유난히 높다는 것이었습니다. 이리듐과 더불어 석영 알갱이나 미세 다이아몬드, 아미노산 등도 발견되었는

---

22) 화산학자들 중에는 인도 데칸트랩을 만든 화산폭발로 공룡이 멸종하였다고 주장하는 사람들도 있다.

데 이들은 모두 운석과만 관련된 것들이었습니다. K-T 경계면에는 이 리듐이 무게비로 6ppb(10억분의 6)가 포함되어 있었는데 이는 지표면 전 체 평균치인 0.4ppb(100억분의 4)보다 훨씬 높습니다. 그런데 이탈리아 북 부 구비오에서 처음 발견된 진흙층에서는 지표면의 평균치보다 수십 배 이상의 높은 이리듐 밀도가 확인되었습니다. 참고로 운석 속에는 이 리듐이 470ppb가 존재합니다. 이러한 결과들을 근거로 버클리 팀은 소 행성이 충돌할 때 대기와의 마찰로 기화되면서 이리듐이 대기 중으로 널리 퍼졌고, 전 지구적으로 다른 물질들과 더불어 낙하해서 이리듐이 많이 함유된 진흙층이 만들어졌다고 가정하였습니다.

알바레스 팀은 이 결과를 확인하기 위해 코펜하겐에 있는 비슷한 K-T 경계면의 진흙층을 조사하였는데 놀랍게도 그곳 K-T 경계면에서 는 주변 지층에 비해 무려 160배나 많은 이리듐을 함유하고 있었습니 다! 1980년, 이런 연구 결과들로부터 버클리 팀은 6,500만 년 전, 중생 대가 끝날 때 엄청난 크기의 소행성이 지구에 떨어졌다는 결론을 내렸 습니다. 운석이 충돌할 때의 충격은 전 지구의 모든 핵무기들을 일시에 폭발시키는 것보다 1만 배 이상이었을 것으로 추산하였습니다. 그들은 운식이나 혜성이 지구에 충돌하여 이리듐이 풍부한 지층이 형성되었으 며, 이로 인해 대규모 생물 멸종이 일어났다는 가설을 제안했습니다.

알바레스가 처음 이 주장을 한 이래, 전 세계적으로 곳곳에서 K-T 경계면의 이리듐 지층이 보고되었습니다. 1994년에 출간된 지구물리 학자이자 과학사가인 글렌(William Glen)의 『대멸종 논쟁』(The Mass Extinction Debates)에 의하면 100여 곳의 육상 퇴적층과 해양 퇴적층에서 K-T 경계 면이 확인되었습니다. 캐나다 알버타 주 레드 디어 리버 계곡(Red Deer River Valley-Huxley Area)과 캘거리 인근에서도 발견되고 미국 뉴멕시코의 레이튼(Raton)에서도 발견되었습니다. 이처럼 곳곳에서 K-T 경계면이 발견된다는 것은 운석 충돌로 인한 대격변이 전 지구적으로 일어났음을 보여 주는 것입니다. 글렌에 의하면 1993년까지 K-T 경계면의 발견과 관련된 논문과 책이 무려 2,500개 이상 출간되었습니다. 그는 소행성 충돌 가설은 지구과학에서 1960년대 판구조론 혁명 이상의 충격을 주었다고 평가했습니다.

그러면 이런 지적 혁명이 일어나고 있는 동안 그리스도인들은 도대체 어디에 있었을까요? 아쉽게도 지난 한 세대 동안 한국 교회에서는 지구 역사를 해석하는 데 있어서 소위 젊은 지구론이 주류를 이루었습니다. 이 이론에 의하면 지구와 우주의 역사는 6천 년 내외이며 지구상에 일어난 대규모 멸종은 4-5천 년 전에 일어난 노아의 홍수 뿐이었습니다. 이 주장에 의하면 공룡들도 사람과 더불어 살았고, 노아가 이들을 방주에 태웠을 것이라고 하면서 노아 방주의 크기를 계산하는 데 몰두했습니다. 해당 분야의 전문가 그리스도인들이 침묵하고 있는 사이에 이런 아마추어리즘이 온 교회를 뒤덮게 되었고, 이로 인해 한국 교회는 과학자 공동체에서 너무나 잘 밝혀진 사실들조차 '비성경적' 혹은 '반성경적'이라고 정죄하기에 이르렀습니다. 이로 인해 1천만에 가까운 한국 그리스도인들은 공룡조차 상대하기에 버거운 존재가 되어 버리고 말았습니다. 왜 우리 교회가 이런 지적 파산 상태에 이르게 되었을까요? 여기에는 이원론적 세계관과 이로 인한 아마추어리즘이 중요한 역할을 하고 있습니다.

첫째, 이원론적인 사고로 인해 학문적 재능이 있는 많은 그리스도인들이 더 '영적인' 직업으로 도피해 버렸고, 학문을 업으로 삼고 있는 기독 지성인들조차 피조세계를 연구함에 있어서 지적인 치열함으로 학문에 천착하지 못하고 초자연이라는 방공호로 숨어 버렸습니다! 우주를 설명함에 있어서 초자연을 인정하지 않게 되면(리차드 도킨스처럼) 지적인 지평이 극도로 제한되지만 반대로 초자연에 갇히게 되면 역시 지적인 빈곤을 벗어날 수 없습니다. 피조세계의 신비를 초자연이란 말로 덮어 버리고 지적인 열정에 찬물을 끼얹게 되면 초자연은 더 이상 신앙의 길이 아니라 지적 게토의 첩경이 될 수밖에 없는 것입니다. 이의 대표적인 예가 바로 창조 연대 문제입니다. 지구와 우주 연대와 관련하여 산더미처럼 쌓여 있는 데이터들을 모두 부정하고 하나님이 6천 년 전에 초자연적인 방법으로 우주를 창조했다고 고집한다면 공룡은 앞으로도 한국 교회가 감당하기에 버거운 존재가 될 것이 분명합니다.

둘째, 이런 이원론적 사고는 결국 과학적 활동에서 아마추어리즘의 번성으로 이어졌습니다. 전문가 그리스도인들이 침묵하고 있는 동안 해당 분야와는 별 관련이 없는 '열정 있는' 딜레탕트들이 기독교에 대한 과학적 변증의 전면에 나서다 보니 곳곳에서 주류 학계에서 잘 증명된 사실들조차 부정하는 아마추어의 '용맹'을 보이고 있는 것입니다. 이의 대표적인 예가 바로 위에서 언급한 K-T 경계 멸종입니다.

버클리 팀이 제안한 소행성 충돌설은 몇몇 다른 이론들에 의해 수정, 보완되고 있기는 하지만 칙술룹 소행성을 비롯하여 지구상에 크고 작은 수많은 운석들이 떨어졌다는 것은 의심의 여지가 없습니다. 그럼에도 불구하고 아직까지 젊은 지구론자들은 수많은 충격 구조들이 운석공이 아니라고 주장합니다. 화산과 같은 국부적 변성 작용에 의해서는 생성되지 않는 충격석영의 다중평면단구 등의 여러 증거도 무시하고 화산 폭발을 대안으로 제시하기도 합니다. 하지만 이것은 근래의 화산 연구 결과와 정면으로 배치됩니다. 화산은 아무 데서나 폭발하는 것이 아니라 북미주 서부 지역과 같은 섭입대(subduction zone), 옐로우스톤 국립공원과 같은 열점(hotspot), 아이슬란드와 같은 해저산맥확장 등이 있는 곳에서 분출합니다. 그런데 운석공이 발견되는 많은 지역은 화산과는 무관합니다. 운석은 아무 곳에나 떨어질 수 있기 때문입니다.

예를 들어 캐나다 허드슨 베이(Hudson Bay)를 둘러싸고 있는 800만㎢의 방대한 캐나다 순상지(Canadian Shield)는 선캄브리아기 변성암 지대로서 수 십억 년 동안 매우 안정된 지형을 갖고 있습니다. 화산과는 무관한 지역이지만 이곳에는 전 세계적으로 가장 많은 운석공들이 발견되고 있습니다. 직경 100km에 이르는 마니쿠아간 운석공이나 직경이 각각 26, 36km인 동, 서 클리어워터 운석공 등은 대표적인 예들입니다. 칙술룹 운석공을 비롯한 수많은 운석공들이 소행성 충돌로 인한 것이라는 것에 대해 전문가들 사이에 이견이 없음에도 불구하고 해당 분야와는 거리가 먼 분야의 박사 학위를 가지고 화산 폭발 운운하면서 대중강연을 다니는 아마추어 기독과학자들의 캠페인이 계속 된다면 앞으로도 공룡은 한국 교인들에게 버거운 존재가 될 수밖에 없을 것입니다.

셋째, 이원론적 사고는 성경 연구에서의 아마추어리즘으로도 이어집니다. 하나님은 우리에게 구원의 길을 알려주시기 위해 성경을 주셨지만 젊은 지구론자들이 성경을 과학 교과서로 주신 것처럼 확대해석함으로 인해 온갖 문제가 생기게 된 것입니다. 성경은 창조 연대에 대해 침묵하고 있지만 젊은 지구론자들은 하나님께서 6천 년 전에 우주를 창조하셨음을 마치 성경이 선언하고 있는 것처럼 주장하면서 이를 받아들이지 않는 사람들은 성경을 믿지 않는 자유주의자요, 진화론자인 것처럼 매도합니다. 국제적으로 수많은 복음주의 신학자들이 오래전부터 이런 성경해석의 문제점들을 심각하게 제기하고 있지만 젊은 지구론자들은 이들의 글을 거의 읽지 않습니다. 그래서 여기서도 역시 아마추어리즘의 '용맹성'을 여지없이 드러내고 있는 것입니다.

지금과 같이 성경의 용도와 목적을 무시하고 치우친 신학의 틀 속에서 성경이 6천 년 우주 연대를 선언한다고 고집한다면 공룡은 앞으로도 우리 교회의 버거운 짐이 될 수밖에 없을 것입니다. 아쉽게도 이러한 잘못된 성경관과 이로 인한 잘못된 지구 역사에 대한 왜곡은 비단 한국에서만의 문제가 아니라 캐나다에서도 볼 수 있습니다.

62. 대곡리의 돈키호테

지난 2010년 5월 2일 주일 오후에는 인근 앨버타 주 중부에 위치한 대곡리(Big Valley)의 대곡창조과학박물관(Big Valley Creation Science Museum)을 다녀왔습니다. 오래전부터 다녀오고 싶었지만 도무지 기회가 없었는데 마침 앨버타 주 웨스트록에서 회의가 있어서 달려간 것입니다. 땅이 큰 캐나다에서는 인근이라고 해 봐야 1,000km나 떨어진 곳이어서 일부러 다녀오려면 족히 사흘은 잡아야 하는데 박물관에서 불과 세 시간 떨어진(300km) 곳에서 회의가 열린다니 천재일우(千載一遇)의 기회였지요!

토요일까지 웨스트록에서 회의를 마치고, 예정에도 없던 캐나다 교회 주일 아침예배 설교까지 한 후 저는 곧바로 인근 에드몬턴 공항에서 자동차를 빌려서 박물관으로 달려갔습니다. 박물관은 공항에서 왕복 6시간이나 걸리는 곳에 있기 때문에 빨리 다녀오지 않으면 저녁 8시 45분 비행기를 탈 수 없기 때문이었습니다.

2007년 6월에 문을 연 대곡창조과학박물관은 25평($84m^2$) 정도의 자그마한 박물관이지만 거금 28만 불을 투자해서 만든 캐나다 최초의 창조과학박물관이었습니다. 200여 가구, 400여 주민들이 사는 조그만 농촌 마을에 위치해서 별로 찾아오는 사람이 많지 않다는 것이 아쉽지만 그래도 내부 전시는 수준급이었습니다. 저는 예정 시간보다는 좀 늦었지만 다행히 박물관 설립자이자 소유주인 해리(Harry Nibourg)가 인근 지역에서 온 한 노 부부에게 설명하는 것을 옆에서 들을 수 있었습니다.

사실 창조과학의 내용은 어디나 거의 같기 때문에 해리의 설명에서 새로운 얘기는 없었습니다. 창조과학을 지지하지 않는 사람들은 모두 진화론자들이고, 6천 년 우주/지구 연대를 받아들이지 않는 사람들은 성경의 진리를 타협한 사람들이라고 주장하는 분노와 적대감도 비슷했습니다. 그런데 흥미로운 것은 창조과학의 단골 메뉴인 세인트 헬렌스 화산(Mt. Saint Helens)에 대해 설명하다가 이 화산은 진화론자들이 가장 싫어한다(hate)고 주장하는 것이었습니다.

저는 창조론을 공부하는 사람으로서 여러 차례 세인트 헬렌스 화산을 방문도 하고, 관련 문헌들을 많이 살펴봤지만 진화론자들이 동일과정설 때문에 그 산을 싫어한다는 문헌을 본 적도, 말을 들은 적도 없습니다. 그래서 해리에게 진화론자들이 세인트 헬렌스 화산을 싫어한다는 문헌적 증거가 있느냐고 물었더니 찾아보면 찾을 수 있다고 했습니다. 그러면 찾거든 이메일로라도 좀 알려 달라고 하고 저의 명함을 건네주었습니다. 물론 아직까지 저는 해리로부터 아무런 연락을 받지 못하고 있습니다.

해리는 자신이 생각하기에 화산 폭발로 갑작스럽게 지층이 쌓이고 캐년이 형성되는 등의 변화가 일어났기 때문에 동일과정설을 지지하는 진화론자들이 세인트 헬렌스 화산을 싫어할 수밖에 없다고 생각한 것 같습니다. 하지만 이것은 동일과정설을 크게 오해한 것입니다. 저도 지구 역사를 설명하는 데 동일과정설은 적절하지 않다고 생각하지만 동일과정설 지지자들도 화산 폭발이나 지진, 쓰나미 등과 같은 국부적 격변은 과거에도 일어났고, 현재에도 (동일하게) 일어나고 있고, 미래에도 일어난다고 믿기 때문에 세인트 헬렌스 화산으로 인한 격변적 지층 형성에 대해 아무런 거부감을 갖고 있지 않습니다. 해리가 동일과정설을 오해했을 뿐입니다.

　해리의 열정적인 모습을 뒤로 하고 박물관을 떠나 에드몬턴 공항으로 차를 몰고 돌아오는데 마음속에 자꾸만 세르반테스의 소설에 나오는 돈키호테가 생각났습니다. 책을 많이 읽고, 사색을 많이 한 돈키호테는 이 세상의 모든 문제들이 기사도의 결여에 있다고 판단하여 원정을 나갑니다. 그리고 풍차를 자신의 적인 '모닝스타를 든 거인'으로 오해하여 공격합니다. 자칭 정의의 기사 돈키호테가 늙은 나귀 로시난테를 탄 채 긴 창을 치켜들고 풍차를 향해 돌진합니다. 불어오는 바람을 맞아 천년만년 저절로 돌아가는 풍차를 적이라고 착각한 돈키호테는 저런 나쁜 놈을 응징하는 것이 기사의 당연한 책무라 생각하고 불 같은 열정으로 돌진합니다. 하지만 강한 바람을 맞아 힘차게 돌아가는 풍차를 향해 내달은 돈키호테는 거대한 풍차 날개에 부딪혀 로시난테와 함께 하늘 높이 떠올랐다가 들판에 처박힙니다. 그리고 풍차는 끄떡도 하지 않고 돌아가고 있는 것입니다.

　어쩌면 해리는 많은 창조과학자들의 모습일지 모릅니다. 그리고 그것은 이전 저의 모습이기도 했습니다. 저 사람은 정의를 싫어하는 사람이니 내가 응징하겠다고 스스로 다짐하던 돈키호테처럼 저 사람은 오랜 연대를 주장하는 것을 보니 하나님의 창조를 믿지 않는 사람이고, 따라서 진화론자이고, 나아가 무신론자이기 때문에 내가 응징하는 것이 마땅하다고 생각하면서 입에 거품을 품는 것입니다. 하지만 자신이 철석같이 바르다고 믿었던 것들 중에도 틀린 것이 얼마든지 있을 수 있고, 틀렸다고 생각한 것들 중에도 생각보다 맞는 것들이 많이 있을 수 있습니다. 그리고 자신이 분노하고 있는 '원수들'의 주장 중에는 실제로 원수들의 주장이 아닌, 자기 스스로 원수들의 주장이라고 오해한 것들도 많습니다. 특히 창조-진화 논쟁에 등장하는 이슈들 중에는 진화론자들의 주장이 아니라 창조론자들 스스로 만든 것들이 많습니다. 돈키호테가 풍차를 오해했던 것처럼….

63. 하늘의 별과 바닷가의 모래

인터넷 검색창에서 '하늘의 별과 바닷가의 모래'라는 말을 넣고 찾아보면 많은 글이 뜹니다. 이들은 대부분 기독교인들이 쓴 글이며, 또한 성경의 과학적 정확성을 증거하기 위해 쓴 글들입니다. 말할 필요도 없이 이 말은 성경에서 따 온 말입니다. 창세기 22장 17절에는 하나님께서 아브라함을 "내가 네게 큰 복을 주고 네 씨가 크게 번성하여 하늘의 별과 같고 바닷가의 모래와 같게 하리니 네 씨가 그 대적의 성문을 차지하리라."고 축복하시는 말씀이 나옵니다. 여기서 사람들이 놀라는 것은 바닷가의 모래가 많다는 것은 누구라도 아는 것이지만 하늘의 별들이 많다는 것을 옛날 사람들이 어떻게 알았을까 하는 점입니다.

사실 인간이 육안으로 볼 수 있는 별의 숫자는 이상적인 상태 하에서 최대 약 6,500개 정도입니다. 물론 대부분의 경우 시력이 좋은 사람이라도 도시의 불빛이나 스모그와 같은 대기오염, 안개나 구름, 달빛 등으로 인해 이렇게 많은 별들을 볼 수가 없습니다. 이것은 공해와 전깃불이 많은 지금만 그런 것이 아니라 과거에도 그러했습니다. 근대 천문학의 아버지로 불리는 덴마크 브라헤(Tycho Brahe)는 별들의 수를 775개로 계수했고, 그의 조수이자 제자였던 독일의 케플러(Johannes Kepler)는 1,005개로 추정하였습니다. 당시는 이렇게 별의 수를 인간이 셀 수 있는 정도로 여겼습니다. 그런데 어떻게 성경 기자는 하늘의 별이 바닷가의 모래처럼 많다는 것을 알았을까요? 사람들은 이것이 성경의 영감성을 증거한다고 말합니다.

실제로 어떤 사람은 "…바닷가의 모래 수를 조사해 봤더니 놀랍게

도 1.0^{22}개 정도였다는 것을 과학자들이 알아냈다. 성경에서 하늘의 별
과 바닷가의 모래와 같게 하겠다는 말씀과 얼마나 놀라운 일치인가!"라
고 말합니다. 또 어떤 사람은 "과학자들이 바다의 모래 숫자를 실제로
측정해 보았는데, 놀랍게도 전 세계의 모래사장의 모든 모래 알갱이의
수는 정확히 1,000억 개 곱하기 1,000억 개, 즉 1.0^{22}개라는 사실이 밝혀
졌습니다. 하나님은 아주 정밀하신 분이라서 농담을 해도 수학적으로
아주 정확하게 표현하신 것입니다."라고 말합니다.

과연 하늘의 별들과 바닷가의 모래알 숫자가 비슷하다는 것이 성경
의 영감성을 나타내는 말일까요? 창세기 22장 17절에서 말하는 바가 성
경이 과학적으로 정확함을, 하나님이 과학적인 분임을 나타낼까요? 이
질문은 우리에게 몇 가지 중요한 교훈을 제시하고 있습니다.

우선 이 질문은 신학의 중심적인 연구 분야라고 할 수 있는 성경해
석의 가장 중요한 원리와 지침을 우리에게 말합니다. 성경 해석의 첫째
원리는 그 구절의 전후 문맥과 더불어 성경 기자의 의도, 그 글을 읽는
독자들의 이해, 그 글이 읽혀지고 이해되는 그 시대의 문화 등을 고려
하는 것입니다. 그 후 현대를 살아가는 우리에게 주는 성경의 메시지를
찾는 것입니다. 성경은 시대를 초월하는 하나님의 말씀이지만 하나님
은 그 시대와 문화 속에 살았던 기자를 사용하셨기 때문에 본문에 대한
그 시대의 의미를 정확하게 파악하지 못한다면 현대의 적용도 정확할
수가 없습니다. 그렇다면 과연 창세기 22장을 기록한 모세가 하늘의 별
들과 바닷가의 모래알의 숫자가 비슷하다는 과학적 영감을 받아서 그
글을 썼을까요?

단순하게 생각한다면 과학의 시대를 살아가는 현대인들에게 성경
의 과학적 정확성을 제시하는 것은 성경의 영감성, 나아가 성경의 권위
를 제시하는 것이라고 생각할지 모릅니다. 과연 성경의 영감성을 성경

내용의 과학적 정확성에 호소하는 것이 성경의 권위를 높이는 것일까요? 이것은 성경을 보호하려는 선한 의도에서 비롯된 것이겠지만 엉뚱한 오해를 불러올 수 있습니다. 자칫 성경보다 과학이 더 믿을 만하다는, 다시 말해 과학이 성경보다 더 권위 있는 것임을 은연중에 가정하는 것이 될 수 있습니다. 과연 과학이 성경보다 더 정확하고 더 권위 있는 것일까요?

과학사를 살펴보면 과학은 끊임없이 발전하며, 어제의 진실이 오늘의 부정확 내지 오류임이 되는 일이 허다합니다. 천동설, 열소설, 연금술, 임페투스설 등 당시에는 그렇게 분명한 진리처럼 보였던 과학 이론들이 틀렸음이 밝혀졌습니다. 한때 영구불변의 진리일 것 같았던 뉴턴 역학 체계가 지난 세기 초반 아인슈타인의 상대성원리가 나오면서 다만 물체의 운동을 근사적으로 기술하는 것에 불과하다는 것이 증명되었습니다. 이러한 사실은 의학이나 생물학 등으로 가면 더 심합니다. 그러므로 지금 우리가 철석같이 진리라고 믿고 있는 것들 중에도 100년 후에는 많은 것들이 틀린 것으로 판명될 것이 명백합니다. 다만 우리는 틀린 것으로 판명될 것이 무엇인지 정확하게 모를 뿐입니다.

그러면 성경은 어떻습니까? 성경은 지난 2,000년 동안, 아니 구약성경 시대까지 포함하면 지난 3,500여 년 동안 진리임이 거듭거듭 증명되었습니다. 성경은 인간의 구원을 위한 가이드라인을 제공할 뿐 아니라 개인의 삶을 위한 수많은 교훈들을 제시하고 있습니다. 그리고 수많은 사람들이 성경 말씀을 통해 구원을 받았고, 바른 인생을 살 수 있었습니다. 이러한 성경의 권위를 끊임없이 변하는 과학적 지식에 의존한다는 것은 잘못된 것입니다.

위에서 예를 든 창세기의 표현은 단지 아브라함의 후손이 이 땅 위에서 번성하고 편만할 것임을 나타내는 표현일 뿐입니다. 바닷가의 모래와 하늘의 별의 숫자가 비슷함을 염두에 두고 쓴 것이 아니라는 것이지요. 토지를 정부가 법으로 정한 용도 이외의 목적으로 사용하면 처벌을 받듯이 과학적인 목적을 위해 기록된 내용이 아닌 것을 원래의 목적과 다르게 해석하는 것은 성경의 권위를 무너뜨릴 수 있습니다. 자칫 성경이 가진 신적인 권위가 과학적 증명이나 정확성에 의존하고 있는 것처럼 오해를 받을 수 있는 것입니다.

앞에서 언급한 것처럼 성경의 내용은 시대에 따라 불변하는 초월적 권위를 갖지만 과학의 내용은 시대에 따라, 혹은 과학적 연구가 진척됨에 따라 얼마든지 변할 수 있습니다. 실제로 하늘의 별과 바닷가의 모래알 숫자도 이미 이전에 사람들이 생각한 과학적 연구 결과와는 다릅니다. 이전에는 바닷가의 모래와 하늘의 별의 숫자가 대체로 비슷하다고 생각했지만 근래의 연구에 의하면 별의 숫자가 바닷가의 모래알 숫자보다 훨씬 더 많은 것으로 알려지고 있습니다. 이처럼 과학은 발전하는 것이고, 계속 변하는 것입니다.

그렇다고 별의 숫자와 바닷가의 모래의 숫자가 다르다는 것이 성경의 권위를 훼손하는 것일까요? 그렇지 않습니다. 하늘의 별과 바닷가의 모래의 숫자기 다르다는 것은 성경의 정확성이나 권위와는 아무런 관계가 없습니다. 성경은 어디에서도 하늘의 별의 숫자와 바닷가의 모래알의 숫자가 같다고 말하지도 않았을뿐더러 나아가 이들 숫자의 일치 여부는 성경을 통해 인간 구원의 길을 계시하시는 하나님의 계획과도 직접적인 관련이 없습니다. 시대에 따라, 혹은 사람들의 연구가 진척되면서 변하는 과학에 성경의 영감성이나 권위를 기대는 것은 성경을 조롱거리로 만들 수 있습니다. 그런 것들은 성경이 말하는 본질적인 진리가 아닙니다.

본질적이지도 않은 것을 두고 거품을 품고 논쟁을 하는 것은 하나님이 우리에게 주신 인생의 시간과 에너지를 낭비하는 것입니다. 어쩌면 근래에 그리스도인들 간에 첨예하게 대립하고 있는 외계 생명체 논란이나 창조 연대 논쟁 등도 거품을 품고 논쟁해야 할 본질적인 문제가 아닌, 비본질적인 것일 수 있습니다. 그런 의미에서 오래전에 "본질적인 것에서는 일치를, 비본질적인 것에서는 자유를, 이 모든 것들에서는 사랑을"(in necessariis Unitas in dubiis libertas, in omnibus caritas) 외쳤던 루터교 신학자이자 교육자였던 멜드니우스(Rupertus Meldenius, 1582-1651)의 모토를 다시 생각해 봐야 할 때입니다.

64. 요세푸스와 창조주간의 날(יוֹם)

예루살렘 출신의 유대인 제사장이고 학자이자, 역사가인 요세푸스(Flavius Josephus)는 66-70년에 일어난 유대인 반란과 고대 유대교의 역사에 대해서 중요한 책들을 썼습니다. 그는 예수 그리스도께서 승천하신 후 사도들을 중심으로 초대교회가 만들어지고 사도 바울 일행이 유럽으로 선교 여행을 다니면서 이방 전도가 이루어지던 바로 그 시대에 살았던 인물이므로 1세기 유대인들의 사상과 형편을 가장 잘 알고 있었던 사람이라고 할 수 있습니다.[23]

그런 요세푸스가 창세기 1장 3-5절까지를 기록하기를 "하나님께서는 그곳에 빛이 있으라고 명령하셨고 빛이 만들어졌을 때 하나의 덩어리로 간주하여 빛과 어두움으로 분리하셨다. 그리고는 어두움을 밤이라고 이름을 지으셨고, 빛을 낮이라고 부르셨다. 빛의 시작과 휴식 시간을 아침과 저녁이라고 칭하셨다. 이것이 첫째 날이었다."고 했습니

---

23) "요세푸스" 한국 브리태니커 온라인(http://preview.britannica.co.kr/bol/topic.asp?article_id=b16a2678b), 2001.3.30. 기사.

다.[24] 이것은 흔히 젊은 창조연대를 주장하면서 창조주간의 욤(יום)이 저녁과 아침으로 잘 둘러싸여 있기 때문에 태양일 하루를 나타낸다는 주장과는 달리 아침과 저녁이 오늘날과 같은 것이 아님을 시사하고 있습니다.

또한 요세푸스는 창조주간의 '날'이 서수의 수식을 받기 때문에 태양일이라는 주장에 대해서도 의문을 제기합니다. 한글 성경에서는 창세기 1장 5절을 "저녁이 되고 아침이 되니 이는 첫째 날이니라."고 번역하여 '날'이란 말에 서수적 수식어를 붙였으나 일반적으로 유대 랍비들은 "저녁이 되고 아침이 되니 하루가 되니라."고 하여 기수적 의미를 찾고자 하였습니다.[25]

창조주간의 욤(יום)이 태양일 하루라고 주장하는 이들은 창세기 1장의 욤이 서수로 수식되고 있다는 사실을 지적하면서 구약에서 '날'이라는 말에 한정적인 기수나 서수가 붙을 때에는(이런 경우가 약 200여 회 이상 됨) 항상 글자 그대로 태양일 하루라는 의미밖에 없다고 주장합니다. 그러나 이들의 주장과는 달리 서수로 수식되는 경우에도 욤이 태양일로 사용되지 않은 예가 성경 곳곳에 있습니다. 예를 들면 "여호와께서 이틀 후에 우리를 살리시며 제삼일에(on the third day) 우리를 일으키시리니 우리가 그 앞에서 살리라."(호 6:2) 등입니다.

창세기 2장 4절의 말씀도 창조주간의 하루를 단순한 태양일로 본다면 맞지 않습니다. 우리말 성경에서는 "여호와 하나님이 천지를 창조하신 때에 천지의 창조된 대략이 이러하니라."라고 하여 '날'이라는 말이 잘 드러나 있지 않으나 원문이나 영어에서는 좀 더 분명하게 'day'(יום)가 드러납니다. (These are the generations of the heavens and the earth when they were created in

---

24) Flavius Josephus, *The Antiquities of the Jew*, Books I-VI (Harvard University Press), 『요세푸스 유대고대사 I』 (서울: 달산, 1991), p.37.
25) 『요세푸스 유대고대사 I』, p.37과 각주 16번을 보라.

the day of their making.) 여기서 **day**라는 말은 엿새 동안의 모든 창조의 날을 지칭하는 것이 틀림없으므로 이것은 '욤'을 24시간 태양일 하루로 보는 것이 아닙니다.[26]

창조주간의 날에 대한 성경의 자구적(字句的) 해석만으로는 창조주간의 하루가 태양일의 하루인지, 아니면 불특정한 어떤 기간인지, 하나님의 시간을 상징적으로 나타내는 표현인지 정확하게 알기가 어렵습니다. 성경은 창조주간의 하루가 태양일 하루인지, 지질학적 시대인지에 관한 어떤 확정적인 언급도 하지 않고 있기 때문입니다. 성경이 분명하게 말하고 있는 바는 창조의 날이 아침과 저녁, 즉 빛이 비추기 시작하고 끝나는 것에 의해 구분되었다는 사실입니다. 성경은 이 저녁과 아침의 사이가 24시간인지, 혹은 2억 4천만 년인가는 말하고 있지 않는 것입니다! 우리가 성경으로부터 내릴 수 있는 결론은 욤은 어떤 기간이며 욤을 시대라고 해석하는 것과 마찬가지로 태양일 하루라고 해석하는 것도 단지 하나의 해석일 뿐이라는 사실입니다. 어쩌면 욤을 태양일이나 시대로 해석함으로 생기는 문제보다 어느 한 해석이 아니면 안 된다는 경직된 자세가 더 큰 문제일 것입니다.

26) Ross, *Creation and Time*, p.52.

저자 소개

양승훈은 6·25 전쟁 직후, 낙동강의 커다란 지류인 영강이 마을 뒤를 휘 감고 흐르며 강 건너 소백산맥의 일부인 오정산이 휴전선처럼 버티고 서 있 는 경상북도 문경의 창리 윗마을에서 태어났다. 일찍부터 미국 선교사들을 통해 예수를 믿은 양명철 장로와 임의정 권사의 5남 2녀 중 여섯째 자녀로 태어났기 때문에 본인은 세례가 뭔지도 모르던 나이에 유아세례를 받았다.

어릴 때는 몸이 약해서 인근 문경 시멘트 공장의 발파 소리에 놀라 경 기(驚氣)를 하는 등 부모님의 마음을 조마조마하게 했지만 10여 년간 왕복 10km가 넘는 학교를 도보로, 자전거로 통학하면서 많이 건강해졌다. 그리 고 당시 대부분의 시골 아이들이 그랬듯이 양승훈도 '지게 대학'을 갈 수밖에 없었지만 하나님의 은혜로 고등학교를 졸업한 후에 계속 대학 공부를 할 수 있게 되었다.

성장하면서 주변에 사표(師表)가 될 만한 몇 분이 계셨지만 대학원을 다 니던 1978년, 63세를 일기로 암으로 별세하신 아버지는 완전한 분은 아니었 지만 양승훈의 신앙과 삶에 지울 수 없는 모델이었다. 그리고 1990년, 50세 를 일기로 역시 암으로 세상을 떠나신 큰누님 양희숙 권사는 마음의 가장 깊 은 것들까지 털어놓을 수 있는 믿음의 선배였다.

시골에서 붉은 저녁놀을 바라보면서 황금빛 들녘을 가로질러 학교를 오 갈 땐 온갖 황당무계하고 철딱서니 없는 생각들을 하기도 했지만, 대학을 가서부터는 생각이 좀 더 깊어지게 되었고, 특히 몇몇 분들은 양승훈의 삶에 큰 영향을 끼쳤다.

아버지를 제외하고 양승훈의 삶에 가장 큰 영향을 끼친 분으로는 우선 미국인 평신도 선교사 원이삼(Wesley Wentworth) 박사를 들 수 있다. 1980년, 한국창조과학회 창립을 위한 모임에서 처음 만난 원 선교사는 좋은 책과 사람들을 만나게 해 줌으로 양승훈에게 기독교 세계관, 기독교적 지성의 중요성을 일깨워 주었다. 양승훈이 근래에 들어 창조과학의 여러 문제점들을 깨닫게 된 데도 원 선교사의 공로가 컸다. 양승훈의 기독교적 지성의 자양분의 대부분은 원 선교사와 직간접적 교제를 통해 얻었다고 할 수 있을 정도로 그의 영향은 지대하였다.

또한 예수원 설립자이자 성공회 사제였던 대천덕(Reuben Archer Torrey) 신부도 양승훈에게 큰 영향을 끼쳤다. 1979년 '기독교와 과학'이라는 강연을 위해 한국과학기술원(KAIST)을 방문했던 대천덕 신부로부터 양승훈은 진정한 신앙, 진정한 경건이 무엇인지를 배웠다. 아직도 그렇게 살지는 못하지만 대 신부는 양승훈에게 진정한 경건에 더하여 진정한 보수와 진보가 무엇인지, 신앙과 학문의 관계가 어떠해야 하는지를 몸으로 보여 주었다.

양승훈은 어릴 때는 멋도 모르고 자동차 정비공이 되려는 마음을 먹기도 하고, 음악가가 되었으면 하는 황당한 꿈을 가진 적도 있었다. 그러다가

1973년 경북대 사대 물리교육과에 진학하면서 그 후 24년간 물리학도로서의 훈련을 받았다. 경북대를 졸업한 후에는 KAIST에 진학하여 반도체 물성연구로 이학 석사(M.S.) 및 박사(Ph.D.) 학위를 받았고, KAIST 학생 시절에는 이탈리아 국제이론물리학센터(1982)에서 한 학기 동안 공부할 수 있는 기회가 있어서 약간이지만 유럽의 정취를 맛볼 수도 있었다. 졸업 후에는 곧바로 모교에서 근무하게 되었는데 대학에 근무하는 동안 한국과학재단 포스터닥으로 미국 시카고대학(1986)에서, 후에는 대학원생으로 미국 위스콘신대학에서 과학사(M.A.)를, 위튼대학에서 신학(M.A.)을 공부할 수 있는 축복을 누렸다. 이중 위튼에서 신학을 공부한 것은 양승훈의 삶의 후반기의 방향을 결정히는 데 가장 중요한 계기가 되었다. 사실 신학 공부는 양승훈이 원해서 했다기보다 시카고대학에서 연구하는 동안 출석하던 시카고 한인서부교회 최일식 목사(현 KIMNET 대표)의 권유 때문이었다. 양승훈이 두 번째 미국에 가서 위스콘신대학에서 과학사를 공부할 때 최 목사는 다짜고짜 '쓸데없는 공부'는 하지 말고 신학 공부를 하라고 강력하게 권했다. 그러면서 그는 위튼대학에서 가장 금액이 많은 빌리그래함센터 장학금을 받을 수 있도록 주선해 주었다. 물론 양승훈은 처음에는 신학을 '성도의 교양' 정도로 생각하고 시작했다. 그런데 결국 이로 인해 양승훈은 경북대와 물리학을 떠나 캐나다로 와서 현재의 세계관 및 창조론 사역을 하게(혹은 할 수 있게) 되었으니 사람의 미래는 하나님만 아시는 일이다.

미국에서 신학을 공부하고 돌아온 후에 양승훈은 주 전공이었던 반도체 물리학에 더하여 창조론, 기독교 세계관, 기독교와 과학 등에 점점 더 많은 관심을 갖게 되었다. 하지만 수년이 지난 후 그는 이 모든 것들을 공부하기에는 인생이 너무 짧고 자신의 능력이 부족하다고 생각하여 결국 1997년 10월 31일, 14년간 정들었던 경북대 교수직을 사임했다. 그 후 기독학자들의 모임인 DEW(기독학술교육동역회)의 파송을 받아 밴쿠버에 VIEW(밴쿠버기독교세계관대학원)를 설립, 운영하면서 지금은 창조론과 세계관 분야의 강의와 글을 쓰는 데 주력하고 있다.

현재 VIEW는 밴쿠버 인근 트리니티웨스턴대학(TWU)에 속한 캐나다연합신학대학원(ACTS)을 통해 기독교 세계관 대학원 과정(기독교 세계관 문학 석사 과정 및 디플로마 과정)을 개설하고 있으며, 2007년 가을부터는 기존의 프로그램에 더하여 캐나다 브리티시 콜롬비아 주 정부로부터 대학 인가를 받아 독자적인 세계관 디플로마 과정을 운영하고 있다. 또한 2005년부터는 TWU 인근에 VIEW 국제센터를 만들어(그 안에 양승훈의 집도 있지만) 청소년 캠프나 교사 연수 같은 단기 세계관 훈련 및 창조론 탐사여행도 인도하고 있다.

그동안 양승훈은 반도체 물리학, 기독교 세계관, 과학 교육 등에 관한 어설픈 논문들과 책들을 여러 권 썼지만 본인이 생각하기에 수작(秀作)이라고 할 만한 것은 별로 없다. 구태여 몇 가지를 든다면 비정질 반도체의 구조와 전기적 특성의 관계를 밝힌 것과 비정질 반도체에 열에 의해 만들어지는 새로운 준안정상태가 있다는 것을 발견한 것은 반도체 물리학 발전에 작은 기여를 한 것이 아닌가 생각한다. 또한 중등학교에서 물리 개념을 가르치는 데 과학사적 학습이 효과적임을 밝힌 것은 나름대로 과학 교육의 발전과 과학을 '인간화'(humanize)하는 데 작은 기여를 한 것이 아닌가 생각한다.

물리학이나 과학교육과는 달리 창조론 연구는 심리적 부담을 수반하지만 양승훈이 지속적인 보람을 느끼는 분야이다. 창조론 연구와 관련하여 양승훈이 가장 큰 보람을 느끼는 것이라면 2004년에 제안한 '다중격변모델'(Multiple Catastrophism)이다. 이 이론은 비록 200여 년 전, 프랑스 파리과학원의 창조론자 퀴비에(G. Cuvier)가 처음 제창한 아이디어이기는 하지만 지난 수년 동안 양승훈이 최근 지질학적, 천문학적 증거들을 사용하여 다듬었다. 이것은 지구 역사에 여러 차례의 전 지구적 격변이 있었고, 그것의 마지막 격변이 노아의 홍수였다고 하는 이론이다.

양승훈이 다중격변모델을 제안하게 된 배경에는 근래 지구 곳곳에 흩어져 있는 운석공에 대한 연구가 있다. 1994년, 20여 개 이상으로 부서진 채 목성 표면에 부딪힌 슈메이커-레비 9 혜성(Comet Shoemaker-Levy 9)으로 인해 학자들은 혜성 혹은 소행성이 지구와 충돌할 가능성에 대한 본격적인 연구를 시작했다. 그리고 이로 인해 현재 전 지구적으로 180여 개의 운석공들이 확인되고 있다. 이중 28개는 한 대륙의 멸종을 가져올 수 있는 직경 30km 이상 되는 운석공들이며, 그중 5개는 중생대 말기나 고생대 페름기 말기에 일어난 전 지구적 멸종을 일으킬 수 있는 직경 100km 이상 되는 운석공들이다. 물론 바다에 떨어진 운석공들까지 포함한다면 이보다 3배 가량 더 많은 숫자의 운석들이 지구와 충돌했으리라고 본다. 거대한 운석들이 음속의 100여 배에 이르는 무시무시한 속도로 지구와 충돌할 때 어떤 격변이 일어나는지에 대한 여러 모의실험 결과를 근거로 양승훈은 다중격변모델을 제안하게 되었다.

처음 이 모델을 구상하게 되었을 때 양승훈은 드디어 이 모델로 창조과학의 6천년/노아홍수설과 진화론자들의 동일과정설로 설명할 수 없는 많은 것을 창조론적 관점에서 설명할 수 있게 되었다고 기뻐했다. 특히 양승훈은 이 이론이 전문가들 앞에서 단칼에 나가떨어지는 창조과학을 구해 낼 것으로 기대하면서 제안했지만 아쉽게도 지금은 창조과학자들로부터 비난을 받고 있고, 2008년 8월에는 결국 이 이론 때문에 창립 준비부터 30여 년간 몸담았던 창조과학회를 떠났다. 창조과학회에서 탈퇴하지 않으면 제명하겠다고 해서 탈퇴한 것이니 떠났다기보다 쫓겨났다고 표현하는 것이 정확하다.

양승훈의 학문적 여정의 또 하나 중요한 영역은 에세이를 쓰는 것이다.

양승훈은 1980년 이후로는 기독교 세계관적 삶을 나누는 에세이들을 부정
기적으로 쓰고 있다. 처음에는 따로 일기를 쓰지 않기 때문에 그때그때 지나
가는 생각의 편린들을 앨범에 모아 둔다는 마음으로 글을 쓰기 시작했다. 에
세이들은 주로 기독교적으로 산다는 것과 사고하는 것 그리고 기독교 세계
관적으로 학문을 한다는 것이 무엇인지 반성하는 내용이다. 다행히 사람들
이 꾸준히 읽어 주는 통에 이 글들을 모아 몇 권의 책을 낼 수 있었고, 지금
도 틈틈이 글을 쓰고 있다. 근래에 들어 양승훈은 어쩌면 다른 '심오하고 난
해한' 학문적인 글보다 이 평이한 에세이가 보통 사람들에게 더 많은 도움이
되는 것은 아닐까 생각하기도 한다.

목맨 송아지 같았던 10대가 엊그제 같은데, 공부 때문에 바빴던 20-30
대, 일한다고 분주했던 40대도 지나고 어느새 양승훈도 예순을 바라보고 있
다. 이제는 새치라고 둘러댈 수 없을 만큼 많은 흰머리도 생기고, 여기저기
몸 구석구석에서 노화의 조짐들이 나타나는 것을 보니 나이를 이길 장사는
없음을 다시 한 번 확인한다. 나이가 들어가고 아이들이 자라는 것을 보면서
그리고 가까운 분들이 하나둘씩 세상 떠나는 것을 보면서 양승훈은 늘 "인생
이 무엇이며, 하나님 앞에서 산다는 것이 무엇인가?"라는 원초적인 질문을
던지면서 살아가고 있다. 앞으로 일찍 세상을 떠난 아버지와 누님을 생각하
면서 이제는 자신도 언제든지 한국 남자들의 평균수명을 채우지 못하고 죽

을지 모른다는 생각을 하기도 한다. 하지만 하나님의 이른 부름이 없다면 양승훈은 지금처럼 VIEW에서 세계관과 창조론에 관한 글을 쓰면서, 후배들을 가르치면서, 틈나는 대로 설교도 하며 남은 인생을 살 것이다. 근래에는 더 많은 일을 하려고 애쓰기보다 하나님 앞에 서게 될 자신을 돌아보는 것이 점점 더 중요하게 생각되는 것을 보니 이젠 조금씩 철이 드는 모양이다.

색인

〈문헌색인〉